心理学哲学导论

当心理学和神经科学遇见科学哲学

AN INTRODUCTION TO
THE PHILOSOPHY OF
PSYCHOLOGY

【美】丹尼尔·韦斯科鲁夫 / Daniel A. Weiskopf

【美】弗雷德·亚当斯 / Fred Adams   著

张建新   译

北京师范大学出版集团
BEIJING NORMAL UNIVERSITY PUBLISHING GROUP
北京师范大学出版社

谨以此书纪念我的母亲勒内·谢弗·韦斯科鲁夫（Rene Shaffer Weiskopf，1947—2013）和我的姨妈马蒂·斯特尔曼（Marti Stelma，1947—2007）。她们生前总给我买各种各样的书籍。真希望她们现在就坐在我的面前，这样我就能将这本书回报给两位老人家了。

——丹尼尔·A.韦斯科鲁夫

谨以此书纪念弗雷德（Fred）和格拉迪丝·.亚当斯（Gladys Adams，1924—2012），他们鼓励我去探寻那些未知的事物。

——弗雷德·亚当斯

推 荐 序

几个月前，中国科学院心理研究所的张建新教授找到我，请我为他的一本译著写个小序。我便问他书名及其主要内容为何？他说中文书名定为《心理学哲学导论》，英文书原名为"*Introduction to Philosophy of Psychology*"。我一听这个名字，便有些犹豫。随即告诉他，我不懂哲学，或许看不懂书的内容，如何作序呀？

他也不着急，回答说，过两天让出版社将初译的打印稿送给我。请我先看看书稿的内容，再来确定是否写序。两天后，书稿送到我办公室，厚厚一叠。

在从头到尾翻阅一遍译稿后，我发现，书中讲到许多认知心理学的概念和理论，并且引用了大量著名的心理学实验。因而，我便增加了对该书内容的亲近感。在阅读过程中，我随手记下若干感到疑惑的问题。之后，我又与张建新教授进一步沟通，询问了相关问题。然后，就写下了这个小序。

近代历史上，中国的心理学始于翻译、引进西方的心理学著作。有记载的第一部译著，是由颜永京于 1889 年翻译的 J. 海文著作《心灵学》(*Mental Philosophy*，1857)一书。该书十分凑巧，涉及的内容属于心理(心灵)哲学，而非纯粹的心理学。真正的科学心理学译著大多出现在 20 世纪开始之后，如 E. 铁钦纳的《实验心理学》(1905)，W. 詹姆斯的心理学著作，王国维从英文版重译丹麦 H.

霍夫丁的《心理学概论》(1907)，等等。

新中国成立后，心理学界曾广泛学习列宁的《唯物主义和经验批判主义》《哲学笔记》和毛泽东的《矛盾论》《实践论》等著作，把辩证唯物主义思想树立为心理学研究的指导思想。当时中国的主流心理学者，如潘菽、高觉敷等，都接受了马列哲学思想的深刻影响，自觉地将之贯穿于自己的心理学研究之中。

改革开放之后，中国的心理学再次转向西方心理学。20 世纪 80 年代后，又有许多西方经典名著被翻译成中文；同时，已经在西方兴起多年的认知心理学也正是在那时传入了中国，影响了中国心理学两三代人对科学心理学的认识及其研究实践活动。因反对行为主义而产生的认知心理学，不仅是心理学中一种新的研究范畴，更是一种在本体论和认识论层面对人类心智本质认识的新哲学流派。几十年从事心理学研究和思考的经验告诉我，虽然心理学作为科学的分支已从哲学中独立出来一百多年的时间，虽然心理学自身也已经拥有了众多学科分类，但在回答重大科学对象和科学方法等问题时，它仍然离不开哲学，特别是科学哲学思想的引导和启发，这些问题也是认知心理学研究者无时不刻在关注的问题，诸如意识是什么？意识如何产生的？意识又是如何在与环境的相互作用中发展的？感知觉、思维和行动三者之间具有怎样的关系？怎样的研究方法具有良好的理论和生态效度，能够使我们的研究结果更接近"真实"？等等。

但在我的记忆中，中国心理学界这一百多年间再没有人翻译心理学哲学之类的西方著作。我相信，中国心理学发展到今天，已经取得了不小的成就。我们的文章数量近年来大幅飙升，实证研究结果也得到越来越多国际同行的认可和引用。但总体而言，我们原创的设计思想和研究方法还很缺乏，还有待新一代心理学工作者的创新勇气和能力。因此，现在是时候了，要有心理学家开始想些和做些心理学哲学层面的工作了。这样的工作可以让我们停下来，一方面，反思一下我们已经做过的研究，从中总结和提升出我们尚未意识到的深层理论和模型；另一方面，前瞻一下我们未来的工作，应该朝向哪个方向放置更多的资源和努力，以便使我们的研究真正走在国际前沿，而不仅仅是跟随他人的理论和设计，做修修补补的工作。

可以说，张建新教授翻译的《心理学哲学导论》正当其时。我理解，它至少可以在回答目前大家所关心的几个重大问题(如"什么是科学心理学？""科学心理学一定走还原论的道路吗?"等)上，会给中国心理学界带来某种启发和思路，使人们因而能够梳理一下自己对此类问题的苦思冥想。我自己在阅读这本书的译稿时，就遇到了为何将"autonomy in psychology"翻译成"心理学自洽"的问题。在与张建新通电话的过程中，张建新对此做了如下的解释：之所以翻成"自洽"(而不是"自主")，是为了找到一个与"还原"相对应的概念；用它来表示心理学对心理现象的理论解释和研究方法完全可以"自给自足"，无须生物学的研究发现和研究方法提供立足的依托。

无论你是否同意心理学具有自洽性，以及该书所倡导的各种其他有关心理学的哲学思考，但对于这类问题的讨论和争论，无疑都将会推动中国心理学向更深的方向、更广的领域迈出更快的发展步伐。

因此，我愿意向心理学同人推荐由张教授等翻译的这本译著，也希望有更多的学者、学生能够思考和研究由该书可能引发的更多的深层问题。

张厚粲

2018 年 1 月 26 日

于北京师范大学

译 者 序

当代大多数中国学者的哲学知识背景或者是欠缺的或者是偏颇的。我自己一路走来，虽然也断断续续地读过一些概论式或者普及式的哲学知识介绍，然而，由此途径获得的哲学知识却是相当不系统、欠深入、无逻辑、支离破碎的。尽管如此，我内心深处似乎总存在着一种若隐若现的驱动力，似有若无地推动着我去了解、熟悉和关注哲学思维，以及它对我所从事的心理学科学在历史发展、理论解释、研究方法等方面的影响。所以，当我终于可以卸下责任、放下对世俗事物的牵挂时，我便决定尝试翻译一本与心理科学有关联的哲学著作。当然，我首先将选择的目标限定在入门级著作的范围内。因为我自知，若懵懵懂懂地一头扎到哲学之中，那么这个深不见底、异见充盈的世界或许将会压瘪、压碎我所拥有的那一点点有关心理科学的认识。

在书目寻找开始之后，我很快就发现，与心理学相关的哲学书籍其实大致上可分为两类，一是所谓"psychological philosophy"，另一是"philosophy of psychology"。前者或可翻译成"心理哲学"，但国内哲学界的朋友大多将其翻译成"心灵哲学"；后者则翻译为"心理学哲学"。两者的叙事方式及基本出发点和主要内容都不相同。如下两句话的形容或许也并不为过：心理（心灵）哲学是从哲学讲到心理学，要在哲学的发展进程中寻找心理学中各类概念和理论的启发与根源；而心理学哲学则是依据心理科学的发现和证据反推哲学的议题与理论思考。心灵哲学著作很多，相对而言，心理学哲学的著作数量则为数不多。我最后选定进行翻译的著作，属于后一类的科学心理学哲学，是英国剑桥出版社于2015年首次出版发行的"*An Introduction to the Philosophy of Psychology*"。

正像本书作者在前言中强调的那样，"心理学哲学""属于科学哲学的一个分支，而不是心理哲学的附属分支"，"本书中有关心智的形而上学问题将始终围绕着科学研究议题而展开"。本书作者站在哲学家的立场，很客气地说道："本书坚持科学立场的目的之一，就是要让哲学家们了解到，心理学领域的研究者们实际上是如何为各自的理论观点进行争论的；特别是要让他们知道，这些争论是怎样充满了详尽而细致的证据的……"然而，我作为翻译此书的心理学家（自封的），可能需要比他们更加客气地说，心理学家（特别是中国的心理学工作者们）或许较之哲学家能够从此书中学到更多的东西。比如，从整体上把握心理科学的发展，把自己感兴趣的某一部分心理学内容放到一个合理的框架之中，等等，而不再仅仅沾沾自喜于一点一滴、七零八碎"详尽而细致"的证据的发现。

作者对心理学哲学涉及的广泛内容做了取舍，形成了本书的九章内容。书中引用了大量科学心理学的实验证据，书中介绍的各种理论无不被置于公认的实验证据之上。因此，理论的被肯定或者被否定，都以事实（被实验产生出来的心理现象）为依托。这是传统哲学书中所少见的。传统哲学给我们留下的印象是，它们更多依赖于思辨推理。心理学哲学，如同科学哲学一样，也处于进化之中，从各个具体科学领域中获得具体而微观的养分，再大而化之地建构出抽象而宏观的知识体系。鉴于作者在原著的前言部分没有介绍各章的内容，我便在这里略做概括。不当之处，还请作者们给予谅解。

第1章论及如何定义心理现象，如何描述日常心理现象，如何通过实验产生奇异心理现象，如何解释观察到的和实验产生的心理现象等一般性问题。在科学哲学的梳理之中，人们对一般科学现象的解释通常或者采用定律观，或者采用机制说。心理学理论大多采用机制说，因为被心理学发现而又具有普遍覆盖面的定律数量还十分有限。

第2章试图回答哲学中一个十分古老的本体论问题，即身心关系问题。由于物质科学的发达，身心二元论很难再立足于科学家的潜意识之中。因此，还原论在心理学中占据了主导地位。但作者在本章着重提到了部分哲学家所关注和讨论的"多重可实现性"问题,并由此引导读者去关注功能主义理论,从而提出了心理学自洽的概念。由于心理学具有解释性自洽和方法论自洽,所以心理学家就无须"言必脑神经"。本章还介绍了几种试图调和还原论与自洽说的理论以及还原论的最新发展。

第3章讨论认知心理学对于心智(mind)本质的全新描画。心智是具有复杂结构的模块系统,不仅其输入、输出是模块化的结构,而且其高级认知结构也可能是模块化的。模块化理论在面对认知内容灵活性、领域通用性的概念组合和类比推理等实验证据的挑战时,也不断地引入新的概念,进行着新的变形。在信息可渗透以及领域非特异性的证据面前,模块化理论面临着更大的挑战。心智是模块化的还是非模块化的?这对于许多哲学家来说是一个难以从哲学传统知识体系中寻找到的概念,也可能是认知心理学家对于人类自我认识的一大贡献。

第4章讨论的内容也是传统哲学中的一个重要命题——先天预成与后天发展问题。本章介绍了心理学中的几种先天论,如刺激贫乏论、不变性观点、原始主义观点和信息贫乏论等,也罗列了众多反对先天论的研究证据及理论假说。

第5章介绍了四种认知论的新变式,即嵌入式认知论、具身认知论、扩展认知论和生成式认知论,并重点讨论了前三个变式。它们都试图证明人类心智的认知功能发生在特定的范围之内:它只在大脑和神经系统之中发生吗?它可能发生于包括神经系统在内的整个人类躯体内部(如微生物肠脑为人类第二大脑之说)吗?或者,它甚至可以发生在躯体与环境的互动之中吗?

作者将知觉和动作两个专题一起放在了第6章。他们以视错觉现象等感知觉错误为案例,深入探讨了感知觉等低级认知功能的机制,如意象在知觉表征中的作用、视知觉与动作的协调功能、知觉的层级预测模型、生成式认知假说等。

第7章讨论了注意和意识这两个极为重要的主题,它们涉及高级认知功能的解释。心理学家把研究重点放在了注意领域,而哲学家则更关注意识概念的讨论。正像作者总结的那样,"将现象意识的一些研究放在心理学领域中加以解读……或许能够为解决意识在心理生活中的基本角色问题带来启发","注意被证明也许是达成统一解释的关键。同时,注意理论的学者们也一直强调它在产生认知行为反应中的核心作用",注意存在着"为行动而选择"的特性。

第8章论及心智的社会功能。按照科学哲学对科学研究给出的严格定义，对心智的社会功能的研究目前尚不能归为科学范畴，它只能被归属于所谓"大众心理学"。大众心理学是一种对人们在交流过程中相互认知（所谓读心现象）的背后机制进行猜测的粗浅理论，多是一些由难以精准操作的变量构成的框架式假说。心理理论和模拟理论是大众心理学中两个具有代表性的模型。当然，在这两个模型的启发引导下，心理学家进行了大量的实证研究，也取得了丰硕的研究成果。近年来关于镜像神经元的发现也给"大众心理学"带来了很大的鼓舞。所以，是否赞同本章的内容，也是仁者见仁、智者见智。但作者的哲学视角还是值得心理学家们借鉴的。

第9章谈及另一个高级的认知功能——思维和语言关系问题。比如，思维和语言谁先产生？思维和语言能否分离？作者自己的结论是：第一，"相当丰富的思维形式会先于语言的发生而存在，尽管语言反过来会影响某些思维的习惯模式，但它并不能决定思维"；第二，"尽管语言具有惊人的认知和社会效益，但语言仍然不过是一种工具。我们创造并使用着语言，但也在某种程度上与它分离着。"

读者还可以在每章结尾处看到作者们的总结。当然，心理学哲学还包括另外一些重要的内容，并没有被作者纳入本书。例如，作者提到，他们没有将"心智计算模型及其未来应用"囊括进来。而这部分的哲学思考恰好在最近出版、风靡全球的《未来简史》一书中得以充分展现。该书作者预测，世界未来的发展就是（超越出人类大脑和人类躯体的）算法获得主导地位，甚至可以淘汰人类自身。它之所以流行，就在于它对人类的心智给予了巨大的启发，同时也提出了巨大的挑战，大数据和人工智能因此获得了空前的关注和超乎想象的投入。我相信，《未来简史》的作者现在还不是他自己定义的"神"，他之所以能够写出想象如此丰富之作，一定在于他的心智没有陷入"详尽而细致"的单一学科的局限之中，而是在哲学的海洋之中畅游着。所以，由此推论，实验心理学家们也一定能够从本书和其他一些哲学著作之中获得灵感，特别是获得整体式、发散式思维，使自己的研究具有更为广阔的视野和方向性，以及前瞻性的创新。

培根曾经说过，历史使人明智，诗词使人灵秀，数学使人周密，自然哲学使人深刻，伦理使人庄重，逻辑修辞使人善辩。中国文人熟读经史子集、诗词曲赋，讲究"大音希声、大象无形""只意会不言传"，因此透着机智灵活、性情主观；但大多人又不熟悉逻辑学，不喜欢符号思维，在判断标准上多倾向于"唯故、唯上、唯我"，不追究学问背后的学问，不寻求思考对话的共同唯理基础，"不唯真"，因而显得周密深刻不足、理性客观稀有。我个人自然也不能超凡脱俗，只是一个性情主观的凡夫俗子。比如，每当我们听到"一个国家要有仰望星空之人"的解说词时，都会不由自主地热血沸腾一番，自认为属于仰望星空之人的行列，能够有闲有钱地对世界万物和自身进行科学思考了。但是，当你接触到元认知般的科学哲学时，你就会知道自己所谓的思考是如此的狭窄、滞后、缺乏想象力，甚至可以说不会思考了。这或许就是我要翻译这样一本书的潜在动力吧。尝试再做个小学生，学习如何对思考进行思考。为此，也请哲学界的朋友们不要太过苛责本书翻译所使用的不恰当词语和不准确概念，毕竟还是"小学生"而已。

初译本书各章内容的译者分别为：黄飞（第二章和第四章）、于丹妮（第七章和第九章）、刘希平（第六章）、余飞（第五章）、李春（第三章）、朱浩亮（第八章）。我之后又花费近一年半的时间在此基础上进行了全书整体的审校和修订工作。这本书的翻译难度超出了我原初的想象，它的跨学科视角及其深层哲学思考对于传统心理学的学者和学生都是一种挑战。我在此对你们表示衷心的感谢！我相信，你们在各自的翻译中已经收获良多，而当你们阅读最终译本时，一定还会有更多的收获。

在翻译闲暇之时，我随手拿来一本女儿曾经读过的冯唐的小说翻看起来。读到"大定"一文中的一段话，便模模糊糊地有了些同感，抄录如下："在具体行走的过程中，一旦迈开腿，走出一段之后，就什么都不想了，不想种种苦，也不想种种乐，只是走。走，千万里带去的相机没想到拿出来，平时五分钟看一次的手机不用了。走，脑子里的东西越来越少，渐渐听不见风声，感觉不到阳光，想得开和想不开的都如泡沫破掉。走，灵魂渐渐脱离身体，看着双腿在运动，看着双腿站在灵魂之上，踏着云彩，轻盈向前，身体似乎没了体能的极限。这种在行走中逐渐做减法而生出的'定'字，是我行走的最大的收获。"翻译亦同行走一般。

特记下本书翻译之感叹，是为序。

2018 年 2 月春节后

北京天坛西门

目　录

前　言

　　本书论及心理学，一门自诩为心理科学的学问。心理学通过描述心理现象产生背后的潜在过程、系统和机制，以达到解释心理现象的目的。所有心理奇迹（丰富多彩的意识知觉、稳定坚实的推理过程、宽泛广阔的计划与行动等）的背后，都存在着神秘的因果控制链。虽然心理现象与大脑中发生的事件密切关联，但是我们将会论证道，对此类现象做出的心理学解释与依据神经过程和机制做出的解释相互区别、彼此独立。我们的观点是，心理学与神经科学分属不同的领域。自然，我们不是说对大脑结构和功能的日益增加的研究成果与心理学毫无关联，恰恰相反，两者是相互补充的，因为神经科学对于建构心理学理论，或者反过来，心理学对于发展神经科学理论（这一点往往被忽视），都有着不可或缺的贡献。本书将全方位地解读这样一门解释人类心理生活的独特科学及其范畴、方法、内容和愿景等。

　　本书针对的读者包括哲学、心理学和认知神经科学的学者，以及所有对相关学科如何帮助人们理解心智感兴趣的读者。当然，我们希望职业研究者们也能从书中有所收获。所以，我们会竭尽全力让所有层面的读者（本科生、研究生、各科学者等）都对本书内容抱有兴趣。我们写作时并没有假定读者一定要在某一学科具有深厚的知识积累，我们更希望本书能够为正在进行认知交叉学科探索的学者们提供帮助。

促使我们撰写本书的一部分动机是要让读者了解到，心理学哲学最重要且第一位的定位是，它属于科学哲学的一个分支，而不是心理哲学的附属分支。这当然意味着我们从选题开始就要做出艰难的抉择，要将哪些内容纳入本书，又要放弃哪些内容。例如，对心智计算模型及其未来应用感兴趣的读者，或者乐于探讨自然发生语义学的读者，将不会在本书看到他们感兴趣的相关内容。我们希望读者能够谅解我们做出的类似省略，因为在许多其他地方都可以看到对相关专题广泛且充分的讨论。但是，这又绝不意味着本书会忽略与专题相关的形而上学问题。相反，只要相关内容与本书主旨相关联，我们就会给予特别的关注，并强调相关问题对设计认知研究以及思考认知理论的广泛蕴意所带来的影响。本书有关心智的形而上学问题将始终围绕着科学研究议题而展开。

本书的结构与上述主旨保持一致，要尽可能地反映出心理学家们正在激烈争论的议题，以及他们使用的标准研究方法和解释策略等。凡熟知心理学研究文献的读者，对于书中引述的各种实验和各色理论以及本书采用的辩论风格应当都有相当的了解。本书坚持科学立场的目的之一，就是要让哲学家们了解到，心理学领域的研究者们实际上是如何为各自的理论观点进行争论的；特别是要让他们知道，这些争论是怎样充满了详尽而细致的证据的，以及争论各方又是如何在不同的经验证据和理论立场之间保持平衡的。自然，由于这些论证及其证据太过详尽，以至于任何一本书都无法包含其全部内容，因此我们只有在书末提供更多的参考文献，以方便感兴趣的读者深入阅读。

我们并不只是对心理学研究结果做出中性而无立场的总结，当然远非如此，我们也会将所有素材都加以组织并清晰地呈现出来，以便得出一些具有实质内容的结论。所以，本书将不仅只是深入介绍心理学中的各种辩论，还要依据证据指出未来的方向，并表明我们在有关问题上的立场。每当我们涉足证据之外的领域时，我们都会明确指出哪些观点是需要进一步探讨的猜想。我们对持不同观点者保持公允的态度，然而，当证据支持某一特殊观点时，我们仍会如实公开地讲述出来。这样做是要鼓励与我们观点不同的读者通过研究去寻找更具实质性的证据，以便能更强有力地表达出自己的观点。

因而，本书可被视为既中和平衡又观点鲜明的指导书，可以帮助哲学家们去
思考，当代心理学通过艰辛努力已经描述出了怎样一幅神奇美妙的心智图画。鉴
于篇幅有限，且为了不增加读者的阅读负担，本书将不会囊括所有令人感兴趣的
专题，也不会无限深入地挖掘某一个有趣的专题。当然，我们还是真心希望本书
的讨论既能做到公正，也能满足对本领域研究着迷的读者的好奇心。

致　谢

几年前，希拉里·加斯金(Hilary Gaskin)找到我说要写本心理学哲学的书时，我随即拿出好几本以"心理哲学"命名的书。确实有不少这类的书。但仔细阅读这些书，并在巴尔的摩美国心理学年会上再次与希拉里讨论之后，我认识到，虽然这些书有着不同的书名，但它们多属于传统的心灵哲学。所以，我才决定写一本真正意义上的心理学哲学书，一本认真对待心理学的书。

当时我很清楚，我需要有志同道合者来共同完成此书。我便开始考虑可能的合作人选，但我没有为此花费很长时间。2007 年，在一个由中佛罗里达大学肖恩·加拉格尔(Shaun Gallagher)教授组织的会议上，我和丹尼尔·韦斯科鲁夫都被邀请做口头报告。丹尼尔首先做了一个有关具身认知的报告。听他做报告时，我很是震惊。我心里在想："他讲的内容不正是我明天要做的报告吗?"这使我相信，一位思维与我如此相似的人，一定会是一个理想的著书合作者。当然，我的选择没有错，丹尼尔确实是一位出色的合作者。

后来在撰写本书的过程中，我们两家人也建立起了亲密的关系。其结果是，丹尼尔甚至还承担了原本属于我的写作任务。为此，我将永远感激他。

我们两人要深深感谢希拉里·加斯金、吉利思·达德(Gillian Dadd)、安娜·罗洛(Anna Lowe)和剑桥大学出版社的全体职员，他们给予了我们极大的耐心、鼓励和帮助。

还要分别感谢肖恩·加拉格尔和詹姆斯·加维(James Garvey),他们允许我们使用了下列文章和书籍中的一部分材料:

Adams,F. (2010). Embodied Cognition. *Phenomenology and the Cognitive Sciences*,9(4),619-628.

Adams,F.,& Beighley,S. (2011). The Make of the Mental. In J. Garvey (Ed.),*The Continuum Companion to the Philosophy of Mind* (pp. 54-72). London,England:Continuum International Publishing Group.

弗德雷·亚当斯

特拉华州,霍克森

———————

一件事情的真正开端是不可预知的,但我对哲学的兴趣的确立,却可以精确回溯到某年某月,至少我的学籍记录可以佐证。在我大学第一年的第一学期,我选修了理查德·沃尔海姆(Richard Wollheim)开设的"心智本质"初级班。除了弗洛伊德、乔姆斯基等人的名字外,我几乎记不得课堂讲授的内容了,但课程本身还是令我十分着迷的,它提供了许多新工具和新概念,让我开始思考心智。对于我在课后提出的许多含混不清的问题,沃尔海姆教授也总是很耐心、很宽容。凭借着青年人的干劲,我后来调整了选课表,以便尽可能多地选择哲学课程。为此,我的父母没少给我警告和规劝。我很感谢沃尔海姆教授的初级课程班,它改变了我的生活。后来我又选修过心理学家约翰·塞尔(John Searle)和心理语言学家丹·斯洛宾(Dan Slobin)开设的课程,它们使我更加确信,哲学可以成为科学探索有用的伙伴,并且加深了我对语言和心智的兴趣。到了大学高年级时,布鲁斯·沃玛森(Bruce Vermazen)教授友善地允许我选他为研究生开设的研讨课,并鼓励我第一次尝试写作哲学论文。在这里我要真诚地说,感谢这些教授们,感谢所有教过我的教师、教员和研究生助教。没有他们的指教,我现在的一切都是不可能的。

我衷心感谢弗雷德，他选择我作为本书的合作者，并且在前面的致谢中幽默而准确地描述了我们的初次会面。我也要毫无保留地与他一起向剑桥出版社的编辑表达感谢，他们的大度和专业精神无可比拟。感谢佐治亚州立大学哲学系主任乔治·瑞恩博尔特（George Rainbolt）教授，他帮助我调整了我的教课时间，使我获得了充裕的时间进行写作。与埃里克·温斯伯格（Eric Winsberg）的讨论帮助我整合了有关科学解释的材料，阿罕默德·阿里卡立迪（Auhammad Ali Khalidi）对我写的有关先天论的章节给予了有益的建议，朋友和家人在我写作过程中忍受了我的很多偏执行为。我要感谢他们对我表现出的耐心，以及偶尔将我推回书桌前 xiv 的举动。最后，我还要说，我所写的绝大部分文字都融入了我的爱妻索菲（Sophie）的支持，说句实话，也包括她大声的抱怨。她那令我迷恋但又不时令我困惑的行为始终提醒着我，世上有些东西是要去爱的，而不是要去理解的。

丹尼尔·A.韦斯科鲁夫

佐治亚州，亚特兰大

/第1章 什么是心理学/

1.1 关于心智的科学

人们清醒时会花大量时间思考和谈论"什么是思维、情绪和经验?"例如,我们会很好奇,为什么饭店的服务员朝我奇怪地笑了一下?我的同事看到我偷拿办公室用品了吗?我能转移那些令人不耐烦的粉丝们的注意吗?或者我能引起某些人的关注吗?试图回答这些问题,或者更一般地说,试图解释另外一个人的行为时,我们都会用到有关人们如何知觉、推理、感受等大量口口相传的知识。所以,我们或许会这样回答上述问题:那位服务员对我发出奇怪的微笑,是因为他希望我能给更多小费;我的同事看到我偷东西了,但他没有告诉任何人,因为他担心我会利用他的赌博行为进行报复,等等。我们要在共同分享的社会环境中生存,就必须能够形成有关他人行为的解释。

人们对自己和他人的心智在日常环境中的表现的理解,通常被称为大众心理学(folk psychology)。这个词通常是指人们具有将心理状态进行归因的能力,并利用归因来达成各种目的,如进行预测、解释、操控和欺骗等。它还包括了人们使用日常生活中的心理词汇进行描述的能力。我们大多数人都会用到这些词语,如信念、欲望、意向、恐惧、希望等。这些词语也正是构成小说和私下传言的语言材料。但推断他人思想的能力也可以来自非言语的证据,关于他人所思所想的最好证据来自"听其言、观其行"。例如,人们通过各种身体线索可以立刻说出他人的心境和意图。当然,我们甚至可能都还没有意识到自己拥有这种能力。

尽管对于成功运用大众心理学知识进行心理归因和解释,人们都显得很有信心，而且离开大众心理学知识，我们所熟知的社会生活似乎也会变得不可想象，但大众心理学的确有明显的缺陷(Churchland，1981)。我们对他人行为的解释通常不能令人信服，也毫无系统性，或者只在某个地区具有应用的意义。另外，大众心理学忽略了所有异常的心理现象，诸如自闭症(autism)、卡普格拉综合征(capgras syndrom)等。此外，大众心理学对以下现象都不能给予解释：为什么我们能够进行知觉，能够在充斥物体的三维空间中穿行？为什么我们能够将眼睛看到的、耳朵听到的和手指触摸到的信息进行综合？为什么我们能够学会语言？为什么可以再认面孔和事物类别？我们的记忆是如何工作的？我们又是如何进行推理和决策的？等等。对这些各式各类心理能力进行的解释，都远超出了大众心理学的范畴。我们要想了解心智，就要寻找到更好的途径来研究其结构和功能。心理科学的诞生与发展回应了上述需求。

科学的目的在于系统地了解世界，作为科学的心理学便将心理现象作为其系统研究的领域。当然，这个定义并非被所有人接受。行为主义者华生(Watson，1913)和斯金纳(Skinner，1965)认为，唯一适合心理学的研究对象是外显行为，除此之外，心智是无法通过第三者研究方法接触到的神秘世界。如今很少有人持这种观点了。虽然心理状态和过程或许不能被直接观察到，但它们肯定能够通过各种相互验证的方法被推断出来。认知心理学尤其是建立在这样的推论基础之上。有许多这类心理状态，如正在发生的知觉和思维，还可以经由自省的方式通达；当然，还有许多心理状态是完全无意识的。

"现象"是一个宽泛的词语，用于概括那些具有自然规律、值得关注的事物，科学正是通过探究物体、事件、过程、活动和能力等来发现自然规律的。① 物体包括了所有的有机体(白鼠、加州海兔)，人工行为系统(受过训练的神经网络、自主可移动机器人)，或者这些系统的组成部分(大脑，特殊脑结构，如海马或运动区，计算机内特殊控制结构)等。在这里，所谓现象是指这些物体的组织或其行为表现出来的可信模式，如大脑皮层中可预测的层级组织和联结模式等。事件和过程则是指这些物体所经历的任何变化。例如，正常发育过程中前额叶的髓鞘

---

① 这一用法依照了哈京(Hacking，1983)的论著，亦可见于博根和伍德沃德(Bogen & Woodward，1988)。

化，白鼠学会水迷宫逃生，儿童掌握母语中的词汇，本科学生被试在视觉刺激下完成运动任务，老年痴呆症患者正在回忆早年发生的一个事件，等等。活动和能力是指物体能够可靠地表现出的功能。例如，正常人类可以快速估算出数量，可以有选择地关注复杂视觉图景的某个部分，可以判断在两个事件中哪一个发生的概率更大，可以将一个简单物体的运动概括到整个环境中去，可以对他人的情绪进行归因，等等。

心理现象涵盖了注意、学习和记忆、概念获得和分类、语言获得、知觉（准确知觉和错觉）、情绪和心境等，我们不一一列举。传统上区分各类心理状态依照下述思路进行。有些心理状态在形成、表达和运作过程中启用了概念，如信念、欲望、意图、希望、定性的老旧观念，因而这类心理状态与高级认知和知识相关联；另外一些心理状态在活跃时不一定启用概念，如感觉状态。人可以闻到玫瑰的气味，但或许并不知道自己所闻的正是一朵玫瑰；人可以听到钢琴上的 C 高音，但或许并不知道自己所听到的正是 C 高音。诸如恐惧、爱恋、愤怒等情绪则被分类到另外一种心理状态。最后这种分类称为心境，即人们经验到的持续而泛化的兴奋、高兴、悲伤、发狂和抑郁等心理状态。

各类心理现象之间是否存在共性？人们对这个问题的回答存在争议，但其中一个回答是，这些现象都具有表征性。[①] 启用了概念的高级认知状态显然包含了这样的表征，它能够与各种关于事物状态的认识、对事实的命题态度以及一般知识保持协调一致。感觉状态虽然不一定启用概念，但至少从某些观点来看，它们仍然属于一类表征，即它们表征了物理上可以被知觉到的刺激特征以及这些特征与躯体感觉系统的互相作用。例如，糖的甜味表征了糖的化学分子与口腔味觉感受器的相互作用。甚至心境也可被看作躯体的一般化学状态及其变化的表征。

科学研究的目的之一是要描述、澄清和系统化上述现象。例如，在过去的 50 年间，我们对婴幼儿的认知能力的理解就发生了很大的变化。正常的儿童在某个年龄阶段能够按照自己的信念、欲望和意图来理解和解释他人的行为。维默尔和佩纳（Wimmer & Perner, 1983）进行的开创性系列研究显示，4 岁儿童能够正确预测持有错误信念的人会如何行动，而小于 4 岁的儿童则做不到。他们创建的一

4

---

① 我们将在 5.4.4 部分更为详细地讨论"心理现象"。

项经典任务是让儿童首先进行观察：一位实验助手将糖块藏在房间的某个地方，然后离开房间。这时房间中的另一位助手将糖块转移到新的地方藏起来，之后第一位助手又回到房间里。这时要求儿童回答，该助手是会重新寻找糖块，还是会回到先前他藏匿糖块的地方寻找。能够完成这个被称为"错误信念"任务的儿童会正确说出第一位助手将会到原先藏糖的地方，而不是去新的地方寻找糖块，这是因为该助手相信糖块还在原来的地方。令研究者们感兴趣的是儿童从不能完成到能够很好地完成这个任务(或其他任务)的明显转变过程。这一发现后来被广泛解读为，它显示出"心理理论"的某些成分(与信念归因关联的部分)尚未在 4 岁以下的儿童身上出现。[①]

但近些年的研究令人惊讶地显示出，甚至 15 个月大的幼儿也能够以一种似乎懂得他人错误信念的方式进行反应(Onishi & Baillargeon，2005)。他们的实验设计了两个情境：在一个情境中，实验助手在一个没有藏东西的地方翻找(因为幼儿早先看到东西被藏到了另外的地方)；在另一个情境中，实验助手在幼儿知道藏有东西的地方翻找。实验发现，这些幼儿会对前一个情境注视更长的时间。注视时间常被用来表示惊奇或者与预期相悖的程度。这一发现已经被很多使用不同刺激、在不同领域进行的研究反复证实。这些 15 个月大的幼儿似乎没有预期实验助手知道了藏东西的地方，因此，他们较长的注视时间强烈地暗示着，这些幼儿将助手在没有藏物的地方的翻找行为归因于他们持有错误信念。在实验中，16 个月大的幼儿甚至会试图在此基础上用动作来帮助实验助手，他们会用手指着藏玩具的正确位置(Buttelman，Carpenter，& Tomasello，2009)。

这个研究表明了两点。第一，心理学中的现象与其他科学中的现象一样，并不总是显而易见的。也就是说，人们并非总能够轻而易举地观察和看见现象中存在着的某种模式或者规律。因此，实验和测量方法对于捕捉许多有趣的心理学现象就变得十分重要了。第二，被捕捉到的现象几乎总是与实验任务和范式密切绑定的。例如，3 岁儿童没能通过而 4 岁儿童通过了"错误信念"任务的现象，这在很大程度上依赖于实验者采用的"错误信念"任务设计。如果我们将大西正平和巴亚尔容(Onishi & Baillargeon)的非言语实验范式当作错误信念任务的话，那我们

5

---

① 关于心理理论的更多讨论，请见本书第 8 章。

或许就会有不同的解释了，因为不同任务的要求特征会导致矛盾现象的出现(Bloom & German，2000)。独特的现象与独特的实验任务和实验方法密不可分。

让我们来看看史楚普效应(Stroop effect)。史楚普(Stroop，1935)在他的经典论文中报告了三个实验，其中第一个实验最为著名。在实验1中，他要求被试读出用不同颜色墨水打印出来的颜色名称。名称打印在10×10的方格中，所有颜色名称都与墨水的颜色不匹配。控制组被试则要读出用黑墨水打印出来的颜色名称。用实验组的读出时间减去控制组的读出时间，史楚普发现，读出用不同颜色墨水打印出来的颜色名称所用时间平均而言略长于用黑墨水打印出来的名称所用时间，但其差异不具有统计显著性。在实验2中，在实验条件下也让被试读出墨水的颜色名而不是颜色名称本身；在控制条件下则用颜色方块替代颜色名词。结果显示读出时间有了显著的差异：墨水颜色与颜色名词相冲突条件下的实验组被试，较之简单念出方块颜色的控制组，用时要多出74%。显然，冲突的语言学信息干扰了颜色命名过程。

上述实验结果便是经典的史楚普效应，但该术语随着时间的推移已经有了更为广泛的含义。类似于史楚普实验的任务除使用词汇之外，还利用了图片或者数字；在视觉刺激之外，也使用了听觉刺激以及非言语反应测量等。呈现冲突刺激时的操作包括了刺激呈现时间的改变，如先呈现颜色方块再呈现词汇，但反应时间效应始终存在。当被试对一种信息的反应不对称地干扰了同时呈现的另外一个信息的反应时，我们就称之为史楚普效应。许多研究文献都致力于划分产生此类 *6* 效应的刺激、任务和人群的精确类别(MacLeod，1991)。但在实验操作范围之外理解该效应却不那么容易，因为它并不像人被踢到后脸部肌肉的抽搐反应那样，是很容易被直接观察到的行为模式。当然，更为深奥的心理学现象需要更为复杂而精心设计的实验才能产生。

这些研究案例表明，心理学家们所致力于达成的无非是将心理现象特征化。这要求他们不断创造出新的实验范式，修改已有实验范式的参数，或者精细化数据采集和分析技术。现象本身的存在依赖于研究所使用的技术。产生并测量这些心理现象就是在相对人造的环境中去发现心理学领域的各个组成部分是如何工作的，并假定这样做对于揭示正常的心理结构和功能十分重要。这或许就是科学心理学对非实验科学的大众心理学的最大优势。

当然，除了要产生和描述现象，即世界上发生了什么，科学心理学还要解释这些现象如何以及为什么产生。我们通常都这样假设（至少最初是这样假设的），科学研究的现象是真实稳定而不是偶然存在的。它们的存在以及它们特殊的存在形式一定是有理由的。人们有时会认为，科学理论区别于其他有关世界的推理系统的特殊之处就在于，它包含着给出理论解释并对之进行验证的过程。当然我们今天已经知道，这并不是故事的全部。创造并完善我们能够更好地描述世界的方法本身，也是科学事业的重要组成部分。但是，我们所发现的心理现象常常表现得新颖奇特或令人疑惑，因此，要更好地描述心理现象，自然就需要我们去创立解释它们之所以存在的理论。

1.2 心理学中的理论解释

我们不应当假设所有科学都采用了相同的解释策略。用于解释地理和气候现象的理论或许并不能用于解释心理现象。我们先来看看心理学中的四个理论解释的例子。需要注意的是，这四个例子的解释程度有所不同，但我们以它们为例，主要是为了能够了解心理学中解释的结构，而不是解释的精确程度。

1.2.1 例1：心理物理学

19世纪最早出现的系统心理学研究关注心理物理现象，特别是感觉特性如何依赖于物理刺激特性并随之变化的现象。光、声、压力、温度和其他外周的能量源作用于感觉接收器及其相应的加工系统而产生感觉；它们之间的关联被认为具有系统性，感觉并不是随机产生的。为揭开其背后的规律，早期心理物理学家必须要同时解决三个问题：①如何设计出实证方法去测量感觉；②如何量化感觉与物理刺激共变的关系；③如何解释它们之间的共变关系。

追随韦伯（Weber，1834）的研究，费希纳（Fechner，1860）发明了"最小可觉差"方法，用以测量感觉单位。某一感觉通道的刺激（如一束光、一个响声）强度是否增加，取决于感受者能否察觉到自己感觉的变化。最小可觉差的物理学量度与刺激开始量和结尾量之间的差，具有不同的含义。通过累积一个个最小可觉差来不断增加刺激的强度，费希纳就得到了物理刺激强度与可察觉到的感觉变化间距的关系图。

在对各种感觉通道制作了大量的刺激—感觉匹配图之后，费希纳提出了一个描述刺激—感觉关系的对数定律：

$$S=k \log(I)$$

其中，S 代表感受到的感觉强度(如光的亮度或者声音的响度)，I 代表物理刺激的强度，k 代表经验常数。根据这个对数定律，物理刺激强度的几何增加对应着感觉强度的算术增加。

虽然费希纳定律的预测符合大多数的测量数据，但也有预测不准的情况。史蒂文森(Stevens，1957)采用了不同的实验方法。他没有使用最小可觉差建构量表，而是要求被试用数值来直接估计各种刺激的强度。被试先赋予最初的刺激一个数值，然后根据这个数值再给随后出现的刺激赋值，所赋数值完全由被试自己选择。史蒂文森还要求被试直接估计刺激之间的比值，如某个刺激强度是另一个刺激的两倍等。他通过直接估计法发现，被试感觉到的某些刺激强度偏离了费希纳定律。因此，他得出结论，费希纳关于所有最小可觉差都相等的假设是错误的，并提出了一个替代费希纳定律的指数定律(现在称为史蒂文森定律)：

$$S=kI^a$$

其中，S 和 I 分别代表感觉大小和物理刺激强度，k 是常数，a 是指数，它随感觉通道和可感受到的刺激强度的变化而具有不同的数值。指数定律指出：对于所有刺激强度和所有感觉通道而言，相等的刺激强度之比对应着相等的感觉强度之比；依指数大小不同，感觉量要比物理量增加得更快或者更慢。

对于感觉系统为什么要遵循指数定律，史蒂文森(Stevens，1975，pp. 17-19)给出了一个出色的论证。他说，人们在环境中运动并感受环境，感受到的刺激强度因而会发生变化。例如，当我们走近一堵墙时，视角就会发生变化；当说话者接近或者远离时，其讲话的声音强度也会发生变化。在上述例子中，重要的不是刺激之间的差异，而是刺激在感觉上表现出的恒常性，这恰好可以通过刺激元素之间的比值来加以描述。指数率能够很好地契合刺激—感觉关系，因为相等的刺激强度比值对应着相等的感觉大小的比值。

史蒂文森定律总体上比费希纳定律能更好地预测被试对感觉大小的判断，因而较好地描述了刺激—感觉关系这一现象；当然，它的描述也只是近似的。[①] 但是，两个定律对于刺激—感觉关系都提供了相同的解释，即每个定律都表明刺激—感觉关系并非随意的，而是遵循着某种一般性规律的，这种规律可以表达为一个相对简单的公式。通过展现刺激与感觉以一种简单而一致的方式发生着系统性共变，两个定律就对刺激—感觉关系的现象给出了解释。一旦我们掌握了规律，我们就可以预测没有直接去测量的刺激—感觉关系，其结果将会大致符合定律所做出的预期(即便是精确的定律公式也需要实证数据来确定 k 和 a 的数值)。

1.2.2 例 2：经典条件反射

任何想在不断变化的环境中长期生存的生物，都需要以某些方式去了解和学习环境中事件的结构。很少有生物一出生就"知道"所有生存所需的东西。动物(以及人类)学习能力的研究始于巴甫洛夫、斯金纳、赫尔及其他行为主义学者的工作。他们都避免使用心理词汇，而倾向于将学习看作行为改变，即动物在对物理刺激和其他事件进行反应时所做出的可被测量到的行为改变。在经典条件反射实验中，首先让动物对某种特定刺激建立起可靠的特定反应。例如，对轻微电击做退缩反射，对喷出气体做眨眼反射，等等。上述刺激被称为无条件刺激(US)，动物做出的反应被称为无条件反应(UR)。在经典的条件反射实验中，在训练阶段通常伴随着无条件刺激，同时呈现出一个中性且新异的刺激(如闪光或者声响)。新刺激被称为条件刺激(CS)。训练一段时间后，条件刺激与无条件刺激便联结起来，因而它自身也可以引发动物的反应。条件刺激引发的反应被称为条件反应(CR)。

许多早期心理学家尝试用公式描述条件反射的发生(Bush & Mosteller，1951；Hull，1943)。他们使用了学习定律这一概念，用以预测在不同训练情境变化的模式下，条件刺激与无条件刺激联结的紧密程度。其中最为著名并得到实

---

① 关于心理物理量表建构程序的历史及其逻辑的详细讨论，请参阅舍帕德(Shepard，1978)和翟舍德尔(Gescheider，1988)的著作。

验检验的学习定律，是赖思考拉和瓦格纳(Rescorla & Wagner, 1972)提出的"差量学习法则"(delta rule)，其公式如下：[1]

$$\Delta A_{ij} = \alpha_i \beta_j (\lambda_j - \sum_i A_{ij})$$

为了理解该公式的含义，我们先假设已经完成第 n 次训练，现在想要知道第 $n+1$ 次训练时条件刺激与无条件刺激的联结程度。i 代表条件刺激，j 代表无条件刺激，A_{ij} 为 i 与 j 的联结强度，ΔA_{ij} 则是训练后联结强度的变化量。α_i 和 β_j 代表自由参数，决定着包含条件刺激和无条件刺激学习进程的速率。λ_j 为无条件刺激所能支持的最大联结强度，$\sum_i A_{ij}$ 则是第 n 次训练时所有产生作用的条件刺激联结强度之和。公式的最后一项是必要的，因为有些学习实验程序在训练时会同时呈现多个条件刺激。

赖思考拉—瓦格纳法则的关键在于，它降低了无条件刺激带来的"惊奇"。如果一个条件刺激(i)没有与无条件刺激(j)建立起较强的联结，若没有其他条件刺激同时存在，那么学习公式括号内的项就会很大，导致刺激 i 和刺激 j 的联结强度需要进行相应的调整。随着训练时间的加长，无条件刺激与条件刺激的联结会不断加强，无条件刺激的"惊奇"效果便随之下降，因而每次训练带来的联结强度的变化也变小了。

赖思考拉—瓦格纳法则是心理学研究中较多的学习定律之一，具有一些显著的优点：它能够将许多现象都置于一个相对简单的公式中，它可以解释前人所发现的现象，它甚至可以对新现象做出令人称奇且常常得到证实的预测。我们可以从下列几个成功案例看到它的优点。①该学习法则解释了为什么习得曲线随着时间的推移会变得平缓乃至没有变化了，其原因可参见上一段的文字说明。②当条件刺激不再与无条件刺激联结呈现，消退现象就会出现，即对条件刺激不再做出反应。该学习法则对此的解释为：在非强化的训练过程中，λj 项变为 0，β_j 项低

11

---

① 格里斯特尔(Gallistel, 1990，第 12 章)对赖思考拉—瓦格纳法则(R-W 法则)背后的假设及其前提条件进行了极为出色的讨论。他注意到，赖思考拉—瓦格纳法则是依据联结强度，而非由直接观察到的反应概率建立起来的，它代表了一种显然不同于早期行为主义法则的显著变化。条件反射的行为主义研究发现的综述，请参见赖思考拉(Rescorla, 1988)著作。

于习得的速度，所以联结强度就会逐渐降低。③该学习法则可解释学习阻滞现象，即有些动物先进行条件刺激 A 与无条件刺激的联结训练，然后再同时进行条件刺激 A 和条件刺激 B 与无条件刺激的联结训练，有些动物则只进行后一个联结训练。学习结果显示，进行过前一个训练的动物，其条件刺激 B 与无条件刺激的联结强度要弱于只进行后一个训练的动物，也就是说，条件刺激 B 的联结被条件刺激 A 的联结阻断了。④该学习法则还可解释条件刺激 A 和条件刺激 B 同时出现所导致的过度掩蔽现象，即同时强化条件刺激 A 和条件刺激 B 时会导致条件刺激 B 与无条件刺激的联结强度减弱，弱于只强化条件刺激 B(而不强化条件刺激 A)的情况。过度掩蔽和阻滞现象都曾对早期发现的学习定律带来明显的挑战 (Kamin，1969)。赖思考拉—瓦格纳法则还有许多其他解释成功的案例，这里就不一一提及了，感兴趣者可参阅米勒、巴内特和格拉黑姆(Miller，Barnet，& Grahame，1995)的著作，其中当然也包括一些预测并不成功的案例。

1.2.3　例3：视觉注意

视知觉通常显现给我们的是一个由相互独立、相对持久存在的物体和事件组成的世界。棕色木制的座椅与搭在上面的黑色大衣看起来是不同的，灰色小猫看起来与它正在爬过的橘黄色躺椅也是不同的。但是将世界区分为具有不同特征的物体显然不是由光线本身决定的，为了能够做出上述区分，就一定存在着某种加工与解释的机制。基于一系列实验研究，特雷斯曼(Treisman，1988)提出了一个产生了很大影响的认知模型(见图1.1)。该模型解释了物体及其特征的稳定知觉是怎样产生的，并认为注意在其中扮演了关键的角色。

根据特雷斯曼模型，视觉加工是在不同层面进行的，这些层面代表了视觉系统所表征的特性。内部组织起来的特征就构成了特征"地图"。特征是由视觉系统从由视网膜和视觉加工过程的早期阶段传递而来的低层级信号中提取出来的。地图只是将视觉空间位置进行编码，并记录每个位置是否含有视觉特征。但是，这种主管位置的地图并不负责确定每个位置上的特征是什么，它只负责位置编码以及判断特征存在或不存在。其他层面的地图则负责编码在视觉场景中察觉出来的可能特征。颜色是物体显现其变化的维度之一，因此一种地图就负责编码一个物体可能具有的颜色(红色、橘黄色、蓝色等)。如同物体的大小和运动等一样，方向(垂直、水平)也是一个特征维度。人们知觉到的物体视觉特性，正是被分布于各种地图中的表征加以定义的。

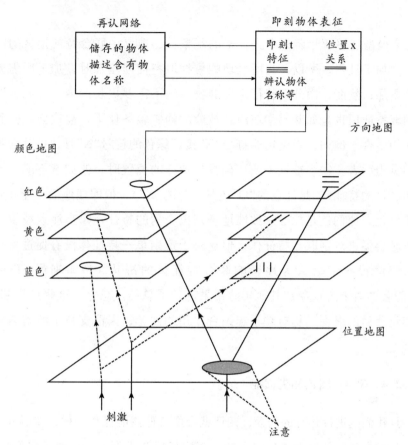

图 1.1　物体视知觉和注意的模型(Treisman，1988)

物体由地图中各个地址上的特征所表征。物体方位在主管空间的地图上被编码，其颜色和形状则在其他地图上被编码。注意将所有这些特征整合到一个物体文件之中，物体文件则在与记忆储存信息对比之后被用于辨别物体。

注意恰好是将各个分开的特征联结成一个物体完整知觉表征的"粘合剂"。当人们将注意聚焦在空间的某个区域时，该时刻与该区域相关联的所有特征就会同时被激活，并组合成一个"物体文件"表征。这一表征指出，在 t 时刻 l 位置上存在着的某个物体具有特征 f_1，f_2，$\cdots$，f_n。物体文件依据视觉上可觉察的特征表征物体，同时也被传递至后面的系统进行加工和完善。例如，一个物体文件所描述的一个在视觉域中从左到右运动的、黑色的、毛茸茸的小物体，或许会被归类为一只小猫，从而激活有关猫的行为的储存信息，以便指导即刻的行动。当然，严格地讲，没有注意，就没有包含物体及其特征的空间位置知觉。

这个模型能够解释若干令人惊奇的现象：①搜寻由联合特征定义的物体是一种系列加工过程，所以，当所呈现的可抽取特征项增加时，加工所需要的时间也会增加；然而，由分离特征定义的物体则不需要更长的搜寻时间，即便增加可抽取特征项也是如此。②在注意被分散的实验条件下，被试会经验到虚假的特征的结合。例如，当黑色的符号"X"接近绿色的符号"X"时，被试会将前者错误知觉为后者。③当被试不能准确找到特征的位置时，他们就不能一致性地辨别出联合的特征（如是红色的"O"还是蓝色的"X"），但即便他们不能找到特征的准确位置，他们还是能够一致性地辨别出个别的特征。④当注意被引导至空间位置时会促进辨别联合特征体，但这对于辨别单一特征体没有促进作用，而且无效的位置线索会大大地影响联合特征体的辨认。特雷斯曼（Treisman, 1988）的著作对上述现象和其他实验结果进行了总结。总之，这些结果都提示，物体知觉背后的潜在结构有赖于起黏合作用的注意，因而支持了特雷斯曼的注意模型。

1.2.4　例 4：阅读和失读症

一旦我们能进行熟练的阅读，阅读就会像其他技能操作一样，变得简单而自然了。我们先知觉到复杂的字母形状，将它们组合成词汇，再搜索它们的含义、语音以及句法特征，然后就能够将它们大声读出来。但是，这一操作过程背后的认知结构却是复杂的。研究习得性失读症所获得的证据，对于深入了解相关认知系统的结构有着特别重要的价值。

将失读症进行分类并非简单任务，但目前已有若干分类得到了证据支持。在评估患者的损伤程度时，人们通常会用到三种主要的刺激分类：规则词（发音符合词形规律的词）、不规则词（发音需要每次单独学习的词）以及可发音的非词（可根据语言的语音规律大声读出来的字符串）。马绍尔和纽康比（Marshall & Newcombe, 1973）首次描述了表层失读症，患者在读出不规则词（"sword""island"）和规则词（"bed""rest"）时表现出选择性障碍。他们所犯的错误多有过分规则化倾向。例如，将"steak"发音成"steek"，但却可以正常发音"speak"。表层失读症患者也可按照词形转成词声的规律，正常读出可发音的非词（如"smeak""datch"）。麦卡锡和沃林顿（McCarthy & Warrington，1986）提供了一个患有表层失读症的 KT 的案例。KT 能够读出规则词和非词，却总是不能正确读出不规则词，他在高频不规则词上的发音准确率最高只为 47％。另外，语音失读者在可发音的非词上存在着选择性障碍，而在规则词与不规则词之间则一般不存在差异。福内尔（Funell，1983）曾描述过一位语音失读者 WB 的障碍情况，他不能正确读出 20 个非词中的任何一个，却能够正确地读出 712 个名词、形容词、动词和功能词中的 85％。尽管他的字词发音中存在着词频效应，但是，即使非词只具有简单的单音节，他也读不出来。

表层失读症和语音失读症展现出一种分离模式，这暗示着正常阅读并非一种单一的认知能力。表层失读在不规则词上表现出缺陷，在规则词及非词上则都读音正常；而语音失读则是在非词上出现障碍，在规则词及不规则词上则是正常的。当然，这种分离模式并非绝对的。例如，KT 尚有一些不规则词的发音，而 WB 在低频规则词的发音上也多少有些缺失，但是它确实意味着阅读是由一系列相互连接的系统完成的，而这些系统可以有选择地受到损伤。传统上对这类分离现象的解释主要是阅读的双通路模型（见图 1.2）。该模型最早由马绍尔和纽康比（Marshall & Newcombe，1973）提出，之后又经过莫顿和帕特森（Morton & Patterson，1980）、帕特森和莫顿（Patterson & Morton，1985）以及科尔哈特、柯蒂斯、阿特金斯和哈勒（Coltheart，Curtis，Atkins，& Haller，1993）等人的多次修改。这一模型假设，阅读包含一个最初的视觉分析过程，来扫描各种视觉特征，并将与字母相像的任何信息提取出来。之后，这些字符串的表征信息被传递到两条不同的通路上。一条通路指向储存着词义、句法及语音特征等的内部词典。只有当某些字符串的表征符合已知字词的视觉形式时，它才能通达该词典。之后，它才能获取词义和语音特征，与其相符合的声音模式会被传递到发音系统，最终产生读出字词的行动。

除了内部词典的通路之外，还有一条不包括内部词典的通路，它按照一系列字素—音素相匹配（GPC）的规则，将字符串发出声音来。这些规则发出的任何字符声音，又是根据正常的语言发生规则进行的。因此，规则词和可发音的非词都是通过这条通路读出来的，但由此通路读出不规则词就十分困难了。正是因为存在着内部词典和 GPC 两条阅读通路，所以该模型被命名为双通路模型。

从该模型的结构看，表层失读和语音失读现象都可以得到明晰的解释。这当然会是如此，因为模型的建构与修改也正是为了能够解释这类失读现象。在表层失读症患者那里，词典通路受到损伤，但 GPC 通路没有受到影响，所以该类患者能够读出规则词和非词，因为 GPC 可以产生这两类词的发音。另外，它还能够解释此类患者将不规则词做过分规则化发音的错误，因为 GPC 只能够产生字词串的规则发音。语音失读症患者损伤的是 GPC 通路，而词典通路相对完好，因此只要这些词能够进入心理内部词典，他们就能够读出规则词和不规则词；而因为词典中没有任何已知词与非词相似，规则系统不可能解释它们，所以非词就不能被读出来。[①]

1.3 定律与机制

17在 20 世纪的几十年间，科学理论中的一个观念一直没有受到挑战，即科学解释最终都要诉求于自然定律。这个观念被称为解释的覆盖律（covering-law, CL）观。本章不拟论述其漫长的历史，而只是快速浏览一下它的主要框架［有关覆盖律的最初论述请参见赫普和奥本海默（Hempel & Oppenheim, 1948；Hempel, 1965），有关覆盖律的综述请参见萨蒙（Salmon, 1989）］。

覆盖律观有三项主要内容。首先，科学解释本质上是演绎推理的有效陈述，即被解释项（被解释的现象）的存在依从于解释项（用来进行解释的事物）。所以，我们对该特殊事件做出解释，就相当于从一系列前提演绎推导出该事件的存在。例如，在猴子完成学习任务的过程中，刺激—反应的联系会不断增强，神经元会发动潜在的动作，如太阳在某时某地会出现日食现象等。这就涉及解释与预测的关系问题：解释某个现象就相当于站在某个角度去预测该现象的发生，当然是在已有相关事实的知识基础上进行的预测。

---

① 双通路模型多年之后被大幅修改，以便能够解释其他类型的失读症，特别是深层失读和非语义失读现象。文献中也存在着尝试解释失读症的单通路模型（Seidenberg & McClelland, 1989）。

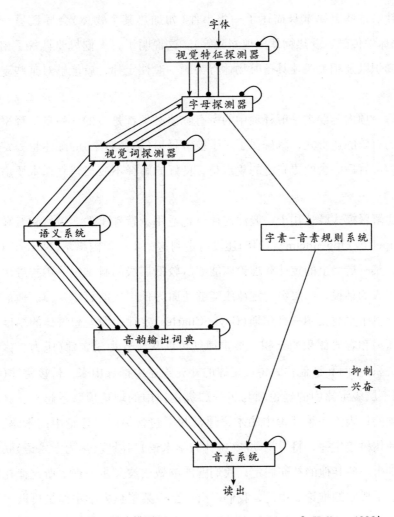

图1.2 阅读的双通路模型(Coltheart, Curtis, Atkins, & Haller, 1993)

模型输入视觉词汇，输出口语词汇。模型主要由辨识整个词汇的语汇系统(图的左侧)和按照发音一般规律说出词汇的非语汇系统(图的右侧)两部分构成。两条路径则说明了阅读障碍不是以全或无的方式出现的，而是表现出特殊的分离模式。

其次，覆盖律要求在所有前提中必须至少有一个自然定律。可将自然定律理解为将一个事件的发生与另一个事件的发生(一个特性与另一个特性)联系起来的归纳概括。借用赫普和奥本海默(Hempel & Oppenheim, 1948)所举的一个例子，我们如何解释当玻璃温度计放入滚水中时其中的水银柱会上升呢? 水银会上升的推论是基于热传导定律和热膨胀定律，以及温度计本身的特性、水温和其他一些前提条件。这些定律本身描述了一类事件(如加热某个物体)会导致另一类事件(热在物体中传导、受热物体出现膨胀等)。这说明了,人们只要具备了相关前提条件的知识以及相关条件具备时物体行为的一般性定律,就能够对某些现象做出预测。

最后一项内容要求是解释项中的所有陈述必须都是真的。一旦解释采取了演绎推理的有效陈述形式,就确保了对于被解释项(解释对象)的陈述也一定是真实的。该内容背后隐含的更宽泛的观点是,良好的解释不应当建立在本质虚假的陈述之上。

上述解释模式既适用于一般性定律,也适用于特殊事件。虽然赫普和奥本海默(Hempel & Oppenheim,1948)还没有走到这一步,但内格尔(Nagel,1961)随后提出,某一层级上的定律和理论应能够从较低层级的科学定律中推导出来,或者用他本人的话说,高层级的定律应能够还原为低层级的科学定律。他最喜欢提及的一个例子是波义尔—查尔斯(Boyle-Charles)定律,即理想气体的温度正比于气体的压力和容器体积的乘积。该定律就可以从统计力学定律(压力、体积与平均动能关系定律)和被他称为桥接定律的补充陈述中推导出来。桥接定律(桥接原理)将某一层级定律中的理论项与另一层级定律中的理论项联系起来。这在推导中是必须的,因为一种理论中的术语通常并不包含另一种理论中的术语。所以,当我们使用桥接定律,将平均动能(统计力学术语)与温度(热力学术语)联系起来时,再加上一些其他的补充假定,我们就能够做出波义尔—查尔斯定律在特殊的边界条件下成立的推论。由此,我们得出,至少某些热力学定律是可以由更低层级的统计力学定律加以解释的。

一类定律可从另一类定律中演绎推导出来的案例,并非都能被清晰地界定为还原案例。例如,伽利略的自由落体定律可以从牛顿的运动定律和万有引力定律(再加上有关地球质量和半径的知识)推导出来,但这却难以成为还原案例,它更像是在显示,这些定律不过是更具普遍性的定律的特例。当然,无论这些定律是否具有还原性,内格尔模型都表明,通过将被解释项纳入含有自然定律的解释项之中,人们就可以解释特殊现象以及普遍现象了。在后面讨论心理学与神经科学的章节中,我们还会再回到还原论的问题。

在谈及覆盖律观时,我们还需讨论一下定律本身界定的问题。这是一个极难回答的问题，哲学家们对此尚未达成统一的认识。鉴于本书的目的，我们先将定律大致界定为对于真实的反事实概括。说定律支持反事实，就意味着定律具有某种模态的力量，它们不仅规定了事物在真实世界中的存在，而且规定了在相类似的世界中事物也应存在。例如，库伦（Coulomb）定律规定，两个带电体之间的静电作用力与两者电量之积除以两者距离平方成正比。该定律对有关带电体在不同环境中行为的描述也是真实的。例如，在带电体的电量增大或者减小的环境中，或者在带电体之间的距离增大或者减小的环境中，它都规定了电荷的运动。我们来比较一下反事实概括与真实归纳的差异。当"丹（Dan）的冰箱中的所有牛奶都过期了"这个真实归纳为真时，它是指这样的事实，即冰箱中的每一瓶奶都必须超过了规定的饮用日期。假设丹的冰箱中正好有一瓶没过期的牛奶，则上述真实归纳就不为真了。但若"丹的冰箱中的所有牛奶都过期了"是反事实概括，则它并不意味着相应的反事实亦为真，因为瓶装牛奶总会有过期的时候。冰箱中的牛奶全部过期的事件只是偶然发生的（真实归纳为真，反事实概括不一定为真），但带电体在任何环境中都遵循库仑定律的事件则不是偶然的（真实归纳和反事实概括都为真）。当然，在偶然性事件和类定律归纳事件之间做出准确的区分并不那么容易，但依据反事实是否为真的形式去尝试对两者做出区分，则正是本章对定律预设的含义。

最后，定律既可能极严格，也可能在其他条件不变（ceteris paribus）的情况下有所折扣。严格的定律是指那些无论如何都没有例外的定律，即不存在定律前提满足后，结果却不出现的情况。另外，折扣定律则是指那些只在某些条件满足的情况下才成立的定律。它们只有在所有条件相等时才具有解释力，但有时则会失灵。科学哲学家们大都假设，如果严格定律存在的话，那也只能存在于基础物理学中，而在其他各类非基础现象研究的特殊科学领域，被发现的定律更多是那些条件（折扣）定律。如同怎样给定律下定义引起了争议一样，解释定律成立的构成条件也引起了十分激烈的争议。一种主要观点（初见 Fodor，1968）认为，非基础性定律通常是由复杂的更低层级的结构和过程决定的，只有在低层级的执行结构运行正确或者不受干扰的情况下，也就是说，只有条件处于（以某种开放式、难以描述的方式定义的）"常态"时，这些定律才能成立。还有一些学者认为，条件折扣定律并不存在，当我们似乎发现了这样的定律时，其实只不过是因为其背后隐藏着一个运行着的严格定律，有待人们进一步将其表述出来而已。我们将在下一节讨论条件折扣定律的地位。

近年来，一个与覆盖律观相对立的关于解释的观点正在慢慢流行起来，新观点被称为解释的机制论，提倡者有贝克特尔(Bechtel, 2008)，贝克特尔和理查森(Bechtel & Richardson, 1993)，克雷沃(Craver, 2007)，梅切莫、达登和克雷沃(Machamer, Darden, & Craver, 2000)，格雷南(Clennan, 1996, 2002)，以及伍德沃德(Woodward, 2002a)，等等。

机制论始于这样的认识，即人们在研究许多物理系统特别是生物系统时，对于解释这些系统如何获得了它们所具有的能力，或者解释它们如何能够执行各自的功能更感兴趣。肺使我们能够呼吸，那么，哪些与肺有关的物理事实使肺具有了这种功能呢？海马使我们能够储存新的记忆，那么，海马又有哪些结构和功能使记忆储存成为可能呢？椎体细胞和其他神经元可以产生动作电位，它们又是怎么做到的呢？这些能力或许既属于整个有机体，就像我们要去探寻人类如何能够知觉空间中的三维形状，同时也属于有机体各个层面上的组成部分，如同我们要探查大脑 V5 区与运动知觉之间或者海马与储存新记忆之间的关联。

机制可被界定为一种执行某些功能或者产生某些现象的有序结构，该结构的组成部分或者构成实体之间相互作用，并执行各自特有的操作和过程(Machamer, Darden, & Craver, 2000, p.3; Woodward, 2002a, S375)。这个定义有以下几个含义。第一，机制总是某些事物的机制。它们总要执行某种功能，产生某种特殊的效果，总之，它们总要有目的地去做某些事情。用贝克特尔(Bechtel, 2008, p.13)的话说，机制与现象存在实质关联，因此我们才可以谈论光合作用机制、情节记忆机制、动作电位机制等。克雷沃(Craver, 2007, p.7)将机制形式化为"Sψing"，S 代表构成实体，ψ 代表 S 具有的功能或者 S 进行的活动。机制还可以是同时产生多种现象的机制。

第二，机制是含有各种构成实体的组织结构。比如，在神经元产生动作电位的机制中，构成实体或许包括了脂质层膜、各种类型的电压门控蛋白以及各种类型离子的聚合体；实体也许是更大的结构，如海马体的分区——齿状回、CA1、CA3、海马支脚等。每一个实体都构成了整个机制因果链的重要成分，机制本身有赖于各个构成实体是否能够在正确的空间、时间和因果链条上被精确地组织起来。机制不是各个实体的收集袋，而是依赖于各个实体部分的精确互动来执行其功能的装置。它或许与组装线上的控制流程一样，是一个线性过程；或许它更为复杂，包括了循环活动、反馈环路以及各种复杂的调节活动。

第三，机制的构成部分通常都活跃着，它们本身在引发整体机制的活动中起着因果链条的作用。例如，神经元细胞膜中的蛋白质在膜内外离子转运过程中发挥着重要的作用。当细胞去极化时，钠离子通道向外旋开，使离子流出细胞；而当膜电位到达一个阈值时，一个"球与链"的结构就会填补到空当中，从而关闭离子通道。这种构成部分活跃而有组织的运作就解释了为什么细胞膜能够产生特殊的动作电位。由此便提出了关于机制的一个重要观点：虽然有一些构成部分只有当启动条件满足时才变得活跃起来，其他时间则是不活跃的，但总有一些构成部分持续保持着内在的活跃状态，并不断将外部的输入整合到它们自己的运作之中。贝克特尔（Bechtel，2008，pp. 201-204）将酵母发酵循环过程作为此类机制的一个例子。

机制观多从被解释对象或者现象开始，如某些实体产生某种功能的能力，通过揭示该实体的结构如何执行其功能，从而对目标现象做出解释。这实质上就是要将机制的各个实体部分运作结果的因果链呈现出来。使用各种启发式推论来发现机制中的各个实体构成部分，是机制论解释的特点，其中两个最为重要的推论方法分别为分解和定位（Bechtel & Richardson，1993）。分解可以是结构分解，也可以是功能分解，它或者找出机制的自然组成部件（如通过电子显微镜分离出细胞的各个部分），或者找出功能的各个成分（如产生某个特殊物质的化合与分解的序列）。定位则是将某种机制的运作或者功能与特殊结构相联结的过程，如将执行柠檬酸循环的功能归结于线粒体（Bechtel & Abrahamson，2005，pp. 432-436）。

机制观解释的结构与覆盖律观解释的结构存在着若干不同，我们在这里只提及其中两点。第一，机制观的解释通常是局部的，它更关注与特殊实体部件相关联的某些现象。例如，只有神经元才产生动作电位，柠檬酸循环只在真核生物的线粒体中或者原核生物的细胞质中发生。适于机制观解释的现象通常还是"脆弱"过程依赖的。脆弱是指，机制只在输入正常的情况和适当的条件下运作；过程依赖是指，机制是由不断调整自身结构和功能的自然进化过程才产生的。根据一些学者(例如，Woodward，2002a)的说法，真正的定律一般都能覆盖"广泛的范围"，即能够涉及不同的物理系统；而且，它们还具有各自独立的历史发源，如同许多经典案例所揭示的那样，如马克斯韦尔电磁定律。因此，覆盖律观解释的范式要求去发现能够统一最大范围现象域的规律，而机制观解释的范式则不要求必须如此。

第二，两种解释范式的目标对象不同。经典覆盖律观的目的在于先解释特殊事件的发生，再将其拓展用于解释更高层面的一般规律。这类解释的规范具有演绎推论的形式。机制观的目的在于捕获如同 S 能够 ψ 般的事实，它本质上不在意解释特殊事件，而是更关注特殊系统及其能力、效果等。机制观也不太在意进行预测，至少是不关注特殊事件的预测。许多机制观解释系统如此复杂，以至于它很难预测特殊系统即便在正常条件下的行为。①

虽然不能得出结论说覆盖观和机制观是有关科学解释仅有的两种观点，但它们却是在心理学领域得到最广泛关注的观点。鉴于此，我们终于可以提出如下的问题了：究竟哪种观点最适合用于心理科学解释的常规范式呢？

1.4　心理学存在定律或者机制吗

与科学哲学中覆盖律观占据主导地位相一致，许多哲学家都认为，能使心理学变为科学的也正是那些将其他任何学科变为科学的东西，其核心的理论教义就是定律体系。科学的目的就是为世界建构出可进行预测和解释的恰当理论，这些理论除了包含一系列相互限定的定律之外，还会有其他什么吗？举例来说，金在权(Jaegwon Kim)(Kim，1993，p.194)说道：

> "是否存在或者可能存在心理学定律"这个问题相当有趣。如果能够证明
> 这样的定律并不存在，那么具有普遍性的科学心理学也将被证明是不可能

---

① 然而，全面描述机制的特征需要包括能够预测机制活动在怎样的条件下被启动或者被停止，如果各个构成部分被"敲除掉"(如在特定脑区制造损伤或者在某个突触前阻断神经传导)，该机制的功能又会受到怎样的影响。这与预测该机制会有什么样的输出是不同的，因为这一预测在描述被解释项本身时已经被确定了。

的。定语"具有普遍性的"在这里是冗余的，因为科学就是探索一般性规律的。发现或者探寻规律构成了科学的本质，没有定律，科学就不存在；如果我们有理由相信世上本无定律，那么我们就不必假装去做科学了。

再没有比上述说法更为大胆而直接的了。金在权本人也许表明，自己所说的最多只是表达出了已被人们所接受的科学智慧而已。同样的，福多(Fodor，1968)令人信服地争辩道，(基础物理学之外的)特殊科学领域中的理论都是由定律构成的，虽然这些定律多是自洽的，即它们不能被还原为任何基础科学的定律。[①]

从历史上讲，许多心理学家似乎都赞同这一观点。因此，从心理科学的早期阶段开始，人们就开始尝试明确表述心理学定律了。我们用心理学解释中的两个定律(费希纳—史蒂文森定律及赖思考拉—瓦格纳定律)来说明上述观点。如果两个定律是真实的(也许是在特定的边界条件下)，那么它们就可以被用来解释特殊心理学事件。例如，若感觉产生之后出现的认知状态(如形成知觉判断或者做出知觉辨别)之间存在着定律，那么它们就能与史蒂文森定律一起在刺激和判断之间搭起理论桥梁。而如果这一定律体系足够详尽的话，那么它们就解释了从刺激到行为的认知系统中的所有可能通路。而这正是覆盖律观下理想的心理学理论形式。

但是，这样的定律体系常会出现吗？科里·怀特(Cory Wright，个人通信)列出了心理学文献中引用率最高的 10 个定律，以及这些定律被提出的最早时间。按引用率从高到低排列，10 个定律分别为：

1. 韦伯定律(Weber's Law，1834)

2. 史蒂文森幂数定律(Stevens' Power Law，1957)

3. 匹配定律(Matching Laws，1961)

4. 桑代克定律(Thorndike's Law，1911)

5. 费希纳定律(Fechner's Law，1860)

6. 费茨定律(Fitt's Law，1954)

---

① 事实上，福多不太愿意做出这种论断，他更倾向于一种条件式论断，即只有在科学全部由定律体系构成的情况下，他的理论观点才是行得通的。

7. 耶克斯—多德森定律（Yerkes-Dodson Laws，1908）

8. 全或无定律（All-or-None Laws，1871）

9. 埃默特定律（Emmert's Law，1881）

10. 布洛克定律（Bloch's Law，1885）

在上述列表中一个值得注意的事实是，20 世纪中叶以后就没有再出现过心理学定律。另一个事实是，被发现的定律的数量令人高兴不起来。如果科学由定律构成，那么心理学显然还相当薄弱，即便考虑到它作为一门独立学科还很年轻。

心理学哲学有时会为上述列表添加一些非正式的内容。例如，我们可以添加：对于任何 p 和任何 q，如果一个人相信 p，并且相信若 p 则 q，那么（除去头脑糊涂、心烦意乱等）他就会相信 q(*Churchland*，1981)。这是大众心理学中的预测原理，用于解释人们如何形成新的信念。类似的，还有所谓"信念—欲望"定律：如果某人欲求 p，并且相信做了 p 就会得到 q，那么一般而言，他一定会做 p。另外，福多(Fodor，1994，p. 4)还提出了一些其他心理学定律的候选者，诸如"位于地平线的月亮看起来更大""缪勒—莱耶(Müller-Lyer)错觉图形看起来具有不同的长度""所有自然语言都含有名词"等。

事实上，或许没有任何一个心理学家会将上述陈述作为"定律"，但福多绕了个圈子，将它们称为"类定律"。这就带来一种可能性，即心理学家们确实在发现定律，但又不将它们称为"定律"。的确，虽然心理学文献十分缺乏定律，但不乏被称为"效应"的东西。有关效应的例子包括前面已经提及的史楚普效应和麦格克(McGurk)效应(言语的视知觉影响音素的听知觉)，以及短期记忆的首因效应与近因效应(在完成系列回忆任务时，最早呈现和最晚呈现的项目被回忆出来的频率要高于中间呈现的项目)。但是，康明斯(Cummins，2000)认为，将这些效应理解成人们正在寻找的隐藏定律是错误的。他指出，虽然它们很好地符合了真实的反事实概括归纳，但效应陈述还不是定律，而只是有待解释之物，即我们称为现象的东西本身。①

25

---

① 哈京(Hacking，1983)也提及了这一点，他注意到，"效应"一词还具有从物理学中提取现象的功能。

首先要明确的第一点是，某个事物是否作为现象与进行探索的情境有关，即该事物正是该情境中需要被解释之物。但在另外的情境中，同样的事情或许可以作为解释之物，如爱因斯坦解释光电效应，我们可用该效应解释为什么宇宙飞船的船体在太阳光的照射下会产生正电荷。康明斯讲到上面那些例子时说，它们并不包含解释任何事情的效应，相反，它们本身就是待解释的效应。但光电效应则不同，它不涉及宇宙飞船或者夜视镜、图像感受器、太阳电池及任何利用光电效应做功的设备等，它描述的是一种吸收光子后释放电子的更普遍的现象。人们可以利用此种效应十分完美地来解释特殊现象和普遍现象以及其他许多机制的运作。

对心理学有定律说法的第二点批评在于，心理学中的所谓定律最多可算作"原位定律"(law in situ)，它们是"只对特殊系统成立的定律，该系统具有特定的构成与组织……原位定律所描述的效应就是某种特殊机制的常规行为模式特征"(Cummins，2000，p.121)。我们已经注意到，机制性解释具有局部性；关键点就在于，既然心理学(如同其他所有特殊科学分支一样)只涉及有限的实体和系统，那么它就不可能是传统定义的定律，因为传统的定律涉及广泛的范围，而不仅仅局限于某些应用条件。[①] 因此，原位定律使用定律这个名称是名不副实的。

与此相关，许多学者亦反对"其他条件不变折扣定律"的基本思想(Earman & Roberts，1999；Earman，Roberts，& Smith，2002；Schiffer，1991)。我们还记得，条件折扣定律是非严格的：其前提的出现对于结果的出现并不总是十分充分的。但是，如果这些定律不是空洞无意义的话，那么我们就需要找到满足这些条件的方式，以使这些定律精确起来并可加以验证；否则，我们将失去它们或许具有的预测力。但我们对此却无能为力。以大众心理学定律(如信念—欲望律)为例，似乎有无数多的理由解释为什么一个人不按照能满足其欲望的方式去行动，同样也有无数多的理由解释为什么一个人会不相信他原本相信的事物的明显后果(也许后果太过痛苦，或者他还没有更努力地去相信……)。同样，科学心理学中的定律也有非严格的问题。例如，可能有无数的刺激条件会令史蒂文森定律不能

---

① 若这一批评成立的话，那么它对其他特殊学科的批评也是成立的，如地理学、植物学、化学等；如果要贯彻康明斯的观点的话，那么任何不是基础物理学的学科皆存在缺乏定律的问题。

成立。这相当于说，除去它不成立时，它就成立。但这样的说法毫无用处。

面对这样的挑战时，有两种应对的可能性。第一是要尝试找出覆盖律成立的根本性条件，以满足心理学的常规标准，福多（Fodor，1991）与皮耶特罗斯基和雷伊（Pietroski & Rey，1995）的论证便遵循着这样的应对途径。这条途径通常都要求说明，为使折扣律成立，需要怎样的前提条件，而且要令其成为真正的、规范的且充分的前提条件。第二种应对是干脆放弃这种努力，不再去寻找这样的前提条件，而是使用其他术语来解释特殊科学定律。伍德沃德（Woodward，2002b）就是这样做的。下面我们简要介绍一下他的思路。

尽管伍德沃德怀疑是否有方法可以满足折扣定律的条件，并使其成为真正规范的充分性条件，但他认为类定律的陈述仍具有因果解释性，因为它们表达了关于某类实验操作（他称之为干预）产生某种效应的事实。随机实验是科学研究中的一种干预范式，它使我们可以直接比较一种假设原因与另一原因之间的差异。若某因素存在较其不存在时会更高频率地导致某种效应，而其存在与不存在之间的差异又具有统计显著性，且所有其他可能产生影响的因素都得到了控制，那么我们就会试图得出结论说，我们找到了一种因果概括推论。心理学中还存在着大量揭示此类因果关系的准实验研究，它们构成了心理学研究方法的主要部分。因此，伍德沃德（Woodward，2002b，p. 320）说：

27

> 在我看来，若要弄明白为什么那些缺乏严格定律标准的概括推论无论如何还是要被人们加以检验并验证，获得答案的最为有利的方法就是直接去关注和解读现存于特殊科学领域的有关因果推论问题的丰富文献，而不是去琢磨如何为折扣定律找出真实充分的条件。

他以赫布式学习（Hebbian learning）（神经环路加强了被同时启动的神经元之间的联结过程）为例，进一步解释了上述观点。虽然我们并不精确地知道哪些神经环路遵循上述规则或者在怎样的条件下遵循上述规则，但我们仍然愿意做出这种概括推论，即神经环路展现了赫布式学习，因为实验结果可以显示：在特定的干预条件下，神经元的确按照概括推论预测的方式加强了彼此的联结（而不进行特定干预时，神经元的联结便不会得到加强）。同样的情况也适用于描述心理学中的其他假定性折扣定律。如果非要禁用"定律"一词的话，那么出于我们的目的，也可以称它们为"被实验验证的类定律概括"，它们仍可用于支持因果关系，做出个别预测和支持反事实归纳。

这使我们又回到了康明斯的观点上来，即心理学的定律只是原位定律。没有人会期望出现一个心理学原理体系（principia psychologica）———个"自觉模仿欧几里得几何学的公理体系"（Cummins，2000，p. 121），由其可以推论出所有的心理学现象。但即使对于像生命和认知等具有历史偶然性和机制脆弱性的系统而言，仍可能存在着经系统操作而发现的稳定因果推论。此类折扣定律不是基础定律，因而不能假定它们像物理学定律那样具有普适性。但是，它们仍是心理学定律中的最佳竞争者。

所有这些都在提示着，心理学中确实存在定律，尽管还只是一些条件折扣定律。另外一种可能是，心理学解释根本就不基于定律。这一观点受到机制论者的拥戴。极端的机制论者认为，心理学解释的标准形式都是从需要被解释的功能或能力开始的，然后将系统分解成为功能相互连接的更小的子系统，每个子系统都执行着整体功能所要求的支持性操作。这些子系统又可不断地进一步分解，直到到达某个机制论所最终依托的点为止——或许在这个点上我们可将原始的心理功能与神经生物机制联结起来。康明斯（Cummins，1975）、丹尼特（Dennette，1978)和莱肯（Lycan，1980)都支持这种"小人功能主义"学说，这种观点似乎也隐藏在心理学经典的"方框与箭头"类模型的背后。在这类图形中，方块被标识为各种要执行的功能，方框之间的各种连接线则表示各子系统之间的信息流以及控制、抑制等诸多关系。

前面讨论过的正常阅读双路径模型正是功能分解的一个很好的例子。该模型包括多条信息流动的路径和多个代表执行功能的方框，诸如将图像分解为字素的视觉分析功能、将字素与音素相衔接的功能以及词汇辨认功能、词法抽取功能等。虽然每个方框中功能执行的精确顺序从未明确过，但子系统各自区分的功能的确在器官损伤病人出现的分裂现象中得到了验证，也符合机制论的分解和定位策略。特雷斯曼的视觉注意模型也与此相差不多，虽然不能称为"图形主义"，但它的确含有若干独立的组成部分，即空间表征和各种视知觉特征以及系列控制结构，如注意机制和绑定机制，它们共同产生了统一的视觉对象的表征。模型构成

28

部分的存在及其功能也得到了实验的验证。实验描述了人们在分离注意条件下的行为，以及他们如何知觉到未被注意到的刺激，等等。若能将上述两个初级框图纳入一个更为详尽的机制论框架之中，那么范·艾森和戴约（van Essen & DeYoe，1994）构建的恒河猴视皮层的精致"地铁略图"模型（见图1.3）就提供了一个示范，可以说明模型分解会变得越来越复杂。

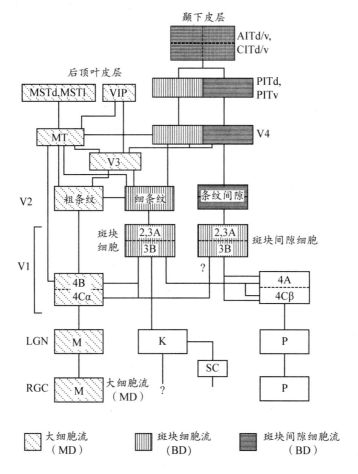

图 1.3　在恒河猴大脑中分离出来的皮层下和皮层视觉加工流（Van Essen & DeYoe，1994）

皮层下加工又分为大细胞（M）流、小细胞（P）流和粒状细胞流，它们都源于不同群体的视网膜神经节细胞。在视皮层，视觉加工过程分成了两部分，一部分主要接受来自大细胞的输入信息，另一部分则主要接受来自 V1 脑区的斑块细胞和斑块细胞间隙传送的输入信息。这些输入信息继续被传送到更高级的视觉脑区进行加工。

在心理学特别是与神经科学有关的那部分心理学中，我们经常看到机制论式的解释或者类似的草图。认知功能的计算模型被认为是机制论解释的特殊类型，计算模型是用来精确理解物理系统如何完成特殊功能的常用工具(Folk & Seifert, 2002)。

关于定律论与机制论间的关系再做最后一点说明。到目前为止，我们一直将两种范式当作对立面进行讨论。但更为乐观的说法应该是两者可以相互补充。例如，心理学的定律或许需要相应机制的存在，正如福多(Fodor, 1990, p.155)强调的那样：

非基础性定律有赖于还没有被清楚地表达出来的中介机制(有时是因为机制本身还没有被认识到，有时是因为 As 导致 Bs 的方式多种多样，所以相同的定律会有不同的执行方式)。条件(折扣)定律"假设其他条件不变"的定语从句便具有将这些存在机制量化的效应，因而"As 导致 Bs，当其他条件不变时"就意味着"存在着一种干预机制，当它原封不动时，As 导致 Bs"。

这一点正确而且很重要。非基础科学中既存在着定律，也存在着执行定律的机制。相反，基础性定律根本无须这些机制。所以通常心理学的解释有赖于机制论的前提；心理物理学定律肯定如此，因为它们有赖于感官系统包含的机制；而控制学习的定律同样也蕴含着大量更为复杂的认知机制。

有趣的是，机制本身可特征性地引导出相应的定律，这里指的是条件(折扣)定律。[①] 假设有机制存在的地方，就会有一个能够从输入(初始条件)到输出(终结条件)可靠地产生因果序列的结构，或许还会看到内生的正常功能机制所产生的效应。例如，正常视觉系统都具有产生知觉物体相对大小、颜色、距离等表象的子系统；在功能正常的情况下，这些机制会导致视觉定律，用以规定在变化的条件下(如变化距离、亮度以及旁边的参照物等)物体是如何被知觉到的。黑林错觉(Hering

---

① 一些机制论者，如格雷南(Glennan, 1996, p.52)，提出机制解释它们自身运作时有赖于因果定律。伍德沃德(Woodward, 2002a)反对这样使用定律的概念。但无论如何，许多机构构成部件的活动和运作能得到类定律推论的最好解释，这似乎是真实的。例如，离子被动发散的定律或者黏合的化学定律，在解释动作电位的机制时就发挥了很好的作用。

illusion)是一个很好的例子：在一个从中心点发出放射线的背景下，直线看起来会变得弯曲。正常视觉和视错觉都包含了这类因果推论。可靠的视错觉的确提供了一个重要提示，即在建构所见物的表象时，视觉系统要遵循某种规律(Hoffman，1998)。只要这些概括推论满足了可通过干预来操作的条件，我们就认为因果推论表达了某种程度的因果定律，即还需要在未来的实验操作中加以精确化的定律。

一般而言，在心理学解释的问题上我们大多是多元论者。一些合理的解释或许能最大限度地准确描述控制认知系统某些组成部分运行的因果关系。最终，这些因果联系会为我们揭示可用于干预或者操作该系统的途径，以使系统产生特殊的输出结果。另外一些因果推论可转化为解释人们如何拥有这样或那样能力的机制，从而进一步揭示这些因果联系功能如何产生各自的效应。当然，一定还存在着其他类型的解释策略。例如，使用病因学或者进化论词语解释人类如何获得了能力，而不是解释这种能力何时发挥作用。本章的目的就在于为若干用于解析和评估心理学研究的方法做铺垫；这些研究的目的当然不仅在于产生和细化心理现象，更在于能够对这些现象进行解释。

1.5　结论

也许没有什么事物比心智离我们自己更近了。但这种亲近并不总能使我们更了解自己的心智。从某种意义上讲，正是因为离它太近了，我们反而很难真正捕捉到它的运行方式。我们将注意指向内心，或许是因为我们相信因此能够追踪到自己思维和知觉的流动，看到它们被欲望和情绪的弹簧推向这里或那里，并最终外化成为行动。我们都能以一种自我肯定的语气向他人袒露自己的内心世界，将自身变化莫测的经验以一种可以公开审视的形式冻结并包装起来。我们向自己和他人辩护解释自己做出的行为，且常常以前因后果的方式讲述出这些解释。至少，对于人类心智运作的部分认识似乎构成了我们日常生活的一部分。

是的，我们已经看到，这些甚为熟悉的情境中都隐藏着惊奇和秘密。心智在一些精心设计和操作的实验情境之下，会表现出一些出乎意料的行为，从而揭示那些通过内省法和外部因果考察法都难以实现的现象。就像物理学生物学在揭示其更深层的复杂性过程中需要超越眼前直观的自然世界，心理学家在理解心智的过程中也需要进行干预和系统观察，而不只是做个旁观者。对心理现象做清楚的界定仅仅是迈向解释存在现象的第一步，而解释就是揭示导致现象出现的因果规律及其机制。科学心理学给我们提供了一种自我理解的形式，它让我们远离心智 32 一步，站在某些可将自我进行剥离的客观立场上。只有这样，我们才有可能进行自我认识。这正是心理学的悖论之一：心理学让我们理解自己的内心生活，但这只有在我们开始远离自己的内心生活时，这种理解才是可能的。

/第 2 章　心理学的自洽与还原①/

2.1　心身关系

心理学研究的是心理现象，但心理现象又与躯体及大脑中发生的事件密切相关。由内向外看，欲望引发计划，计划产生意图，意图导致行为。从外向内看，环境作用于我们，使我们产生知觉片段，并不断更新我们对世界上发生的事情的信念及认知模式。从知觉到信念更新，再到计划和行动，所有这些活动都涉及躯体和神经状态内部的持续变化。那么，我们应该如何理解心理状态和物理状态之间的关系呢？这便是传统哲学家所思考的心身关系问题，是探索心理现象与物理现象、生物现象以及神经生理现象之间关系的一般的形而上学问题。

心身关系的问题领域存在着许多种哲学观点，我们无法在这里一一介绍。到目前为止，历史上对于此问题争论最激烈的两种观点是二元论和一元论。二元论者认为，世界上存在两种根本独立的实体，即精神和物质；一元论者则认为，世界完全由一种基本实体构成。至少从 20 世纪初开始，最著名的二元论观点已经逐渐淡出人们的视野，从而为彻底的唯物主义或物理主义世界观的兴起铺平了道路。二元论的消亡过程与科学解释范围的扩大大致同步。被物理学和生物学所解释的现象越多，就越没有必要还去假定存在着特殊的、非物理的物质和属性。至

---

① 自洽的英文原词为"autonomy"。如果反过来将"自洽"直接翻译成原英文，则首先出现的对应词为"self-consistent"，而不是"autonomy"。我之所以坚持将其译成"自洽"，主要是因为"autonomy"的次级含义包含了"self-direction""self-reliance"以及"self-sufficiency"。这正与"还原"一词相辅相成，说明心理学无须依赖神经科学而独立、自足的一种可能性。——译者注

于二元论的解释在哪些地方还具有独特的价值，争论的声音也就变得越来越小。[①] 但是，拒绝二元论仅仅把我们推向了某种一元论，却并没有告诉我们应该如何理解心身关系。要想理解心身关系，我们需要一个确切的理论解释。

2.2 还原论与多重可实现性

第 1 章介绍了内格尔学派有关还原论的经典观点，这让我们首次窥见了还原论的框架。内格尔认为，只要一个理论的定律和术语能够通过桥接原理或桥接定律与另一个理论衔接起来，那么该理论就可以还原为另一个理论。还原的思想就是，一种科学理论词汇表达的自然规律可以还原为另一种科学语言体系中的定律，这个过程可一直进行到每门科学的所有公理规则都还原为物理学法则(Puttnam, 1958; Nagel, 1961)。

下面以加西亚效应(Garcia effect)为例来说明桥接定律。动物吃了某种特定食物后会生病(在一定时间内)，它就开始长期厌恶这种食物。这是一个可靠的因果规则，从"软科学"的角度看，它至少还算是一个因果定律。若要把这个规则还原为生物学规律，我们需要用生物学语言来重新描述该因果定律的前因和后果。也就是说，要描述动物吃了某种食物后生病这一事件，同时还要描述伴随动物对特定食物形成厌恶反应而出现的生物学和神经生物学状态的类型。那么相关的生物学定律就可以这样表述：第一类事件导致了第二类事件。它确定了这样一个"始于食物消化，终于厌恶习得"的生物学过程。因此，心理学的描述就通过桥接定律与生物学的描述有效地建立起联系，而桥接定律的作用就是在两种理论语言体系之间充当翻译法则。

用示意法表述就是，理论还原始于定律 $P_1(x) \rightarrow P_2(x)$，再加上双向互为条件的桥接原则，即 $P_1(x) \leftrightarrow B_1(x)$，$P_2(x) \leftrightarrow B_2(x)$，等等。由此我们就可以将其还原到生物学定律中：$B_1(x) \rightarrow B_2(x)$。因而，原来的心理学或经济学、社会

---

① 实质二元论似乎仍然具有吸引力的主要残留领地恐怕只有宗教领域了，尤其在死后灵魂是否存在这个问题上格外明显。另外，属性二元论依然有其倡导者，他们中的许多人认为，意识和经验属性是不能被还原为物理属性的。可参考查尔莫斯(Chalmers, 2003)的论述。

学等的定律都可以被还原为神经科学、生物学、化学、物理学等"低层级"的科学定律。这种形式的还原论的指导性假设为：我们在世界上发现的任何高层级之所以存在，就是因为它们借助了这些低层级的定律。特殊的科学定律一定是由对应的低层级的科学定律支撑着的；高层级定律，至少是在理想的情况下，都可以从低层级的定律中演绎出来。

尽管此类理论还原论的价值备受争议，然而从某种角度来看，它为高层级理论提供了一种辩护的方式。将一个解释性理论框架还原为另一个框架，意味着前、后两个框架至少具有同等的科学合理性，这也意味着前、后两个理论框架的范畴和规则具有同样的真实性。因为物理学研究对象的实在性毋庸置疑，人们常把物理学当作真正科学的典范，所以还原的终极目标应是将各个层级的科学最终还原至物理学层级。如果一个理论不能够还原，就说明其解释框架存在着缺陷。

还原论也带来了本体论上的收益。严格地说，这种还原论只要求高层级事件和定律与低层级事件和定律存在相关即可。如果桥接原理本身亦被看作定律，那么它们之间的相关就成为必要条件。但是我们可能心生疑惑，为什么它们之间会存在相关，用什么可以解释心理学事件与神经生物学事件能携手共变？如果这不是一个无理可讲、不可解释的事实，那么与此相关的一个自然解释就是，高层级现象与低层级现象是同一的。正是这样的推论激励了一些学者，如戴维·阿姆斯特朗（Armstrong，1968）、斯马特（Smart，1959）、普雷斯（Place，1956）等人，在20世纪50年代和20世纪60年代提出了心身同一性理论。根据这一理论，心理与躯体并不是各自独立的实体，它们是一体的、相同的。心理的就是物理的。

同一性理论又分为两种形式。类型同一性理论是两者中较强的一个，它认为每种心理状态或过程、事件都与某种物理状态是同一的。以嗅觉能力为例，嗅觉依赖许多神经结构，包括嗅球。损伤这些结构就会导致部分或全部嗅觉丧失。据此而得出如下的结论似乎也并非不合理的，即日常的嗅觉事件（如闻到松脂味道这一经验）等同于嗅球上所发生的事件。此种类型的感觉过程一旦出现，相同类型的物理过程也必定发生——相同的神经事件、相同的神经结构等也会出现在所有能够产生嗅觉过程的生物机体身上。

最一般形式的类型同一性理论要求，任何两种生物只要它们在某些方面具有心理相似性，那么它们就一定在躯体上具有相似性或在低层级理论描述的水平上具有相似性，反之亦然。对很多人来说，这似乎是一个不近情理的过分要求，故而它也成为一些哲学家（如杰瑞·福多和希拉里·普特南）反对同一性理论的初衷。普特南（Putnam，1967/1925，p.436）的挑战如下所述：

> （同一性理论家们）必须对任何有机体（而不仅仅是哺乳动物）感觉疼痛时的物理—化学状态做出详细说明，当且只当如下条件发生时痛感才能出现：①有机体拥有一个物理—化学结构恰当的大脑；②它的大脑正好处于该物理—化学恰当的状态之中。这意味着，疼痛感的物理—化学状态一定是哺乳动物大脑、爬行动物大脑、软体动物（章鱼是软体动物并且它也确实能够感到疼痛）大脑中的一种可能的状态。同时，上述状态又必须是任何没有疼痛感觉的生物机体大脑不可能出现的状态。假若这样一种疼痛的大脑状态存在的话，那么从原理上就一定会得出如下推断：
>
> 未来可能发现的任何外星生物若存在同样的大脑状态，那么这些外星生物就应当具备感受疼痛的能力，即便我们人类届时尚不能确定其感觉是否就是疼痛。

尽管普特南实际上没有说明这一挑战过于苛刻，但他又清楚地暗示，这几乎是一个不可能回答的问题。因为十分相同的心理状态会出现在神经生理结构截然不同的生物身上，心理状态的类型因而就不可能与任何一种特定的神经生物状态达到同一。的确，如果普特南的挑战是正确的话，那么心理状态与生理状态之间甚至不可能通过桥接定律建立起联系，因此，经典的还原论模型也就不能成立了。

福多（Fodor，1965，1968，1975）也阐述了相似的观点，其观点不只限于心理学，而且涉及所有的特殊科学。[1] 福多的论证始于分析各种案例，如经济学领域的格雷欣法则（Gresham's law）。如果格雷欣法则是一个定律的话，那么它将支

---

① 特殊科学是指研究的实体和现象领域有限的科学。因此，当物理学声称它将世界上所有的事物都视为其研究领域（因为万物在根本上都是由物质材料组成的）时，其他科学则只研究流体现象、生物化学现象等有限领域，这些现象不规则地分布在这个世界中。

配货币交换。该定律认为劣币(商品货币贬值或者表面价值低于商品价值)会驱逐良币，最终导致流通的主要是劣币。要使格雷欣法则成立，就需要它能够适用于所有种类的货币和各种类别的货币交换方式。但是，实际上货币是由不同的物质材料制造的，且原则上对制造货币的材料几乎没有限制。同样，从物理学上讲，将怎样的事件定义为货币交换事件，也会带来极其不同的结果。而要将格雷欣法则进行还原，就需要在物理学层级上找到相容的定律，用来描述货币交换涉及的众多的物质材料及其交互作用的事件。但是，这样相容的定律显然不可能存在。物理学层级上不存在与格雷欣法则相对应的定律，这是因为货币交换和其他经济事件太过杂乱无章、无律可循，很难把它们概括成为规则。

布洛克和福多(Block & Foder, 1972)进一步详细论述了这个观点，他们以三个方面的证据来支持心理学的多重可实现性。第一，神经可塑性表明相同的心理功能与相同的神经结构并非完全一一对应。例如，"晚期"学会双语者的第一和第二语言的神经基质在大脑定位上是分开的，而"早期"学会双语者的两种语言的神经定位则相互重叠(Kim, Relkin, Lee, & Hirsch, 1997)。普通话单语者与早期和晚期双语者讲普通话的能力可能会达到相同的水平，但是他们的语言神经基础则可能不尽相同。

第二，趋同进化意味着历史上不相干的物种由于面临着类似的选择压力，会在某个阶段产生相似的特质，但实现这些特质的生物结构基础却很可能大不相同。进化后的视觉系统呈现出多样性，这提示着相同的任务要求和选择压力造就了功能相似的器官，但这些器官在物理结构上却是不同的(Land & Nilsson, 2002)。

第三，人工系统尤其是计算机，能够重复人类完成的心理任务操作，但它们具有与人类完全不同的物理结构。因此，人工智能研究的历史也可以作为一个例证。程序化的计算机下象棋的能力已经超过人类多年，最近它们又向典型的人类活动(如发现科学定律)的领域进军(Schmidt & Lipson, 2009)。这些程序模型通常都是从人类行为的某些方面抽象出来的，但是从某些分析角度看，它们具体展现出来的能力已与人类并驾齐驱，尽管它们是在不同于人类的硬件上运行的。

如果普特南和福多是正确的，那么就不能确保在心理上只有同一性的两类生物在躯体上也具有同一性，这与类型同一性理论所宣称的正好相反。原则上我们可以评估任何两类生物在躯体上的相似程度。当生物处于一种心理状态时，我们会推论说，它的某些躯体状态在此时刻实现着该心理状态。① 但当生物体间的神经生物结构不同时，它们实现该心理状态的躯体或生物状态自然也会有所不同。这就是所谓的心理多重可实现性。

许多事情都是可多重实现的。典型的例子是人造产品，如计算机和螺丝刀开瓶器。物理上制造这些产品并不是一条途径：早期电脑采用的是真空管和磁鼓存储器，而当代电脑则使用磁盘和闪存；DEC PDP-8 是一台 12 位机器，但现在的台式机多是 64 位机，等等。早期的计算器是机械的，然后是电动机械的，再后又发展为电子的，到现在大都用专门软件来运行。虽然采用了不同的物理结构，但它们的算数运算功能却是相同的。螺丝刀开瓶器可使用双翼手柄和杠杆手柄取出软木塞，但也可不采用这种方法。要成为某类人工制品就要具有功能的多重可实现性。如果这个一般性推论是正确的，那么多重可实现性也应适用于特殊科学中的所有对象，其中自然包括生物学和心理学的系统。

最后，多重可实现性与弱同一性（象征同一性）理论相兼容。象征同一性理论是说，每当生物体处于某种心理状态时，它也会处于这类或那类的躯体状态之中；这个特殊（象征性）的心理状态和这类特殊（象征性）的物理状态是同一的。虽然一定会发生一些这样或那样的躯体事件，但该理论并不要求相同的心理过程与相同的躯体过程必须协同发生，也不要求它们在不同物种之间、同一物种内的不同个体之间甚至个体内部必须协同发生。例如，简（Jane）挥动手臂的意图与她大脑运动皮层的某个状态是同一的，但约翰（John）做出相同动作的意图却可能与他运动皮层的不同状态相协同。象征同一性理论坚持了唯物主义，认同世界上不存在非物质的东西，但它却与反还原主义的立场保持了一致性。

---

① 所谓"实现"，是指某种比"同一性"更为松散的关系。如果一种（神经）状态 N 实现了一种（心理）状态 P，那么 N 使 P 成立，也就是说，N 是 P 的充分条件。然而，这并不等于说 P 也是 N 的充分条件。在"同一性"理论中，因为 N 等于 P，所以 N 和 P 应互为充分条件。还需要说明的是：并非生物的每一种躯体状态都会实现其心理状态。一个"实现者"就是足以带来相关心理状态的最少躯体状态。

2.3 功能主义和心理学的自洽

心智的形而上学观点给心理学带来了方法学上的影响。如果类型同一性理论是正确的，那么从原则上讲，人们仅靠神经生物学的证据就能确定某一生物是否具备了某种特定的心理能力。如果在某种生物身上发现了认知能力的物理基础，那么人们就能在其他生物身上做出可靠的推论。但是，如果多重可实现性是真实的，那么我们就不能确定地做出上述推论。但这并不意味着神经生物学证据就不能用于验证心理学的假设。这是因为构建心理系统的途径要受到很多一般性条件的限制。例如，一种生物体内部若是完全同质的（如充满着某种果冻），那么它就不能作为心理状态的物理基础。所以，即便类型同一性理论不正确，此类一般性限制也会存在。

功能主义是一种关于心理现象本质的观点，它与多重可实现性理论关系密切。功能主义认为，心理状态、过程和机制都是由功能界定的。功能性定义是指某物做了什么，它拥有什么样的能力，哪类事件使它出现，它有什么样的效应，以及它如何适用于实体间相互交织在一起的系统（系统也都是由它们的功能及因果作用加以定义的）。特别地，功能定义从根本上说并不关注某物的物理组成（它含有什么物质、是怎样组织起来的等），它只要求某物的物理组织结构具有足够的稳定性和复杂性，以便它能够执行相应的功能。

功能主义是关于心理实体的本体论主张。处于某种心理状态，或经历某个心理过程，或拥有某种心理机制，就相当于处在了某种特定的功能状态之中。例如，信念是一种表征有关世界的特定信息的状态，它能与其他信念一起进入推理过程，能在知觉证据的基础上形成，能和需求欲望相互作用产生行为，等等。这就描述了信念可以做什么，即信念的功能角色。功能主义就是要在这些功能与实现这些功能的实体之间做出区分。①

---

① 功能主义者之间也存在争论：应将心理状态与这些角色视为同一的，还是应将心理状态与实现它的底层状态视为同一的？因此，文献中存在着"角色"功能主义和"实现者"功能主义的区别。有极端者甚至认为角色—实现者的区别无处不在，功能主义本身完全是一个一般性学说，可用于所有科学，而不仅仅是心理学（Lycan，1987）。

　　对这些功能角色做出规定的关键在于，它们要独立于功能实现系统的物质构成。例如，说某物是面孔识别系统，其实就是描述其具有的部分功能特点，即该系统的输入信息为视觉表征，其输出功能则是将这些视觉表征区分为面孔和非面孔。实现这一功能的途径有很多，可实现该功能的不同种类的物理设备也有许多。那么，什么是面孔识别器呢？什么又是信念、情绪或心理学领域的其他任何事物呢？它们不过就是某种恰如其分的功能性组织而已。

　　研究视觉的科学家戴维·玛尔(David Marr)提出过一个著名的三层级描述理论，用于解释人们如何分析一个生物系统或人工设计系统完成信息加工任务的过程。该理论暗含着功能主义者的观点。玛尔(Marr，1982，p.85)的分析层级分别如下：

　　　　计算理论：计算的目的是什么，为什么选择某种计算，该计算得以运行的策略逻辑是什么？

　　　　表征和算法：计算理论是如何实施的，尤其是输入和输出的表征是什么，两者之间转换的算法是什么？

　　　　硬件执行：上述表征和算法是怎样在物理硬件上实现的？

　　对一个系统计算描述就是要阐明该系统计划实现的功能。它是一个加法装置、面孔识别器，还是一个基于视觉输入的手臂运动导向设备？不同的设备需要不同的计算功能。对一个系统的算法描述是要说明该系统所使用的表征类型，以及执行该系统的计算功能需要经历的运算和转换的确切步骤。有许多不同的方法表征相同的信息(如不同进制系统的数字)，也有许多不同的方法来执行相同的计算任务(如进行长式除法的不同方式)。而对一个系统的执行描述则是要明确说明该系统的物质结构是如何实现其表征和运行过程的。

　　在这个图式框架中，从计算描述到算法描述是一对多的映射关系，这是因为任何一个计算功能都有许多种可能的运行算法；从算法描述到执行描述也是一对多的映射关系，原因与上述内容完全相同。因而，玛尔的三层级描述理论意味 *41* 着，认知运算的功能特征至少会以两种不同的方式得以多重实现。

　　每个描述层级都提供了一个独特的解释。玛尔认为，为了对信息处理器为什么做它正在做的事情有一个合理的理解，就需要了解它所执行的计算。对系统进行算法描述和神经描述，能告诉我们系统正在做些什么，如它所加工的表征是什么、各种神经结构如何运作等，但这些描述还不能阐明系统为什么要这么做。正如玛尔(Marr, 1982, p. 27)指出的那样，"试图只通过研究神经元来了解知觉，就如同只通过研究羽毛来了解鸟类飞行一样，是不可能完成的任务。为了了解鸟类的飞行，人们还必须了解空气动力学；只有这样，了解羽毛的结构和鸟类翅膀的不同形状才会变得有意义"。

玛尔对其三层级描述理论必要性所进行论证以及普特南和福多的观点，已使许多哲学家和心理学家相信，心智实际上是可多重实现的。随着在心理学领域计算建模以及有关心智的计算理论的兴起，功能主义因而得到了更多的支持。心智的计算理论认为，认知本身就是某种特殊的计算类型(Fodor, 1975；Newell, 1980；Pylyshyn, 1984)。计算机是多重可实现系统的一个理想例子，因为有许多不同的方式能让物理系统进行数学函数计算。① 原则上讲，功能主义为多重可实现性开拓了空间，因而，心理能力可以抽象出来，按其功能进行描述和分类，这种抽象化的功能可在许多物理载体上得以实现。这种关系当然弱于强理论的蕴含关系，因为后者规定，实现某个精确界定的特定功能只存在着一种物理可能性。即便如此，由于功能主义使多重可实现性成为可能，因此，人们观察到的多重可实现的证据支持了功能主义理论。

这一推论可展开如下：

①生物的认知系统具有多重可实现性(物理异质、心理同质)；

②人造的计算系统经常能模仿生物的认知系统的表现，尽管它们在物理上与后者并不相同；

---

① 为了避免混淆，需要提醒的是，功能主义的功能与数学意义上的函数并不同一。数学函数是指从一个领域到一个范围的映射，而且任何一个领域元素都不会对应多于一个的范围元素。然而人们对于功能主义的功能这一概念的理解却有几种不同的方式，每一种方式都会得出略有差别的学说概念。最普遍的概念是一个系统或状态所做的事情具有某种因果作用。而这种因果作用可能被系统自身发展和进化历史所束缚，或者在某个时间点上受其功能某些特定方面的影响，或者受到许多其他方式的制约。

③功能主义能解释为何①和②是真实的，然而，类型同一性理论却不能做出同样的解释；

因此，④功能主义为真的可能性要高于类型同一性理论。

①到③所列事实并没有直截了当地支持功能主义，但它们却使功能主义显得比它最强劲的竞争理论更有说服力。上述对理论可能性的论证让人们可做出这样一种推论，即功能主义理论或许是目前最好的解释。

如果心理学现象是功能性的，那么对心理学本质的理解就无须再借助任何实现和执行心理功能的潜在物理结构了。一旦借助潜在物理结构，毫无疑问地就要说明它们是如何执行心理功能的，但是这些描述对心理学和近邻学科来说似乎并不那么重要。例如，将格雷欣法则还原为冶金学定律对经济学来说并不重要。说心理学是自洽的，就相当于说心理学现象及其描述、理论、模型、定律和解释都独立于它们背后潜在的事物，也独立于任何其他学科的分类和解释模式。

虽然不要故意去夸大心理自洽性的断言，但普特南（Putnam，1975）通过一个著名的例子确实表明：低层级描述具有解释无关性，而高层级分类描述具有解释优越性。假定一块木板上面有一个边长 1 英寸①的正方形孔洞和一个直径为 1 英寸的圆洞。宽度为 15/16 英寸的方桩能穿过正方形孔洞，但不能穿过圆洞。我们用方桩和木板孔洞的宏观特性描述（如它们的体积和相对维度等）就可以解释这个事实；当然，我们也可以用它们的微观特性（如组成木块和木板的原子的精确位置）来加以解释。但在这个例子中，方桩通过正方形孔洞的宏观特征实际上可由不同的微观事实来加以实现，因为宏观形状相同的方桩和木板可由不同的材料、不同的组装方式来构成。因而，普特南争辩道，宏观事实描述已经为方桩通过孔洞的问题提供了足够充分的解释。他确实强烈地认为，相关的微观事实描述在这个问题上并不具有解释性。它们引入的无关紧要的细节无助于解释宏观层面上更高层级的或组织的功能特征。其他多重可实现的系统也是如此，对它们更高层级特征的描述，在省略了微观的细节后，反而使人们能够得到并做出在微观层面不可能做出的解释。

---

① 1 英寸约为 0.025 米。——译者注

然而，伊利奥特·索伯(Elliott Sober)(Sober，1999a)指出，这是一个错误的二分法。从一个层面到另一个层面存在着解释权衡问题，究竟哪个解释更好，还需要依赖于解释的情境。多重可实现性分类的宏观层级解释可能具有更大的包容统一性，因为它们把由不同物理成分组成的系统都概括进去了。在某些情境下，包容统一性是人们所需要的。但另一方面，微观水平的解释则可能更为详细，可使在此基础上做出的预测更为精准；它们还能描述宏观解释所不能描述的系统分解的情况。例如，一个集成电路只要运行良好，我们就没必要关心它的物理构成，但如果它出现了故障，那么最好的方法则是从微观层面寻找原因，查看一下在特定条件下哪些部件导致了系统不能正常运行。

索伯观点的意义在于，虽然高层级的解释对于特定目的必不可少，但这并不妨碍我们对系统运作给予低层级的解释。当我们希望进行精准预测，或当我们尝试解释为什么一个系统未能展示出某些高层级的行为模式时，选用低层级的解释或许是恰当的。如果再考虑普特南提出的方桩穿孔的例子，它恰恰展示了高、低两个层级的解释在本质上并不相互排斥。

因而，可以区分出两种不同的自洽性主题：

解释性自洽：心理学模型及其理论解释的合理性并不依赖于任何其他学科的模型和理论。

方法论自洽：验证心理学的解释性论断并不需要求助于其他学科的方法或结果。

下面我们将详细阐述这两个主题，并分析它们在多大程度上是站得住脚的。

解释性自洽意味着对心理学解释是否符合良好科学解释的标准可以进行独立的评估，而无须借助其他现存的非心理学的理论解释。为了说明这一点，我们想象一下，如果经典还原论为真，那么心理学定律就会被顺畅地还原为物理学定律。但这样的情况会出现吗？为了得出某一系统行为的心理学解释，人们必须去寻找量子力学描述的依据吗？这种情况几乎不会出现。如果人们想要根据本地线索来描述觅食生物的决策过程，即它们决定到哪里去寻找食物，那么心理学故事描述的解释力并不需要我们借助其他科学术语对觅食生物行为进行解释。现在的问题就变为，心理学模型本身是否满足了本书主张的学科特异性的局部解释标准。例如，它能否恰当地预测出该生物下一步将会做什么？其解释在某些情况下是否会失灵或失败？是否支持对生物的行为进行某类适当的操纵和干预？是否与其他针对该生物的心理能力所做的解释相符合？等等。但这些问题只与心理学理论化过程的解释标准有关，而心理学理论化本身并不需要参考任何已知的其他类型的理论解释。

方法论自洽则与心理学模型和理论获得证实或证伪的方式有关，即它关乎什么样的证据会让人们接受这样或那样的心理学解释。每门科学通常都会发展出具有自身特点的设备、实验室方法、实验和观察技术、记录和分析数据的装置等。心理学也是如此，心理学方法的发展与新心理现象的产生是同步进行的。我们已经对史楚普任务之类的反应时研究做过评论（见第1章）。再以记忆领域的研究为例，艾宾浩斯（Ebbinghaus）在其开创性研究中联合使用了系列学习技术和无意义词刺激（由三个字母组成），以减少被试先前知识对完成记忆任务的影响，同时他还采用了再学习能够节省的时间量来测量记忆保存量（Ebbinghaus，1964；Roediger，1985）。以此为起点，系列位置曲线和重复学习曲线就成了改进记忆研究方法和产生建模方法的先驱。记忆研究方法以及其他诸如此类的方法依赖于各种各样的行为测量，在模型建立和理论化引导过程中，它们通常还预设了使用这些方法的前提条件。方法论自洽意味着心理学理论是由一套专属于心理学的方法给予支撑的，它们并不依赖于任何其他学科的方法。

2.4 取消主义和替代问题

现在让我们回到还原的问题。假定多重可实现性削弱了内格尔式经典还原论。假定也支持心理学自洽性，原因有两个：第一，心理学的解释可由抽象的术语来表达，而这些术语独立于任何特定类型的物理结构；第二，抽象的低层级科学中没有任何概括术语能够替代心理学解释所用的术语。反还原主义认为，任何特殊科学的分类都是不能顺畅地映射到低层级基础科学的分类之上的。学科自洽论认为，高层级的分类和理论无疑也是值得进行深入而有意义的科学探索的领域。因此，关于特殊科学的哲学问题就变成应如何调和上述两种观点的问题了。

一些人认为它们是不可调和的。简单地说，消除式唯物主义者或取消主义者认为，心理学的分类和理论存在着固有缺陷，如果把它们一起抛弃，或许我们在解释和预测方面会做得更好。取消主义者认为，心理学的类别未能与更深层次的神经生物学的类别看齐，这表明心理学分类是虚幻的，经不住严谨科学研究的问究。

这一派的观点尤其受到保罗·丘奇兰德(Paul Churchland)和帕特里夏·丘奇兰德(Patricia Churchland)(Churchland, 1981；Churchland, 1986)的强力追捧。[1]他们两人将大众心理学(folk psychology, FP)作为攻击的目标。若将大众心理学作为一种理论的话，其目标在于构建协调一致的一般性框架来解释心理现象，但大众心理学却存在着严重的缺陷。帕特里厦·丘奇兰德(Churchland, 1986)提出了如下几点批评。第一，它是不完备的，不能涵盖和解释很多心智现象(参见第 1章)；第二，它是一个停滞不前的研究计划，它的基本范畴和原则长时间没有变化，也没有迹象表明它会随着新出现的证据而发展；第三，现在已经初具规模的某些理论已能覆盖大众心理学意图解释的所有现象，甚至更多。丘奇兰德有时把这个新的理论形态看作正在逐步完成的神经科学，有时又将其看作人工神经网络计算理论。但不管是哪种理论形态，关键在于这种新的理论凭借其更为广泛的解释范畴、更为精准的预测以及与其他生物科学更好的结合，将会完全取代大众心理学的分类，并将其驱赶到虚构的领域之中。

由于本章关注的是科学心理学，而不是大众心理学，因此没有必要详述这些反对大众心理学的论述。[2]科学心理学有其重要的解释范围，接下来的几章内容将对此详加阐述，而且科学心理学的核心理论和构念会依据新出现的证据而不断加以修正和完善。因此，如果丘奇兰德的反对声音持续下去的话，那么其面对的挑战大概会以这样的形式进行：

①神经科学是一个与心理学竞争的研究计划，它比心理学具有更广泛的

---

[1] 费耶巴赫(Feyerabend, 1963)、奎因(Quine, 1960)和罗蒂(Rorty, 1965)也论述过关于心理学的取消主义，虽然我们在这里并没有提及他们的观点。

[2] 然而，有人可能会争辩道，将大众心理学与更加系统科学的心理学关联起来时，大众心理学也存在着类似的不可比性和不可替代性的问题。

解释和预测范围；

　　②一般来说，人们更偏好那些具有更强预测力和解释力的理论；

　　因此，③相比于心理学，人们应该更偏好神经科学的解释。

　　如果这个推论是合理的，那么心理学理论将会被具有更高解释力的神经科学框架所取代。我们将其称为替代命题。

　　以上推论此时还是推断性的。以神经科学和认知心理学当前的形态而言，还很难判断谁的解释力更强。[①] 对于某些现象而言，心理学显示出明显的优势。例如，相对于解释其他能力而言，用于研究推理、分类以及行为决策过程的神经基础的解释显然就不那么有力了。而在有些研究领域，两者则展示出令人印象深刻的共同发展趋势。例如，感知觉和记忆的某些研究就提供了这类例子。感受器的生理机能、信息传导的结构和早期感觉加工等都是神经科学中高度活跃的研究领域，而对感知觉的心理学研究也得到了不错的发展。另外，人们在研究情景记忆尤其是在情景记忆的形成和编码时，已经开始用神经理论分析长时程记忆增强对海马和相关脑神经结构改变的影响。在这个方面，神经科学与心理学的研究也保持了一致的势头。当然在另外一些领域，神经科学似乎比心理学具有更广的解释范围，其中最著名的就是关于睡眠和梦的研究。然而，要对这两门科学进行全面比较，目前还难以做到。

　　我们可以假想未来理想而完整的认知心理学与相应的神经科学彼此展开攻击的情况。我们是否有理由相信，神经科学理论会毫无疑问地取得胜利？如果将丘奇兰德的观点推广开来，我们就会预期到：

　　①所有处于心理学解释领域的内容，同样也处于神经科学领域；

　　②神经科学领域还将包括比心理学领域更广泛的内容；

---

① 事实上，因为神经科学和心理学并非单一学科的代名词，所以判断它们的相对强弱尤其困难，甚至可能毫无意义。社会心理学和发展心理学的理论和方法差别甚大，同样，分子神经科学和系统神经科学同样也是独立的研究领域。看起来更加合理的做法是不将这些领域解释视为统一的理论，而应将它们看作模型、方法、解释框架等重叠起来的镶嵌画。这样，彼此比较的就是这两种松散关联的镶嵌领域对相同现象各自做出的解释。

③神经科学的预测比心理学要更为精准。

上述三点推论都来自这样一个假想的事实，即神经科学实现了心理学。因此，偏好解释力更大的理论的原因，也就成为偏好神经科学解释的理由。

然而，可以说①是错误的，而②和③并不支持上述替代命题。①之所以错误，是因为心理学是多重可实现的。到目前为止，还没有什么论据能挑战这个多重可实现的事实(有关这方面的论证参见下一节)。如果心理是多重可实现的，那么其领域覆盖的物理结构类型就更为广泛，而人类神经生物系统则仅仅是其中的一个类型。只有在神经生物系统是心理系统唯一的物理实现者的情况下，神经科学才比心理学具有更广阔的领域。但多重可实现性告诉我们的事实正好与此相反。

48　　如果我们仅仅关注于对人类行为相关现象的解释，那么神经科学似乎确有潜力能够比心理学解释更多现象。这是因为，每一个心理事件的发生都会伴有相应的神经生物事件的发生，因而就有了相应的神经生物学的解释。此外，还有许多神经生物事件并不能简单地对应到心理事件。许多细胞、分子和基因的事件并没有直接导致心理结果，还有一些行为相关的神经事件甚至不在心理学的研究范畴之内。这些事件常常能相当精准地描述并预测生物机体将要做什么。例如，知道一个生物机体想要以某种方式移动四肢，有助于我们预测它将做出哪种类型的动作，但是如果知道其大脑运动皮层的放电模式，知道其运动神经元与其肌肉形成的突触联系，以及知道其四肢的运动学及动力学特性，也会为我们做出动作的预测提供更多的信息。

但是这两种观察推论都没有削弱心理学解释的效用；或者说，如果它们具有削弱的作用，那么它们也同样会削弱神经科学、生物学、地质学和其他所有非基础科学的相类似的解释效用。其原因就在于，上述这些观察推论适用于任何依赖其他学科来实现自身的特殊科学。神经科学之于更基础的生物学分支，就如同心理学之于神经科学一样，因此，完全相同的推论既适用于心理学，也适用于神经科学。如此推论下去的话，似乎就只能用最基础的学科语言(量子力学或它的衍生学科)来表达唯一合理的科学解释了。这种反证推论给我们留下了深刻的印象。因此，特殊学科的存在似乎也可提供有价值的解释杠杆。即便特殊科学(特别是心理学)还存在着某种缺陷与不足，对于上述似乎横扫一切的取消主义的结论，我们也应抱有怀疑态度。

替代命题推论中的第一点并没有说心理学的解释是虚假的，而仅仅认为它们不能最好地满足人们对解释的需要。一个解释是否能够成为良好的解释，取决于它能否符合科学解释的一般规范以及它所属学科的特定标准。对学科自洽说的另一个威胁来自竞争性解释学说的存在。首先来考虑：若心理学解释和神经科学解释都是真的，那么它们彼此就是竞争性解释。但是，竞争也可能包含着证伪性解释。也许心理学解释不能自洽，是因为它们会被神经生物学的解释以某些方式胜出。

假设我们为某个心理过程建立一个模型，并将其分解为顺序固定且有确定因果方向的三个子过程，用于转运某一特定类型的信息。再假设，当尝试把这个模型映射到大脑中时，我们无法找到对应的神经过程序列，这或许是因为脑区间的联结发生错误，导致该类信息此时不能如模型预测的那样向下一个加工过程传送下去，或许是因为模型本身出现错误，它所假定分开来的两个部分在功能上却整体定位在单个神经区域内。总之，该模型对因果结果做出了彼此不相容的预测。这看起来像是一个神经解释胜过了另一个心理解释，而且似乎通过最终选择神经生物学的解释就可以解决这个不相容的冲突。

然而，这里需要注意的几个事项是：第一，是否因此就一定要拒绝心理模型？这其实并不总是明确的。心理学模型和神经生物学模型之间的关系复杂而间接，整合这两种理论要谨慎。不能为心理模型的某一特定部分找到独立的脑神经区域，也不过是为心理功能必须有其脑定位的假设增添了一个负面证据而已（Bechtel & Richardson，1993）。心理功能定位的另一种假设是，在模型中心理功能被指定分配给了某个单一功能结构，但它可能分布在广泛的神经区域。诸如此类的启发性神经定位假设虽然会帮助人们寻找心理功能的物理实现者，但并不能起到关键的作用。

把上述讨论先放一边。那么，这些看似神经科学胜出的事例又是否显示心理学解释实际上是无法自洽的呢？在上面的例子中，心理学模型被神经生物学模型所证伪。但是自洽性并不要求心理学理论一定对来自心理学之外的任何证伪证据具有免疫性。若依此标准严格地讲，没有科学可以是自洽的，因为所有科学的理论都对其他来源的证伪证据具有开放性。因此，一个理论被证伪不足以表明它不是自洽的。同样的，神经生理学的证据也确能证实心理学的模型和理论，从而显示出实现心理功能的深层生物结构具有与心理学模型相符合的因果模式。然而，对生物行为的心理学解释与人们对实现功能的物理结构的理解是相互独立的。

总结一下上面的大段讨论：无论低层级基础科学具有更强的解释力，还是高层级理论会被低层级理论所证伪，全都无损于心理学的自洽性。在这个争论中，留意如下的区别很重要。关心什么证据能证实或证伪一个模型是一回事，因为它涉及证据在多大程度上支持了该模型。心理学模型可以被神经科学的证据证实，也可被其证伪，尽管这是很复杂的事情。但是，关心一个模型是否具有真正的解释力则是另一回事，它涉及模型是否满足了成为良好解释的标准。这些标准包括：它是真实的吗？它能统合许多不同的现象吗？它能用于预测和干预吗？等等。关注心理学模型是否能被神经科学数据证伪是一回事，而关心心理学模型本身能否为生物行为提供一个良好的解释则是另一回事。即便心理学得到了来自神经科学证据的支持或反对，但其理论和模型仍然拥有独立的解释力。

2.5 反对多重可实现性

多重可实现性并不是支持功能主义的唯一证据，但它是很重要的证据。贝克特尔和穆迪尔(Bechtel & Mundale，1991)针对多重可实现性发动了一次影响深远的批评，重点针对"心理状态实际上是多重可实现的"这一观点(可称为多重实现)。多重实现观(multiple realization，MR)使心理学分类与神经科学分类之间形成了一对多的关系。但贝克特尔和穆迪尔认为，神经科学家构建的脑区分类与多重实现观的预测相冲突。

最早把大脑进行分区的尝试是将大脑粗略地划分为脑叶，这些划分的主要依据是脑回和脑沟(大脑表面的凸起和裂纹)的分布。更加复杂精致的神经解剖地图的绘制则是在染色技术出现之后才出现的，科比尼安·布洛德曼(Korbinian Brodmann)于1909年出版了关于不同解剖区域的静态典型地图。布洛德曼的绘图主要依据构造(建筑学)特征：每个脑区都是由某种类型的神经元以及该区域皮质的层状组织构成的。第二种类型的脑区组织是地形图，它用类似地图的方式来描绘和保留了某个脑区的空间关系。视网膜表面就是一张空间位置的地图，高级的视觉区域由相似的地图构成，它与空间中各种特征的位置一一对应。第三种类型在近几年成为深入研究的焦点，即脑区连通图，它描述了不同脑区间长距或短距彼此联结的通路图。51

这几种脑区划分的尝试分别依据了脑细胞类型、空间组织和脑区联结线路。然而，脑区也可根据其功能，尤其是它们所参与的心理功能类别进行分类。例如，颞叶和顶叶的接合处，特别是右半球的相应位置，被认为是负责"心理理论"和注意调节的脑区(Young, Doddell-Feder, & Saxe, 2010)。如果这个接合处实际上选择性地参与心理理论的判断(而没有参与更加宽泛的注意环节)，那么就可以把这个区域称为心理理论脑区。脑区可以通过心理角色，而不是脑组织构造、地形图和连通性而加以划分。基于功能的类似分类已经被用于视觉加工区域和记忆系统。

辨别脑区的心理功能是将这些功能加以定位的任务的一部分。一旦将某个系统或某个功能分解为不同的部分或子任务，那么定位就是要尝试把功能分配给这些脑区子系统，或者把脑区位置分配给执行该任务的不同加工过程。分解和定位是两种启发式推论方法，被广泛应用于理解复杂系统的行为 (Bechtel & Richardson, 1993)。然而，使用功能标准将脑区分类并与心理学类别联系到一起的做法，或许有损于多重可实现性。多重实现观要求两个分类系统具有相互独立的参数：深层脑结构的不同区域会执行同一类心理状态，而不同心理状态的变化也可使同一个脑结构区域保持不变。① 但是，如果将脑区按照功能来划分的话，两个系统就可能失去各自的独立性。低层级的分类就变成了高层级分类的附庸。

第二个争论的焦点在于，脑区是否应该以比较神经解剖学的词汇加以命名。我们经常说，"相同"的脑区可以在两种不同的物种中被发现：因此，BA5 区既存在于人类的大脑中，又存在于猕猴的大脑中，尽管人类的大脑与猕猴的大脑有着很大差异。跨物种鉴别相同脑区的标准多种多样，但无论它们的差异有多大，神52

---

① 或许第二点不那么明显。大家还记得，某个特定的神经区域是否能实现某个心理功能，可能取决于该区域与其他区域的关联方式，而不取决于该区域内部固有的特征。因果和功能作用常常是关系性的。

经解剖学家仍然自信地将它们标定为相同的脑区。这种做法当然不利于用跨物种的差异支持多重可实现观。

贝克特尔和穆迪尔在解释为什么多重实现观吸引了许多人时暗示，这是因为多重实现观的支持者在判定某些属性是否可被多重实现时无意识地使用了不同的分类系统。普特南因此认为，疼痛虽然是哺乳动物和头足类动物所分享的共同属性，但它是一个很粗略的属性，它在强度和性质上有极大的变化；刺痛与灼痛不一样，表面疼痛和内部疼痛也有所不同，等等。多重实现观的支持者假定所有这些不同疼痛表现都有相同之处，不同物种间拥有的正是这些相同的特性。然后，他们就将人们的注意力引向神经解剖学和神经生理学水平上的精微细节。例如，去寻找它们都拥有特定类型的神经元、使用特定的神经递质、具有特定类型的层状组织和特定的反应模式等，并声称这些在神经层面展现的差异成就了疼痛功能的多重可实现性。然而，多重可实现观中论及的一对多的映射关系，在这里只是因为被选择的功能十分粗略，造成了它与神经分类不匹配的结果。①

上述论证对多重实现观会造成损害吗？目前尚不清楚。心理功能是划分脑区的方式之一。在研究一种生物体时或可使用这种将其功能与神经结构联系起来的方式，但同样的方法或许不一定也适用于其他生物体。在人类身上某种神经机制承担了心理功能的事实，并不意味着相同机制在任何其他生物身上也都如此运行。

为什么比较神经解剖学家常常会忽略许多神经结构上的变异？对此有两种可能的解释。其一，以跨物种比较为目的而构建的神经解剖学分类常常是简略粗糙的，但这并不能阻止人们为了其他目的会更加精细地划分这些脑区。例如，相同的布洛德曼区在人类和猕猴身上被认为具有相当不同的功能。其二，神经解剖学分类本身就是建立在粗略的心理功能特性基础之上的。这就开启了这样的可能性，即像BA10这样的脑区也具有多重可实现性。因此，某个心理功能很可能是

①　我们应该注意到，用粗略或精细的分类来区分事物并不能触及该问题的核心。如果存在着若干种可能的粗略—精细的低层级实现者的话，那么一种粗略—粗略对应的分类仍然可能是一对多的关系；对于精细—精细对应的分类同样也是如此。严格地讲，多重可实现性只依赖于一对多这类失匹配的分类。粗略—精细的映射关系是多失匹配关系可能发生的一种方式，也许是多重实现观倡导者曾经期望的方式，但并非唯一的方式。

由单个粗略划分的脑区实现的，而该脑区的功能又依次是由许多划分更加精细的脑网络实现的。

有证据表明，跨物种的分类差不多都是很粗略的。在最近的一项调查中，研究人员对人类、黑猩猩、倭黑猩猩、大猩猩、红毛猩猩、长臂猿和猕猴的额极（假设的布洛德曼 10 区位置）进行了细胞结构水平上的比较（Semendeferi，Armstrong，Schleicher，Zilles，& van Hoesen，2001）。他们得出的结论是，除大猩猩之外，所有被比较物种的 10 区都存在着足够大的相似性，但它们在许多用于划分脑区的维度上也依然存在着差异。例如，皮层的相对宽度在不同物种间是相似的，但是，不论绝对脑容量还是相对脑容量，人类大脑的 10 区要比其他物种的 10 区大得多，而其他物种的相对脑容量也存在差异。同样的，不同物种在不同皮层深度和细胞体的密度上亦是不同的，而细胞体密度的降低为更多神经元建立内部连接留下了更多空间。所有这些差异当然也会产生功能性结果。因此，依据某些标准，不同物种之间存在着相同的脑区；但依据其他的标准，则可能会得到另外的结论。因而不能保证这个额极 10 区只具有相同的功能。

总之，上述这些证据中没有一个能证明多重可实现性并不存在。神经心理学研究，特别是脑损伤和脑成像研究显示，同一性的启发式脑区定位表明只有特有种群或者特殊群体具有同一性；也就是说，这些研究只证实了脑神经的局部实现性。但跨物种的脑区相似性研究证明了脑区本身也是多重可实现的。尽管贝克特尔和穆迪尔让人们更关注神经科学领域脑区划分的重要事实，但这并没有降低多重可实现性主题的重要性。

然而，拉里·夏皮罗（Larry Shapiro）（Shapiro，2000，2004）对多重实现观做出了更为直接的攻击，他认为该观点的支持者们在使用这一概念时太随意了。他争辩道，一旦对问题做出合理的澄清，那么，心理或是可多重实现的或是被多重实现的观点很可能就是错误的。夏皮罗针对那些划分出各种实现者的标准问道，是什么决定了两个神经结构成为某一特定心理状态背后相同或者不同的实现者。我们假设，将那些使某事物具有实现特定功能状态的属性为 R 属性。在电气工程学中，"与"门（AND-gate）的 R 属性是指，当且仅当两个输入端有电流时，所有那些能够使"与"门打开的属性。许多不同类型的材料都具备这种功能，因此就存在着许多类型的"与"门，而"与"门则是可多重实现的。

54

夏皮罗对上述推论提出批评说，除非我们能够确定各个实现者具有实质性差别，否则就不能得出"与"门具有多重可实现性的结论。也就是说，不同实现者在理论上应确实属于不同的类别。但这造成了一个两难困境。某个功能分类 F 有两个可能实现者 A 和 B，A 和 B 在 R 属性上可能相似，也可能不同。第一种情况是：若两者的 R 属性相似，那么它们在理论上就不可能属于不同的类别，因为它们都只属于具备 R 属性的类别。因此，多重可实现性就不存在。第二种情况是：若两者的 R 属性不同，即使它们都能满足功能描述 F，它们也属于不同的类别。因为根据理论假设，它们在潜在的因果关系特征上不同，而类别区分正是依据是否拥有共同因果特征而加以划分的。因此，要么 A 和 B 就不能实现相同的功能，要么它们可以实现相同的功能，但绝不能属于不同的类别。

大量的例子都支持上述观点。在人工制品领域，我们以螺丝刀开瓶器和钟表为例。有多种类型的开瓶器，它们的最终目标都是要把瓶塞拔出来。但是它们实现这一功能的方式明显不同，有的利用双手柄，而服务员常用的开瓶器则是单手柄的，还有采用二氧化碳气体注射的方式等。因为这些开瓶器在低层级物理属性上并不相同，它自然不属于单一的类别，因此，人们就没兴趣对这些开瓶器进行多重实现的理论概括。钟表的例子也相类似：传统钟表和电子钟表都能显示时间，但它们在细节的设计和操作水平上却是如此不同，我们无法用一个一般性原理同时概括两者，因为除了作为计时器外，它们在弹簧和齿轮与印刷电路之间没有任何相似之处。因此，作为一个计时器，钟表亦构不成令人感兴趣的人工制品。

在神经科学领域，我们可以使用外科手术引起的神经可塑性的例子。研究人员将白鼬(原本正常的)的听觉皮层神经重新布线，让它可以接受来自视网膜的输入信号，同时切断视网膜与视觉皮层的原有联结，然后测量白鼬的视敏度(von Melcher, Pallas, & Sur, 2000)。手术后的这些白鼬确实能看见东西，这显示似乎可以把它作为多重实现观的一个例子：因为能够改变听觉皮层结构从而承担视觉功能。但夏皮罗对此持不同的看法。他注意到：第一，这些白鼬的视敏度比不上也不同于正常的白鼬；第二，被手术改变的听觉皮层的结构与正常的视觉皮层仍十分相似。第二个证据尤为重要，因为如果两个皮层的结构确实相同，就表明在这个例子中真正不同的实现者并不存在，视觉的出现仅仅是物理空间相错的脑区展现出了相同的 R 属性而已。这显然不能使再造手术研究的结果成为支持多重可实现性的真正实例。

上述例子似乎向我们显示，要么单一功能根本不存在真正不同的实现者，要么虽然存在着不同的实现者，但它们所实现的功能可能并不属于共同的功能类别。因此，为多重可实现性观点进行争论很可能得不偿失，因为所实现的功能可能永远都不会具有科学探索要求必须达到的因果整体性和统合性。应该承认，夏皮罗的观点具有某种提示性：要确定某个实例可否作为多重可实现性的证据，就先要确定其功能实现者确实分属于不同的类别。但许多实例并不符合这一范例：它们的实现者仅具有不同的颜色或者是由不同金属材料制成的等，而这些差异并不能令开瓶器等人造产品真正分属于不同的类别。因此，仅仅由不同材料制成，不能自动地确保功能实现者之间存在实质的差异。

但是，夏皮罗指出的两难困境似乎本身就是错误的。原因在于，不能根据 A 和 B 分属不同类别的事实就推断出它们同样也不属于功能上定义为相同类别的 F。在自然界，特别是在生物世界，层级嵌套的种类司空见惯。生物物种就是个特别好的例子，因为它们不仅仅属于它们自己的狭义种属，还属于更为宽泛的种群。宽泛的种群有着明显不同的特征，囊括着相当异质的亚群体。例如，动物类属于异位的、多细胞的、能运动的真核生物；虽然脊椎动物和节肢动物之间差异巨大，但它们都属于动物类别。我们当然不能先验地确定属于两个不同种属的动物是否一定会属于一个更宽泛的种群。它们是否属于宽泛的种类，主要取决于看起来差异明显的两种动物之间是否存在着因果链条上的某种重叠。

在夏皮罗讨论的背景之中还潜藏着另外一个议题，它与对种属划分标准更广泛的讨论有关。类别划分争论的目的在于要确定某种分类中是否存在或缺乏支持科学解释所必需的整体性和统合性。在真空中进行分类显然没有任何用处（如相对论出现之前物理学中的以太分类），但更常见的是，这些种属分类与具有因果链条整体性的实体分群之间不能合理地整齐对应起来。实体分群要求同类实体应具有相似的潜在结构和相同的因果关联，或者具有相似的功能组织，或者具有可进行归纳概括的相同范围。当把两种因果关系间差异足够明显的现象放在一起比较时，它们就会促使我们做出它们分属不同类别的假设。将"记忆"这个大众概念

56

区分为许多不同的记忆子类型就是这样的一个例子。例如，通常将记忆区分为陈述性记忆和程序性记忆，再将陈述性记忆分为情景记忆和语义记忆，如此等等。[①]由于这些子系统有实质上不同的属性，因此，对心理学科学研究来说，记忆本身就不是具有整体性的一个类别。

夏皮罗认为，可将那些支持多重可实现性的著名实例当作划分类别的真正机会。虽然我们已经暗示这种做法未免有些草率，但确实有些类别适合再被划分成几种更为有用的子类别。已经发展得很好的心理学理论对记忆本身没有进行概括推论，但对两种子类型记忆有着不同的心理学概括，这或许是由于实现这两种子类型记忆的深层机制存在着不同。实际上人们确实发现，陈述性记忆和程序性记忆是由不同的神经结构加以实现的。然而，仅仅存在结构差异这一事实还不能促使我们把记忆分类：因为只是发现记忆功能是通过不同类型脑神经区域实现的，还不足以让我们区分出不同类别的记忆。我们只能简单地得出结论，记忆是一个单一的功能，但目前还不能对它做出神经定位。问题的另一面是，由于这些脑区所执行的功能如此不同，所以若硬把这些功能视作同一类别，其实对于科学解释力也无更大的益处。

因此，上述观点不仅没有损害反而加强了心理自洽的主题。虽然发现系统背后的神经生物学机制对于回答系统如何运行其功能是非常重要的，因为其结果可能会使人们进一步发现：或者是一个系统以多种方式运行其功能，或者是许多系统以它们各自的方式运行其功能，但是，只要这些系统运行的方式在完成核心功能上没有差异，那么就没有理由将它们进行类别划分。另外，如果这些不同机制的确运行着明显不同的功能，那么对它们进行分类也就是必然的了。这显示出，人们在自上而下和自下而上两种方法之间摇摆，但这种摇摆正是人们试图将两个不同领域进行整合时所具有的典型特征。我们将在 2.7 部分进一步探讨整合图景。

---

① 常被人使用的斯夸尔(Squire，2004)分类法实际上是将记忆系统分为了陈述性和非陈述性系统，后者像个大布袋，将程序学习、知觉启动、经典条件作用等加工过程统统都包括在其中。这些内容有哪些共同之处尚不清楚，人们只是知道它们都不属于陈述性记忆系统。

2.6 还原论的复兴

然而，一些人还在继续遵循着还原论的思路。最著名的是约翰·比克尔(John Bickle)(Bickle，2003，2006)提出的一个无情还原论观点。这一观点宣称，一些心理的或心理学的类别可以一路向下被还原到分子生物学的水平，因而对生物化学的还原会在不久的将来流行起来。他的观点之所以令人感兴趣，是因为它所具有的激进性质，以及他声称这将是新一轮的还原时尚。这一观点的激进性在于，它认为心智可以直接由分子学的术语加以研究和理解，因此，人们可以立即跳入低层级的真实世界中去辨别和解释认知的类别。这一观点就形成了一个正在进行的研究计划，即神经科学家阿尔西诺·席尔瓦(Alcino Silva)(Silva，2003)所称的分子和细胞认知学。

这种形式的还原论有一些新意还在于，它绕过了科学还原过程中所有的较高层级和中间层级的学科。它不同于那些通过桥接定律还原高层级理论的经典模型，也不同于还原的机制论模型。经典模型假定，还原高层级科学(如心理学)到基础的细胞神经科学的过程中会存在着许多中间阶段。机制论模型也设想了一个解释水平的层次架构，每一层都会涉及不同的机制。跟随着神经科学家们，如郝金斯(R. D. Hawkins)和诺贝尔奖得主埃里克·坎德尔(Eric Kandel)(Hawkins，1984；Hawkins & Kandel，1984)等人的脚步，比克尔相信，对智力行为(包括知觉、行动、思维和记忆)的解释现在确实已经由那些从事神经研究的科学家们主导了，他们不仅在神经的细胞生理学水平上，也在细胞内的分子水平上对心理行为进行着解释。

比克尔希望在大脑机制的分子化学水平到行为路径之间找到一个直接的链接，从而跳过在细胞和分子状态所实现的功能与心理状态之间可能的各种较高及中间层级的解释。研究心智的分子基础，可以使人们"直接在细胞或分子水平进 58 行干预，并能够以研究某类心理现象的良好实验范式追踪特殊类别的行为"(Bickle，2006，p. 414)。干预突破法就是由实验操作引发系统改变，让系统向可预测的、可靠的状态方向发生改变。基于干预的研究方法在神经科学中非常普遍。比如，制造神经组织损伤，用微电极直接刺激细胞，进行突触的化学阻断或者改变代谢途径，以及使用基因工程敲除的实验动物，等等。

激进还原论的逻辑还包括在基因、细胞和分子水平上进行干预，观察由此带给生物的认知和行为的变化，并进而推断受到干预的微观成分是实现相关认知能力的基础。比克尔引用了大量的例子，用以说明低层级的生物化学如何成为解释老鼠条件恐惧和许多其他动物记忆巩固的神经生化机制。按照比克尔的说法，如果增加或移除了某些神经化学物质导致了正常记忆行为发生改变或遭到破坏，那么神经科学家就因此而确定了记忆的部分分子或细胞基础。比克尔还说道，如果适当神经化学过程的出现影响了生物体的恐惧反应，那么细胞生物学家就辨识出了动物的恐惧。这个研究过程似乎可总结为一句话——"干预分子，追踪行为"。

再来看看比克尔引用的通过老鼠实验发现长时程增强效应 (Long-term Potentiation，LTP) 的例子。长时程增强效应是被研究的最多的神经生理过程之一。当强电刺激被传输到一束神经后，该神经元便强烈放电，并使与它以突触连接的神经元产生相应的高水平活动。当这个刺激高频率地重复出现时，突触后的神经元活动就得以增强，即相同程度的刺激会产生更大的突触后效应，而且该效应会持续相对较长的时间。长时程增强效应就是在受到高频刺激之后，突触后神经元反应特性出现了长时间改变的现象。

尽管人们主要关注长时程增强效应的产生和维持的生理学机制，但也注意到长时程增强效应与老鼠行为之间存在着有趣的联系。例如，基因被敲除的老鼠（被敲除的基因与对建立正常的长时程增强效应很重要的分子相关联）在某些特殊记忆上受到很大的干扰。它们应对恐惧所建立的长期条件反射因而变得不正常，而且它们的长时程的社会再认记忆也会出现问题。这些干预研究的结果支持了如下的解释：完全可以用最低层级的相互作用的动力学模型来解释行为层面的数据，人们能在给定的任何时间通过直接进行低层级的干预来引发行为效应，同时也在整个神经环路上引起已知解剖路径的连通，最终影响到附着于骨架上的肌肉组织 (Bickle，2006，p. 429)。

然而，我们会很好奇，激进还原论真能为心理现象提供解释性还原吗？第一个担心来自我们熟悉的多重可实现性的问题，因为人们还无法确保同类行为产生的过程中没有其他类别的化学过程参与。对此，比克尔辩护道，他在考察了大量多样性生物物种后发现，凡涉及上述还原途径的分子过程几乎是相同的。如果这类生化过程在陆生动物神经系统的进化早期就出现了的话，那么它们就有可能在所有陆生动物中保留下来。由于历史的偶然性，如此这般的功能特性就具有了单一的实现者。

第二个担心涉及分子层级原因能否解释由认知引导的行为问题。与身体的简单动作相对立，产生被称为行动的动作必须具有合理性，故而某些认知状态必然要介入行动的动因之中。我的手指运动或许是因为它受到了一个电刺激，或许是因为某个脑瘤触动了大脑运动区。但是动作要成为我的行动，要成为一种有趣而智慧的行为，就必须是由认知原因引起的。老鼠的行为同样如此。如果我们真的打算对智能行为给出神经化学或分子水平的解释，那么无论比克尔怎么说，我们都必须要在某个层级水平上对构成老鼠认知状态的事件做出描述。因此，我们在这里所预期的东西，与传统多层级还原模型看起来就十分相像了。

第三个担心与干预研究有关。对某种能力进行的干预和中断研究，是否就构成了理论还原或解释的充分条件了？假定在微观尺度上对成分 C 进行一个干预，那么在个种系统层面产生会宏观效果。这表明 C 与该系统是解释相关（explanatorily relevant）的，广义来说，这是因为系统需要成分 C 才能正常运行其功能。但这还无法说明 C 本身解释了系统的功能，即便它是构成完整解释的一个组成部分。假定我们对长时程增强效应的基因和分子基础有了完整的理解，但我们仍然不能很好地理解记忆是怎样形成和储存的。长时程增强效应是发生在特定突触连接处的现象，而形成记忆则是在整个生物机体水平上完成的，或至少是在大脑的大部分区域中完成的。为了理解长时程增强效应对更大、更复杂的事件做出的贡献，我们需要将其摆放在系统中恰当的位置，这当然就需要了解比仅仅知道长时程增强效应本身更多的东西。微观水平的事实和现象若要有助于解释系统水平的现象，就需要被适当地放入更广泛的因果关系和机制关联之中。当然，若这些微观水平的事实本身并不能解释系统水平的事实，我们就不能说系统水平的事实已经能被还原为微观水平的事实了。能够用微观事实解释某物的属性和特征现象，仅仅是成功还原的一个必要条件。

因此，上述局面看起来对比克尔不利。但他仍会争辩，科学之所以要寻找高层级的定律和描述，只是将它们作为启发式工具，它们虽然有用，但并非必需的。高层级定律只具有启发性，因为最后真正的解释只会是包含了比克尔引述的分子生物学的低层级机制。然而，比克尔描述的分子生物学机制直接操作的结果本身也具有启发性，因为假设更广泛的因果定律和更大的机制将会因此产生，那么新产生的定律和分析则会对神经化学干预为何成功给出更为全面的解释。

2.7　心理学自洽与理论的协同演化

如果还原论站不住脚了，特别是当我们想要为心理自洽性进行辩护的时候，我们又该如何考虑心理过程与神经生理过程之间的关系呢？一种方法就是采取协同演化学说，即各个科学是协同发展的，它们在完善各自学科的分类、模型和概括推论的过程中相互呼应。丘奇兰德(Churchland，1986)特别强调这种协同关系。他注意到，一旦神经科学发现心理能力的基础机制(如在夏皮罗的论证中我们看到类别划分机制)并不完整时，它就会反过来对心理能力的功能分类进行修正。关于心理分类，似乎没有什么不可以修正的，况且我们尚不能假定在理论发展过程中只存在着自上而下这个方向的作用。相反，"对于另一方在任何层级上获得的新发现有可能导致对自己理论的否证和修正，心理学和神经科学各自都应该保持开放性"(Churchland，1986，p. 376)。

61 这是对心理自洽性的一个威胁吗？丘奇兰德(Churchland，1986，p. 373)尖刻但正确地评论道，"一个认知心理学家只研究学习和记忆，而根本不去关注动物模型、连接路径、临床案例、小鸡的印刻学习、金丝雀的歌唱学习和海兔属的习惯化的研究等，那他的头脑就简直是顽固不化"。我们当然确信，不会有任何一个心理学家站出来对此提出反对意见。在某种程度上，所有这些数据结果都是研究人类学习和记忆结构或者人类记忆机制的潜在资源，心理学家应该关注所有这些研究的进展。

然而，这似乎与我们有关方法自洽的观点相冲突了。方法自洽的观点认为，心理学拥有一套独特的方法，可用来设计和运行实验、实验任务以及实验程序，用来收集和分析数据，用来建构其他学科没有的、在支持(证实或否证)心理学解释上具有认识论特殊意义的模型。这种方法自洽的特殊意义就在于它们为心理学提供了专属的数据。

但是，这样的专属数据并不存在。如果坚信这种专属数据存在，那我们就会像顽固的细胞生物学家一样了，他们认为只有通过光学显微镜收集别的证据才能验证细胞学假设，而通过离心分离细胞或者通过电子显微镜收集的其他证据都要被扔掉。这一现象在心理学历史上也曾反复出现过。行为主义的批评者指出，行为学家只关注第三人称现象，因而忽视了内省信息所包含的有关人们经验意识的丰富资源。在一篇很有影响力的文章中，约翰·安德森（John R. Anderson）（Anderson，1978）指出，认知心理学家很可能忽略了与其所选行为证据相互竞争的认知模型。他以人们对视觉表象形式的争论为例指出，相同的行为数据既可容纳在图片（类似表象）形式中，也可容纳在命题（类似句子）形式中，这取决于研究者给系统模型添加了什么类别（表象或语言）的加工过程。因此，要在两个互不相容的模型中进行选择，就需要借助其他的证据。事实上，关于表象的争论现在已成为理论协同演化的一个典型案例，在这个协同演化过程中，神经机能障碍研究、神经影像证据和行为层面数据等都发挥了重要的作用（更多讨论见第 6 章）。

安德森的结论是一个强观点：解决认知模型间的争论最终需要来自非行为资源的证据。虽然我们不需要认同这个强观点，也可以拒绝方法学自洽观[1]，但这种拒绝应当是一把双刃剑。如果心理学可以通过神经科学证据获得发展，那么同样，神经科学也能通过心理学的证据而获得发展。[2] 关于解释的机制原理图使我们有特殊的理由相信，科学的协同发展一定是会发生的。我们知道，机制总是与功能连接在一起的，可图示为 S's Ψing。若 Ψ 代表心理功能，那么神经生物层级的恰当分类体系，则应由产生功能的机制的构成结构来加以决定。所以，在一个协同演化的图景中，当高层级理论和低层级理论不相一致时，人们会很难确定究竟哪个理论更具有主导地位。

因此，拒绝方法学自洽观点并不表示心理学最终会被神经科学接纳吸收。如

<small>62</small>

---

[1] 事实上，我们也不是很肯定是否支持它。要想清楚这点，就需要考虑那些与认知关联的可能存在的神经生物学差异。但原则上讲，这些差异是在任何行为情境中都无法被揭示的。这是一种很有力的主张。尚不清楚的是，安德森提供的在行为上不可区分认知模型的例子是否会支持这种主张。

[2] 这一观点是隐含在贝克特尔和穆迪尔对多重实现的批判中的。如果功能标准能够驱动划分脑区的决定，且这种功能是心理功能，那么神经科学的发展就将取决于存在着一个恰当的心理学理论。反过来也是如此。

果两个领域之间存在着整合，那么就像认知特性和认知过程合二为一的过程那样，它将消除两者各自的独立存在。我们之前论证过，拒绝方法学自洽观并不需要同时拒绝解释的自洽观。当解释说明了相关的现象，并与其他已经得到很好验证的理论和模型保持一致时，则该解释就是成功的。跨学科模型建构数量的激增已经产生了大量的数据，远远超过评价这些模型所需要的数据数量，但这并没有损伤有关心理学解释的自洽观念。

2.8 结论

我们现在可以把本章罗列出来的各种思路摆放到一起了。一方面，关于认知的还原主义和取消主义在逻辑上各自独立。一个学者可以既是还原论者，又是取消主义者。根据这一观点，非常确定的是，正是心理现象可以与神经生物(或低层级)现象建立起的相关，使得心理学领域似乎成熟到了会消失的地步了。成功的还原过程显示，从本体论和科学解释角度来说被还原的理论或领域就成了冗余的东西。但一种相反的观点认为，还原主义恰好支持了反取消主义。成功的还原是为一个高层级理论所做的辩护，它证明了该理论提及的状态和过程已经被独立验证为是真实的存在。这一观点被许多坚持类型同一性原型理论的学者所认同。例如，斯马特(Smart)和普雷斯(Place)并不认为，将意识与大脑过程同一起来就一定会导致人们做如下的设想：根本就不存在所谓意识这回事。

另一方面，反取消主义者经常从反还原主义者那里获得强有力的支持。功能主义认为心理学是不可还原的，这意味着心理学的解释具有自洽性；事实上，心理学也是不可或缺的。但反还原主义也会得出取消主义的结果。反还原论意味着心理学分类与基础的神经科学分类不能一一对应起来。因为根据其假设，神经科学分类追求的是类别划分和其他因果机制，而人们应将心理学的分类视为是有缺陷的，正在等待着被进一步细划和被新分类替代。

因此，(反)还原论与(反)取消论之间的关系并非那么简单明了。在任何特定情境下，两两组合中的哪一对凸显出来主要取决于情境细节。支持反还原论的例证是什么？我们前面已经提到过，多重可实现性是反还原论的主要支持。而多重可实现性又依次促进了功能主义关于心理状态与过程的观念。我们还论证到，许多心理状态为多重可实现的这一观点提供了强有力的证据支持，而反对这一观点的论证总体而言则不那么令人信服。另外，心理状态是否可多重实现这一问题，似乎也没有获得一个一致性的答案。虽然一些心理功能似乎只在某一种躯体结构上得以实现，但一般而言，谈到多重可实现性时总要涉及如何对功能本身进行描述和定义。

3.1 作为复杂系统的心智

大脑和躯体都是有形物体——物理实体或客体的明显例证。如同其他典型的物理实体一样，它们也具有稳定的空间界限，拥有诸如质量、密度、内部组成和组织构造等众多其他特性。但心智或者充斥其中的观念是物质的吗？或者是它们以这种方式存在的类物质？笛卡儿的物质二元论一方面否认了心智具有物质特性，另一方面又将其看作一种客体或者实在物。笛卡儿进一步认为，意识不仅是一种非物理性的客体，还是一种不能被观察到的客体，不能以任何一种方式被分解成为各个部分。

本体论认为心智是系统，其中一些系统具有类物体或类实体的特性。原子、太阳系、生物有机体和飓风等都是类实体系统的例证。它们作为系统可以被分解成为更小的组成部分和运行程序，但它们又像其他许多物体一样，具有相对的持续性、协调性和空间局限性。鉴于心智所引发的复杂心理和行为现象，心智必定是具有极度复杂性的系统。与其他复杂系统一样，心智还有着自己内部的设计结构。例如，人工计算机设备的内部设计结构对应着电路图上描述的中央处理器(如指示发生器)、储存器、系统联系总线，以及各种用于储存、网络连接和视听输出的子系统控制器等。对于生物有机体来说，它们的内部设计结构所对应的就是全身的解剖组织，分解成的各个器官系统(如循环系统、呼吸系统、免疫系统等)，又进一步细分成的独立器官及其他活性器官部件(如呼吸道、肺、胸膜等)，以及还可以再分解成的具有独特功能的亚器官、组织和细胞、分泌物和体液等。

与人工制品和生物体相类似，作为复杂系统的心智同样也包括了相对稳定的组成部件和组织结构，被人们称为认知结构。描述和分析认知结构也需要将心智分解为各种子系统，并刻画出它们之间进行信息控制和传递的各种方式。人们常常以地图或者图表的形式来描绘各个子系统之间的关系。更为细致的地图还会描述各个子系统之间的内部工作机制，特别是子系统所具有的表征类型及其执行的认知加工过程。因此，关于认知结构的争论多集中在以下几个方面，即心智具有什么样的子系统，这些子系统是如何相互关联的，子系统完成各自的功能时采用了怎样的表征和加工过程。本章将讨论几种不同的认知结构之间的差异，并阐述支持某种认知结构的实验研究和理论模型。

在发现认知结构时需要进行功能分析。功能分析是一个前后制约和相互限制的系列过程。第一步是进行任务分析，就是思考把一个独立复杂的认知能力任务分解成一系列复杂程度相对较低、认知负荷较少的任务。例如，玩优雅围棋的能力包括了要尽可能记住各种棋局、回忆出大量模式固定的开局棋子占位以及提前预估出对手的战略布局等。诸如"有需要即可执行"的认知能力也是高度复杂的，其最好的例子便是理解句子。理解句子需要进行声、形的分析，进行语法和词法的解析、词汇的检索，还要把句子的含义与关于世界的一般知识进行整合等。可以认为认知功能是由运行中的很多子功能构成的，其运作可用模型流程图或其他缩略图来表示。当然，在分解大部分任务和认知能力时，并不是只有一种途径。通常在任务分解的最初阶段，人们都会提出一种有关心智如何运作的尝试性假设，这类假设或者产生于直觉判断，或者由有关认知能力的现有知识推断而来。

功能分析的第二步是进行系统分析，就是将已经分解的任务与实际系统的功能"方块"对应起来，建构一个表示各个子系统如何关联以及信息和控制在系统间　　*66*
如何流动的示意图。认知系统由一套相互作用且高度整合的加工过程和结构组件构成。系统中的某些部分能够对其他部分实施更多的控制，其控制程度远高于它们对系统外部事物的控制，也远高于系统外部事物对它们的控制（Shallice，1988）。最终，这些组成部分的相互作用和整合就能够完成一个子系统独特的认知功能。认知系统在正常情况下会日复一日地完成系列任务，从这样或那样的意义上讲，它们也是被设计来做这些事情的。可以将认知系统的功能想象为是在马尔斯层级分析体系中计算层面所发生的事情(见 2.3 部分)。

要精确地说明复杂的认知结构，还需要描述心智各系统之间的相互关联。系统可以将其他系统收纳为其组成部分，这意味着系统可以递归性地分解为内嵌子系统。举例来说，一个自然数相乘的系统可以分解为自然数不断重复相加的子系统。而一个目光探测系统则需要能够探查类似人脸刺激的子系统(刺激呈现出代表眼睛的两个黑点在上、代表嘴巴的一个黑点在下的特殊面部特征)；能够计算出瞳孔所盯位置的方向的系统，还要有搜寻目光在环境中可能盯着的物体的系统等。当然，若一个系统不构成另外一个系统的组成部分，它们之间也可能存在着紧密的关联。两个系统可能分开独立存在，但在日常运作过程中，一个系统可能会常规性地启动另外一个系统。想象一台(由各种功能不同的芯片组成的)电脑正在运作，当要求一个图形芯片将某些计算任务输出给数学处理器时，图形处理器此时的运作就要依赖于数学处理器，尽管这两者在功能上是各自独立的。

第三步是要进行状态和过程分析。一旦一个系统被分解为若干子系统，它们之间的内部运行机制就要明确下来。要描述出每个系统的机制组织，即揭示出保证系统运作的表征、加工过程、储存及其他资源等。最好还要为完成不同类型任务的系统运作找出适合的表征类型，因为各子系统完成的功能不同，它们的信息加工方法也就不同。这种分析类似于马尔斯分析体系中表征和算法层面上发生的事情。下面我们还将对此加以详细描述(见 2.3 部分)。

状态和过程分析把机械论解释与"黑盒子"心理学分离开来。在早期理论准备阶段，人们会假设心智的组成构件在执行着某种特殊功能，但并不准确地知道它们是如何执行的。但更加完整、成熟的理论解释则需要深入黑盒子内部描述其功能架构。举例来说，婴儿和某些动物都具有快速估算少量数字和数量的能力，我们在不知道该系统内部是如何运作的情况下，则可能会为此功能假设出一个"小数量系统"。要超越这个假定的黑盒子，就要描述其功能之下的表征和加工过程。每个子系统都可以这样分解下去，直到抵达心理原型或者分析的基线水平。在这个停止点上，人们再也不可能找出更细微的能更好地解释系统行为的心理组成部分和活动。对这些最终心理组成部分进行的任何功能分析，或许都将借助于其背后存在的神经生物学机制。

第四步是进行执行分析。执行分析的目的是要找到一个能实现某种认知功能、支撑认知系统及其运行的物理结构。虽然存在着争议，但在过去的几十年中，人们在考察活体神经系统的结构和动力学功能方面研制出了大量新型而有效的工具，它们代表着人们对心智结构的研究取得了极大的进步。认知神经科学和神经心理学对这类执行分析做出了突出的贡献，特别是它们使用了功能成像技术(PET、fRMI)、脑神经损伤技术，以及电生理测量和干预方法(EEG、经颅磁刺激、单细胞记录)等。各种计算模拟技术也被广泛加以利用。例如，考察神经元活动与假设系统功能的执行运算过程之间的相关性时，模拟计算结果可以为某种功能在神经系统上的定位提供证据。使用上述各种技术的目的在于把认知与神经结构建立起关联，并在可能的情况下为认知功能在特定神经区域找到定位。

3.3 经典模型

杰瑞·福多在 1983 年提出了一个认知结构的假说，引起人们的广泛讨论。他认为，认知系统的很多子系统，特别是感知(输入)系统和动作(输出)系统，都是模块化的。认知系统要能够执行感知觉分析，要能为信念形成和欲望控制等系统提供输入内容，并且要能将这些信念和欲望转译成行动指令，因此，它的输入和输出系统必须得到不同于其他认知系统的特殊授权。模块化便是福多创造出来的一个概念，特指这些系统共同拥有的特性。

68

福多的模块系统具有如下特性，即①领域特异性，②强制性，③运行过程中的认知不可穿透性，④加工快速，⑤信息封闭性，⑥浅输出，⑦与固定的神经结构相关联，⑧与常见的病态模式相关联，⑨与常见的发展轨迹相关联。特性①～⑥是这个特性集合中非常关键的内容，我们将予以重点关注。

模块输入系统在进化过程中被用来处理不同类别的输入，也就是说，外界存在着一些独特的刺激可以激活输入模块。语言感知模块特别针对人类的发声做出反应，然而它对类似的物理刺激、非人类发出的声音则不会做出反应或者做出相当不同的反应。这就让人猜测，这正是需要模块输入的领域的奇特之处，而那些更为同质、并无差异的领域则不需要特殊化的输入模块。与其他各种可能的听觉刺激相比，人类的语句听起来更像是一个噪声的随意组合。这就使得任何想要探测和处理语句的装备必须具有特殊的目的，即它必须能够与这组奇特的输入刺激类别协调起来，而不太可能再被用于加工处理其他类别的输入刺激了。面孔加工的输入模块也具有相同的原理。这一行为学的推论因下述比较而得到了支持和加强；人类的感觉器官与其他陆生动物的感觉器官相比，能探测到的刺激特性类别有着相当大的差异。

输入模块具有强制性和认知不可穿透性(不可改变性)。当你听到一个包含着你名字的句子时，就不能不将它听为是一个含有你名字的句子，无论你怎样努力不想去听这个句子，或者努力只去关注句子的发音而不是它的内容，你都做不到。一看到母亲(女儿、配偶)的脸，你就会立刻情不自禁地认出这是她(们)的脸。① 强制性意味着某个适当的输入刺激一旦出现，系统的程序运作就变成自动的了，而不再受意志的控制。模块在这一方面类似于条件反射。而且，其他认知系统会被禁止通达到模块的内部处理过程，即便是中央加工系统也只能主要通达到这些系统的输出部分。认知的不可穿透性便是指这样的事实，即模块在输入和输出端进行的表征与加工过程，通常都不允许来自模块外部的介入，而系统内部运行的东西在一般情况下也都不被允许泄露给其他系统。这就解释了为什么我们能够意识到我们正在看东西，但却不知道"看"这种功能的内部运行机制。

输入模块的加工过程不仅自动而且迅速，其速度以毫秒计。如同福多所说(Fodor，1983，p. 80)："信息封闭获得了速度，……获取速度的代价则造成了无意识。"当一个人听到含有自己名字的句子或者看到自己母亲的面孔时，他并不需要做出决策去执行"听"或者"看"的功能。

至关重要的是，模块化系统具有信息封闭性，即模块获得的信息和加工资源均来源于系统内部，其绝大部分信息并不与模块外的系统信息相混同。让我们在这里做一个简单演示：请闭上一只眼睛，用手按压住另一只眼睛，这会使世界看起来正在发生移动。尽管你知道周边世界实际上并没有移动，但是你的知觉模块并不理会你所知道的情况；它只管接收进入你眼睛的信息，并在感知模块中对其

---

① 当然，除非你患了诸如人面失认症。这种情况的存在支持了我们关于某些系统是模块的想法：面部识别代表着一个特别的领域，该面部识别可以快速地得到加工，也可有选择地被损伤。

进行加工。因而，尽管你知道周边世界纹丝未动，但你眼睛里看到的世界却还是上下蹦跳、忽远忽近的。

输入模块还把信息加工处理为一个浅水平的输出，也就是说，视觉输入模块能够辨识停车标识的图形和颜色等特征，但它并不能将这些特征输出为一个停车标识。模块视觉系统能辨识形状和颜色，但不能辨识停车标识本身。再来看另外一个例子：视觉模块会传递某一侦探跛脚行走的视觉信号，而不会传递该侦探是个瘸子的信息。根据输入系统的模块性要求，侦探具有怎样的特征并不是视觉系统要去探测的任务，该任务是要留给中央系统去进一步加工完成的。

福多认为，中央系统与外周模块系统最重要的差别就在于，它具有对来自不同认知领域的信息进行比较、合并和整合的能力。所以，它的信息是不能被封闭的，它本身也不能被模块化。中央认知系统具有两个表明它不能被封闭的特性。第一个特性是无向性。当需要确定一个特殊信念是否为真时，该系统会从任何地方吸纳它认为已被证实的任何信息片段，因而此时的系统运作被视为是无方向性 的。也就是说，这样的中央系统对于我们是否应相信某种信念下的相关信息，没有任何预先设定限制的选择方向。正如福多（Fodor，1983，p.105）生动地描述的那样："只要我们愿意朝那个方向设想，我们甚至可以想象，是植物规定着宇宙，而不是相反的。"

第二个特性是奎因性。[①] 当一个系统要确定某一特殊信念是否为真时，它就会对自己获取的所有信息整体及集体特征变得十分敏感，此时的系统被视为具有奎因性。例如，有一个原本很简单的理论，它与很多现存的证据相吻合；但是当它尝试与知识体系中其他部分结合时，该理论就会变成一个复杂性提升而合理性降低的更大的世界模型。试想，对于一个嫌犯从锁着的牢房中逃走的事实，最简单的解释就是假设他使用了物质—能量转换设备。但物质—能量转换设备若真存在的话，那将使我们关于世界的信念中的许多事情变得异常复杂起来，最起码，我们或许需要重写物理学的大部分内容。因此，只有在考察了某一理论是否能与整体之中其他知识相符相容之后，我们才能对理论信念的真实性进行评估。因

---

① 这是以哲学家奎因（W. V. Quine）的名字命名的。他的论文《经验论的两个教条》（Quine，1953）是福多以他的名字命名这一系统特性的灵感来源。

此，做出真伪的判断是整体而非局部的功能。

无向性和奎因性都是全局性和整体性的特性。在决定接受或是拒绝某个命题时，我们需要获取无限多可能的证据和信息；但即便获得了很多的信息，接受或拒绝这些证据的决定还要取决于我们认知系统已有的其他信念会在多大程度上受到肢解重组。科学家们在科学理论验证过程中使用的大多数推论都具有这些特性，福多正是将普通人的信念固化过程与科学推论过程做了类比，才有了自己的推论。人的认知系统到底在多大程度上具有无向性和奎因性？令人惊讶的是，很少有人对这个问题进行实证研究。然而，不可否认的是，认知系统至少展现出了这些特性中的某些成分。这两个特性都要求信念固化系统必须是非封闭的，因为它们需要系统能够(潜在地)通达到人们所相信的任何信息，以便计算出新证据对已有信念的支持程度以及各种信念间的相容程度。

我们把这种全局式的认知结构称为"经典"架构，它构成了后面将要介绍的各种理论的出发点或者批评对象。此外，它还刻意保留了很多哲学理论关于知识的传统原理。例如，传统理论认为，下述两类系统之间存在着很深的鸿沟，一类是感知系统，它主要负责呈现知觉到世界的真实图像(某个生物体在此时此刻看到的世界)；而另一类是信念系统，则要决定关于世界的哪些信念是应该被相信的。感知系统与信念系统不仅是差异明显的系统，更是不同类别的系统。信息是从感知系统流向信念系统的，而不会流向其他方向。原则上，我们感知的世界方式与我们对于世界的信念是相互隔离开的(Fond，1984；Churchland，1988)。因此，根据传统理论，上述认知系统的经典分类实质上只是重复了标准版认识论所做出的区分。

我们暂做停顿，先来介绍一下意图模块与福多模块的区别。意图模块是乔姆斯基(Noam Chomsky)(Chomsky，1980)在讨论语言能力起源时引入的概念。① 乔姆斯基假设，正常讲话者具有某种天生的信息体，当这种信息体与外界环境适当输入刺激相结合时，就足以产生出任何可能的人类语言的语法。这种先天信息体

---

① 福多在 2000 年把这些称为乔姆斯基模块。但在这里我们还是采用赛格尔(Segal)在 1996 年创造的词"意图模块"。"意图"一词在这里大体上是"表征"或者"信息"之意，它是从"意向性"一词衍生而来的。"意向性"一词是哲学用于指代心理状态的表征特性时的一种方式。

就是某种人类语言的无意识或内隐理论，它解释了说话者为何能够产生和理解语句，以及为何能够判断某个句子是否具有良好结构，且这样的句子能被其母语所认可。最后，该信息体在很大程度上是不可通达的，它与人的其他相似的数据库体系和信念系统都分割开来。任何一个诸如此类的自我独立且可能与生俱来的信息体便是乔姆斯基的意图模块。

意图模块与福多模块在几个方面是不同的，其中最重要的差异在于，它更像是数据库而非加工处理器。虽然福多模块通常也可能含有专有数据库，但也并非一定如此。因此，意图模块不是福多模块的变式或者其子模块。[①] 模块化理论的其他意义将在随后章节中介绍。

3.4 大规模的模块化理论

很多人已经注意到，福多使用的"心智的模块化"标题造成了这样的误导，即输入和输出系统是模块化的，但更为核心、更为独特的高级认知部分则仍然是非模块化的。一些人因而建议，要更严肃地对待这个标题，并要进一步明确指出，人类心智的唯一建筑组件就是模块。由此，大规模的模块化理论提出假设：心智完全由模块化的亚系统构成。

大规模的模块化理论倡导者提出的最具争议性的假设是，一个单一的中央认知机构并不存在。因此，进行推理、做出行动计划和构建理论等不再仅仅是福多所说的信念/欲望/意图系统的任务，取而代之的是存在着各自独立的子系统，分别负责配偶选择、生物世界和对他人意识与意图进行推理等工作。同时，还存在着各种具有特殊目标、进行实际推理的子系统，总之，并不存在一个专门负责形成计划和意图等的通用决策机制系统。其他高级认知过程无不如此。心智不是一个全知全能的单独推理工具，它更像是一把包含了具有不同功用的专用刀片的瑞士军刀。

大规模的模块化理论还包含着两个互补的假说。第一个是存在假说，即针对

---

① 福多模块是信息封闭的，且没有自有数据库，它们在限定情况下的运行不需要任何储存信息来产生适宜的输出。正是在这类信息封闭的限定情境中，认知系统的反应就十分类似于条件反射了。

不同类别内容的推理加工存在着不同的、模块化的特殊系统。故而人们具有社会认知模块、物体认知模块以及生物推理模块等。第二个是非存在假说，即并不存在对所有这些不同种类内容都可进行推理加工的特殊系统。随后我们将会看到，要求系统具有特异性非常重要。但先要记住，若没有这个"非存在假说"，人们很有可能就会认为，心智内部存在着一个具有很多特殊化推理系统的认知结构，每个系统在对其相关领域内容进行推理时都拥有"优先权"，然后再将加工结果转交给一个具有多功能的中央推理系统，该系统负责对各个特殊系统提交的结果进行协调、整合和评估。但"非存在假说"意味着，人们要完全排除这种中央认知结构的存在。①

除此之外，对于大规模的模块化理论，人们在应该提出要求的问题上也还存在着争议。模块化应该是一个强概念，还是一个弱概念？虽然目前很少有人仍然全盘接受福多的模块化分类概念，但一些后来者还是坚持认为这些系统至少必须是领域特异性的。另外一些人则认为系统应该是信息封闭性的，甚至有人认为这些模块系统应该具有特定的神经定位。为了讨论方便，我们在此先假设模块系统具有领域特异性和信息封闭性。我们将会看到，这正是关于大规模模块化理论的各种争论的核心论题。

3.4.1 关于计算易行性的争论

这一争论的目的在于说明，人类推理者之所以可以应对来自计算模型的各种挑战，就是因为心智是由大规模的模块建构的。这里的核心问题便是以另一种形式表达出来的、众所周知的"框架问题"。这个难题(更准确地说是这类相关难题)最早是由人工智能研究提出的。在其标志性的论文中，麦卡锡和黑斯(McCarthy & Hayes, 1969)关注到了如何运用逻辑形式为日常的计划和行为结果构建模型的问题。行为改变了世界的某些部分，而没有触及其他部分。例如，在地板上滚动一只球的动作改变了球的位置，却不能改变球的颜色；除非它撞到什么东西，否则滚动的球也不会

---

① 要注意到，大规模的意图模块的概念并不会给福多式中枢认知系统的存在带来威胁。可能存在着一个简单的信念—欲望推理机制，它并不包含针对不同任务的专有数据库。这些模块甚至可能是与生俱来的。萨缪尔斯(Samuels, 1988)称其为认知的图书馆模式。大规模的模块通常被理解为是加工处理器模块，而不是信息体，在此我们沿用此概念。

改变房间里其他的东西。而且，世界通常展现出一种惯性：如果一个人在电话里告诉我一个地址，我会把该地址写在一张纸上，通话结束后我也会把写着地址的纸片保留下来。但要将这些变化的和不变的事实用自动推理系统表达出来则极为困难。早期这样的尝试常常无果而终，要么是因为模型系统忽略了真正发生的改变，要么就是在当下情境中，面对着一大堆哪些是不可改变而应被忽略掉的问题时，模型系统变得不知所措。

这个让早期人工智能研究留下遗憾的"模拟变化"的难题，正是原初的"框架问题"①，另外，它还包括了一整类自动推理系统要面对的涉及计算易行性困难。⁷⁴然而，似乎人类在日常生活中就能解决计算易行性问题，或者对于人类来说该问题根本就不存在。这就引发了下述的矛盾：一个领域非特异性的系统不能解决计算易行性问题，但人类的认知则可加以解决。因为没有一个领域非特异性的系统能够解决计算易行性问题，因此，人类的认知就不可能是建筑在这样的系统之上的。所以，对人类认知运行模式的最好解释就应该是，人类的心智是完全模块化的。

可以设想计算易行性问题还涉及一系列相关活动，如进行不同类型的推理、形成一个计划、构建一个理论或者对察觉到的变化简单更新信念系统等。执行其中任何一个推理过程都需要各种加工系统之间的相互作用。例如，从储存中提取有用信息的记忆加工过程，以及推导出超越任何现存知识的新信息推理加工过程，还有将各种信息整合为更大知识单元并进而与现有知识进行融合的加工过程，等等。而且，信息提取和推理过程还必须在限制的时间之内完成，要能够即刻引发动作，而不能无休止地进行加工反应。

对时间限制我们有几方面的考虑。首先，信息检索需要花费时间：如果数据库过于庞大，那么检索时间或许就是无限的。虽然还没有一个简单的方法可以测量出普通人脑中的记忆信息总量，但其数量应该是巨大的。因此，为了能够进行快速检索，就必须对其做出某种限制。其次，推理也要花费时间，这就像人们需要耗费时间在几种备选假设中进行真伪评估一样。所以，高效的推理也要对所考

---

① 在这里我们并不关心什么是"真实"的框架的问题。如果想进一步了解，请阅读派立辛（Pylyshyn，1987）和伯顿（Boden，2006，pp.769-757）的论文。

查的假设空间进行某种限定。人们几乎可以从任何信息组合中推论出无限多种结论，但其中只有为数不多的几个结论在某种环境中才可能是合理的。

计算易行性要求检索和推理既要快速，同时又要具有相关性，但这些要求对于任何一个信息开放的系统都颇具挑战性。非封闭性意味着系统中的任何信息在任何目的下都能被通达和调用。但当数据量足够大的时候，这也意味着对信息进行全部检索很快就会变得不可能了。因此需要找到某些方式来限定检索的信息量，信息封闭模块为此提供了一种自然的限制方法。在模块系统中限定适用的数据库范围，便可使在一定时间内进行信息检索的问题得到有效解决。

推理相关性的问题则更具挑战性，但它亦可借助于模块化加以解决，因为模块计算具有限定性或者类似反射的性质。在福多传统理论中模块会限制能够执行的推理数量，而且它以一种强制而刻板的方式规定可推理数量。这种特性被认为是与信息封闭性对等的特性。另外，领域非特异的或非模块化的系统在任何阶段都有着更大、更开放的推理空间。因此，获得推理相关性就要在结构内部对加工过程的范围加以限制，这就如同检索相关性必定要限定搜索数据库的数量一样。

看起来，模块似乎可以解决困扰非模块系统的计算易行性这一难题。但这种看法能令人信服吗？首先我们必须注意到，这种说法有正和负两个组成方面。负性部分宣称，完全非模块化系统定会遇到某些难以计算的问题；而正性部分则宣称，大规模的模块化系统则不会遇到这样的计算问题。我们将分别讨论这两个不同的部分。

如我们所看到的那样，负性部分又分成了有关检索和有关加工的两种论证。检索论证确实显示，若系统具有足够大的数据库和十分无效的检索过程，那它就难以及时和有效地提取到信息。但我们也知道，自动检索算法(如各主要互联网搜索引擎所引用的算法)可以以惊人的速度搜索到信息。虽然它们都使用了对信息加以组织的自动加工过程和程序，但人们还是普遍相信人类的记忆系统远超过搜索引擎，因为人的记忆还包含了以不同方式合并信息的自动加工过程，所以人类可以高速获取信息。因此，没有理由做出这样的假设，信息非封闭(开放)性本身会导致信息检索的困难。

更微妙的问题在于，相关信息究竟是如何被检索到的。因为并没有什么可以保证快速检索一定能找到相关的结果(任何使用过谷歌搜索页面并产生过挫败感的人，都可以证实这点）。下面我们将信息相关性与信息封闭性一起加以讨论，也会谈及人们对相关加工过程存在的更普遍的担忧。

加工过程的论证以如下的方式支持了信息封闭假说。若一个系统可以做出无限多种可能的移动步骤，那么其中就一定存在着一些易行的路径，可使其做出正确的移动。所谓正确的移动，是指那些与领域内容最为相关的推理步骤。在对"框架问题"的经典讨论中，人们注意到，对于世界状态的任何变化，都可以在演绎形式上进行无穷多种有效的推理。但是其中大多数的推理都毫无意义，也不值得花时间和精力去探索它们。一个系统的加工过程未被封闭，它就有着许多种可能且可行的推理步骤，但若其移动步骤受到严格限定，或者移动只允许在较短时间内完成，那么该系统就不会遇到类似的相关决策难题了。因此，一个可进行快速且高相关推论的系统不可能是完全非封闭的系统，它在任何情境中都能对将要进行的推理做出轻重缓急的排序。同样，它为推理进行的信息检索的加工过程，也能快速地按照信息相关性排出轻重缓急的次序来。

至此上述论点论述都是正确的。成功的认知结构需要有一种"何物相关"的感觉。理论学者和工程师面对的最大挑战就是如何给"何物相关"的感觉下定义，并且了解它的运行机制。这也是心理学需要面对的最具挑战性的描述性难题之一。的确，对于描述何物看起来与我们相关这一现象，我们处于刚刚起步的阶段（Wilson & Sperber, 2012）。

当然上述论证并不支持"中央认知系统必须是信息封闭的"的结论。它所要求的就是存在某类系统，它既可以排序推论过程的优先级，又可以判断出哪个推理过程在当下的情境中最为重要。需要加以解释的事实是，人类能够执行与情境依存度和相关性都很高的想法，所以人类认知系统中一定存在着某种机制，它可根据情境相关性的排序来安排和调度加工过程。效仿计算机科学，我们可称这种系统为调度程序。调度程序的功能是对系统中发生的加工过程类别进行限定。确切地讲，每个系统大致都需要某种与此类似的调度程序，所以调度程序存在与否并不能成为区分非封闭的认知系统和大规模的模块化系统的依据。在可执行的加工过程空间中面对多于一种推理途径时，任何一个系统都需要一个调度程序。因此，凡宣称非封闭的中央认知系统对信息加工过程完全没有限制的说法，都是对非模块化理论的一种夸张描述而已。

　　大规模的模块化理论实际上都细致描述过模块系统解决计算易行性问题时所使用的加工过程，但模块化理论关于易行性问题的解决方案，也可以很容易地被非模块化理论所利用。例如，皮特·卡拉瑟斯（Peter Carruthers）（Carruthers，2006）曾提议将信息封闭分为两种形式：窄幅封闭和宽幅封闭。当心智的大部分信息都不能被系统通达和使用时，系统便是一个窄幅封闭系统。也就是说，该系统对于能够通达使用的部分信息有着特殊的限定，其他信息都被挡在了这个限定范围之外。这一观念与传统的信息封闭理论是一致的，传统理论假定，信息封闭功能是由能够通达其专有数据库的模块执行的。此外，心智在系统加工过程中能够通达到记忆储存中的部分信息不是特异性、固定化或者确定的，那么这样的系统便被称为宽幅封闭系统。此类系统可以节省信息的运行，但其快速与节省并不是因为绑定了专属的特殊数据库，而是因为它们运行时只会去搜索全部可用信息中的某些部分，并且只对部分运行系统进行搜索查询。

　　卡拉瑟斯主张，模块化理论应采用宽幅封闭的概念。虽然两种封闭形式都为认知加工提供了适度节省的方式，但是宽幅封闭理论的优势在于，它对可被模块检索的信息类别没有给出过分严格的限定。另外，由于专属数据库要求模块在信息上是自给自足的，中央模块完成很多任务时，需要的信息往往要多于任何单一、简单数据库所能够提供的。所以若专属数据库信息不配合中央模块执行任务的话，那就意味着采用宽幅封闭概念或许是更为正确的选择。

　　当然，我们应该清楚，宽幅封闭理论与非模块化的认知结构十分匹配。一个通用的推理系统或者统一的推理引擎都只会使用能够节省信息的加工过程，要能够有选择性地利用全部可用储存信息中的某部分信息。这正是前面提到的计算易行性问题加工过程的关键点。如果功能专用（模块）加工过程存在的话，那么就可能存在着更为专用或只有特殊用途的加工过程。有关启发式计算机程序的大量研究文献为这类加工过程的存在提供了丰富的案例佐证（Gigerenzer，2008）。

　　所以，大规模的模块化结构采用的避免计算难行性问题的推理步骤，同样也可以被非模块系统采用。如果这是正确的话，那么关于非模块化（特别是非封闭）的系统无法解决计算易行性难题的负面论点就难以成立了。

　　但还可以做更进一步的讨论。计算易行性是认知模型必须具备的一个特征。它的另外一个特征是相关性。目前还不清楚大规模的模块化理论所假设的机制能否从根本上解决相关性的问题。经典模块化理论通过穷尽式搜索限定数量的数据库，来解决相关性的问题。但是宽幅封闭理论则采用了不同的想法，它将相应的负担和责任给予了启发式加工，以及负责查询和抽取合适信息的加工过程。但问题是，宽幅封闭的系统并不能确保该系统只获取相关性的信息。任何一个如此获取信息的加工过程都可成为该系统的插入模块，而任何被大规模的模块化理论所容纳的插入模块的加工过程，也都可以轻易地被非模块系统所兼容。所以，似乎没有任何一般性理由可用来辩解说，大规模的模块系统所具有的信息简化功能，非模块化系统没有。

因此，由易行性问题得出的负性推论没有得出任何结论。那么，目的在于表明大规模的模块系统既节省又相关的正性推论又如何呢？我们已然看到，大规模的模块化本身在使自身"既易于通行又具有相关性"上没有任何特殊之处，因为在这样的系统里面同样的问题依然存在着，如信息检索的问题、加工过程调度的问题以及在各个模块之间控制信息流动的问题等。

事实上，本章开始时就已经预言到这一点了，因为计算易行性的论证中存在着一个难以察觉的错误。单就经典的福多模块而言，说它不会遇到相关性搜索的问题也许是正确的，因为它本身具有专属数据库和高度严格的加工顺序，这在相当程度上降低了上述问题出现的可能性。因此对于经典模块来说，所谓模块内的计算易行性问题是不存在的。然而，若推论说大规模模块式的心智也不存在类似的问题，则完全不是那么回事了。况且，模块内计算易行性问题存在与否，目前也还是一个悬而未决的问题。即便构成心智系统的各个模块独立运行时可以克服计算易行性问题的困难，但当这些模块组成为一个整体的心智结构运行时，它还能否克服类似的问题呢？

从系统的组成部分的特性难以推断出系统的整体特性，这通常很容易为人所理解。然而，"单独模块系统没有易行性问题，因而大规模的模块系统也不存在类似问题"这种推论，却成了对大规模的模块化理论进行积极辩护的标准推论模式。但是，显而易见这是一个很不合理的推论。

3.4.2　关于非通用机制的争论

关于非通用机制的争论起源于更广泛的进化论的思考，大规模模块化理论捡起这些争论是要表明，对于真正领域通用的认知机制的思考还存在着许多矛盾之处，因此，大规模的模块化理论自身是唯一符合进化事实的理论。考斯米德和托比(Cosmides & Tooby, 1992, p. 90)以一种最强的方式表述了这种观点："原则上，若人类心智只拥有领域通用的机制，那它是不可能得到进化的，因为这样的系统不能自始至终做出适应性的行为，它甚至无法帮助我们解决那些在祖先环境中必定已经得到了解决的问题。"(1992, p. 90)

老生常谈的一个争论是：一个学习系统需要有判断学习成功或失败的标准。但不同领域的成功与失败标准会有很大不同。在一个领域中导致成功行为或者准确认知的原则，在另外一个领域可能会带来失败和错误。参与打群架时，若你贴在群体内块头最大、最为强壮的队友身边，那一定是正确的选择；但是，若你试着与大块头的女朋友进行约会，那你采取的最好办法，则是离他越远越好。无论采取接近的或是避开的行为，这都取决于你的目标是什么，也即广义而言，取决于你处于怎样一种领域之中。因此，"领域不同，视为错误的东西也不同。因而必然存在着与领域数量同样多的领域特异性的认知机制。各个领域对成功行为的定义也无法相互比较"(Cosmides & Tooby, 1994, p. 92)。所以，考斯米德和托比两人得出如下的结论，一种能应对所有偶然性变化的机制根本就不存在。因为任何一个这样的机制，至少在开始阶段，都一定会对所有情境和环境都做出相同的反应，但这会导致它们出现适应不良的结果，从而使自己因不能适应下去而被淘汰。

在最小数量的假设前提下，上述争论使大规模的模块化理论实质上带有了某种强制性。当然，使用相对较弱前提而得出有关认知结构如此强的结论，自然需要人们对之进行认真的考察。但在目前的情境下，那些假设领域通用推理系统的功能理论尚无法得到支持。

第一点，领域通用机制或许与领域特异的信息库是耦合着的。前面我们对意图模块与福多模块(模块数据库与模块加工处理器)进行过区分。在面对迫切的适应性问题时，领域通用推理系统会通达到某个包含着大量领域特异性信息的意图模块，而这些特异性信息则会引导产生恰当的应对行为。因此，假定这个讨论是正确的话，那么可以得出的最强推论是，学习发生的过程中一定存在着某种领域特异性的机制。当然，这一特异性机制指的是某类加工过程还是指某种信息库，则还是需进一步研究的问题。①

第二，领域通用系统能否从领域特异系统所定义的错误中进行学习。一个系统对特定物体和特殊情境若没有相关性的应对信息，它就没有任何理由能够区别对待这些物体和情境，所以开始时它一定会对所有领域都采用相同的策略。尽管这可能会导致某些适应不良的行为，但只要该系统能够检测到错误信号，那么同样也没有理由相信这种适应不良行为会持续下去。事实上，人类个体在开始做出漏洞百出的推理时，多数情况下都被挡在了错误行为可能引起的严重后果之外，这是因为我们是社会性动物，儿童在大部分发育过程中都会得到父母或者监护人的种种保护。因此，人类就有一个较长的成长时期，允许发育中的孩子们犯些错误而不至遭受灭顶之灾。考斯米德和托比只是坚持认为，领域通用机制的概念一定是过于概括化了。一个过于概括化而得不到矫正的系统显然一定会导致出现不恰当及不良的适应所为。当然，若假设领域通用系统所犯的错误得不到矫正，就相当于假设它一定是一个非常愚蠢的系统，那它肯定就只是个稻草人系统了。②

第三，即便是领域通用学习机制也可能会产生适应环境的领域特异性。戴 *81*
维·布勒(David Buller)(Buller，2005，pp.145-146)列举了社会学习或者通过模仿而学习的例证。在此类学习中，学生首先要观察教师做出的某种特殊行为，随后对其进行模仿。例如，一个人观察到家庭中年长的兄弟姐妹或社区中的年轻成年人选择了某种类型的配偶，他便会模仿这种择偶行为，也去选择品格类似的人做配偶。同样的，观察别人玩皮划艇是成为优秀皮划艇队员的必经途径。但成为优秀皮划艇队员与选择好的配偶并不相同，前者的特征是要在每种情境下都进行察觉和模仿。对行为进行认真观察和模仿的机制大致上具有领域通用性，但人们当然不会相信，观察和模仿机制会在任何情境下都产生出"同样的结果"。

显然，那些反对领域通用学习机制的粗糙论证还不能证明说，通用机制不可

---

① 事实上，在下述两种可能性之间做出经验性区分是非常困难的：1. 存在着领域特异性加工机制；2. 存在着一个领域通用的加工器，它可以通达领域特异性系统以及封闭的信息体。

② 事实上，这是领域特异性理论强烈拥护者们的传统观点。乔姆斯基的早期理论倾向于语言模块论和先天论，他尝试设立若干具有超简单本质的领域通用规则掌管特殊的语言生成功能，而且推论说，任何领域通用机制都不可能学会语言生成功能。当然，后来有人又证明，更为复杂的领域通用机制是能够在相对真实的条件下学会许多语言生成功能的。

以接受领域特异性的信息。显然，这使得领域通用的实际机制结构在很多方面都无法得到详细说明。但至少现在的状态不会比我们刚开始谈及通用机制学说时更差，因为我们的目的，只是想让人们放下关于领域通用机制并不存在这样一种先入为主的想法。

在结束关于学习的话题之前，还需再指出最后一点，同时也是提前透露一下3.4.3部分将要提及的一个反对意见：那些只具有领域特异性学习机制的心智，在解释行为和认知的灵活性方面也不是没有问题的。在讨论大规模的模块系统时，我们曾提到，至少在开始阶段，为应对各种各样的适应问题，心智可能具有领域特异性学习机制，它们可以使人类祖先在当时的环境中克服各种挑战。但同样清楚的是，人类还学会了大量根本就不具有适应意义的事情，如下国际象棋、拍照片、编写计算机程序、教孩子学骑自行车等。因此，大规模的模块化理论为此还要面对如下几种可能的选择：①下象棋等活动都属于一个更高层级的共同适应性领域；②它们是已存在的模块学习系统以某种其他方式组装起来加以应对的领域；③它们本身就是通过学习或者其他方式获得的。然而这三种选择看起来都没有足够的吸引力。

82　　　　若选择①高层级适应性领域，就会增加这样的风险，即它会令适应性领域变得古怪而没有任何限制。大规模的模块化理论或许认为下象棋不属于适应性领域，玩游戏或进行策略思考和做出计划则属于适应领域，但是，游戏、策略和计划思考中是包含着下象棋活动的。如果艺术品制作属于适应性领域，那么摄影就会被看作其中可以进行学习的一个特例。但是，这样使用适应性领域的概念过于任意了，似乎只是为了方便而已。在人类的进化史上不存在独立的证据表明玩游戏和艺术品制作属于适应性领域，也没有证据显示它们构成了人类认知功能的自然发生领域。因此，当你假设存在着新的适应功能领域时，你常常会遇到这种与进化事实相矛盾的风险。

如果②组装的相关观点可以兑现的话，它似乎更有优势。一些能力似乎源于序列使用或者协调使用已经存在的各种不同系统。例如，击打棒球的动作来源于联合使用了视觉物体追踪系统和动作计划系统，但这两个系统的单独存在并非用来适应击球的目的。相反，它们都有自己的适应性功能，但它们联合在一起时则可以产生新的行为以支持新的能力。当然，我们所有的新异功能是否都可以由不同的模块重新组装和排列而成，还是一个有待回答的问题。只有更好地了解人类与生装备了哪些模块以及它们各自针对的适应性领域之后，组装假说才可能获得更多的支持。一些理论学者认为，领域不过就是应对日常生活中各种挑战的那些范围而已，如社交推理、配偶选择、监控骗子等。但另外一些学者则坚持认为，领域是由许许多多细致划分、用于处理问题的微电路构成的，人类的自然语言尚无法对之加以简单描述（Anderson，2007，2010；Bechtel，2003）。后一类"微领域"的假设似乎与组装观点更为自然协调。在没有获得更多证据出现之前，我们只能得出结论，不排除解决方案基于模块组装的可能性。

最后一种可能性③在最新文献中被多次提到，它指出新模块本身是通过学习获得的。虽然被文献多次提及，但它与大规模的模块化理论在几个重要的核心说法上还存在着矛盾。选择假设③背后的想法是，新的能力不是由于业已存在的模块之间的组装或者重新排列而产生的，而是由于全新的模块被纳入了心智结构之中。但是，这种过程是如何发生的还需要进行详尽的理论说明。新模块产生的过程将心智从一种对某些领域没有特异性加工系统的状态，转变成了具有领域特异加工系统的状态。但是，这很难让人不去做如下的联想，任何执行这个功能的加工过程除了属于领域通用的学习系统之外，还可能是什么呢？或更保守地说，这样的过程也许更接近于领域通用系统，而不太像多数大规模的模块系统。所以，习得模块说与否定领域通用性的观点是不相容的。

实际上，上述讨论几乎超出了对任务本身的描述。因为，如果最终产品是一个精巧可调的装置，能够对领域特异性问题找到具有适应性的恰当解决办法，那么任何能够产生这类装置的系统，要么能够通达解决问题所需要的信息，要么具有通过尝试错误的方法建构出这样装置的能力。但看起来，人们并没有严肃看待预先设计这种可能性，这并不令人感到惊讶；因为人们在提出构建模块假说时，更愿意借助于神经元群所具有的类似于自然选择的特性，也就是说，人们更愿意相信，完成复杂设计和配置最终心智产品的过程是以一种非预设与非引导的方式进行的，不必假定任何新功能结构的适宜形态的产生需要先导信息（Calvin，1996；Edelman，1987）。达尔文的神经可塑性机制似乎更具有领域通用性。它们在各类物种大脑结构中都发挥着作用，也在许多不同领域中成为学习和发展的基础，它们通过相同的过程达成其最终目标，而与所建构的模块类型没有关系。

这类推论如果是正确的话，那么心智拥有的任何新模块都产生于某一领域通用的系统，该系统能够构建出可广泛适应于尝试错误(高度易变)情境的子系统。然而，这就恰好像是在说，非通用机制理论所宣称的都是不对的。非通用理论认为，成功与错误具有领域特异性，也具有生存适应性，因此，任何假定的领域通用系统都不可能学会有机体在特殊领域中生存所掌握的东西。若上述提论正确的话，也应同样适用于产生新模块的学习系统。通用系统不仅具有全新模块的学习能力，而且就像组装假说建议的那样，还具有组装已存在的模块并产生新功能的能力。学习组合各种模块，就像学会构建全新模块一样，不可能是任何已经存在模块系统的特性，因为这种功能一定是跨领域通用的。如果将跨领域加工的可能性排除在外的话，那么大规模的模块心智就不能超越由最初几种原型模块限定的特殊领域，从而扩张其认知能力了。而这显然与人类认知特有的无限可能性相悖。

3.4.3 来自内容灵活性假设的异议

现在我们来讨论针对大规模的模块化理论的另一种反对意见。它强调认知的开放性，特别着重于人类的概念在不同认知领域中能够任意穿梭和重新组合的事实(Weiskopf, 2010a)。一般而言，若我们能思考 F，也能思考 G，那么我们就能够把两种思考结合起来，从而同时考虑 F 和 G，也能够对 Fs 与 Gs 之间的关系进行比较和推理，并比较 Fs 和 Gs 之间的异同。所有这些能力都需要认知机制不仅能分别专门对 F 或者 G 进行推理，而且能对 Fs 和 Gs 之间的关系进行推理，并把一起考虑 Fs 和 Gs 的共同范围也当作认知加工的领域。假定这是一种通用的能力，它不只局限于 F 或者 G 各自的特殊领域，那么我们似乎就可设定存在这样一种认知系统，它既能够涵盖不同的模块领域，又能够综合处理来自各个领域的信息，看起来，这就相当于经典中央认知本身的功能了。关于人类认知的内容灵活性假说力挺存在着这样一个系统。

内容灵活性假说论及两种加工过程——组合概念和做出类比。概念代表着特殊分类，故具有领域特殊性。"斑马"是某类动物的概念，属于大众生物学理解的领域，而"毯子"是某类人工制品的概念。在这两个概念基础上，我们就可以构想出"斑马毯子"的概念。尽管你以前从来没有遇到过这个组合概念，但是你或许仍能生成有关这个概念的许多合理的特征。例如，如果把"斑马毯子"理解为是在夜晚为斑马保暖的毯子，那么它就应该是很大很沉的（而且会有斑马的味道）；另外，如果把它理解为是印有斑马图案的毯子，那么它上面就会有黑白色的条纹。认知结构中应该有对斑马做推理的系统，也应该有对诸如毯子等人工制品做推理的系统，但其中任何一个系统似乎都不可能单独对上述概念（斑马的毯子或者斑马条纹的毯子）的特性做出推断。要做出这样的推断，系统就要既能推理出斑马需要怎样的毯子，又要能推导出斑马身上的哪些美学特征可以转移到毯子等类似商品上。而这两个推理能力似乎也不是心智结构中任何系统的特性。因此，概念组合后常常会导致一些不属于任何一个原始概念的特性涌现出来。

这样的例子不胜枚举。北极蛇通常被认为是白色的，因为白色是蛇在白雪皑皑的北极环境里的自身保护色。要产生这样的特性需要具有一些随机的生态学推理能力，但这一推理能力却不是有关北极或者有关蛇的推理系统本身的特性。哈佛毕业的木匠极可能不是物质享乐主义者，虽然这或许并不能普遍适用于描述所有哈佛毕业生或者所有木匠，却似乎可用来描述哈佛毕业生的职业选择倾向。尽管人们还不清楚那些能够掌控涌现特性的建构系统的特征，但似乎确实存在着某些通用的随机解释原则，它们指导着整个加工过程如何从一个概念中选择出某种特征，再将其转移到另外一个概念上，以及如何建构出具有真正全新特征等的整个加工过程。因为同时能够指导任意两个或多个具体领域组合过程的特殊性原则不可能存在，故而上述随机解释原则似乎就是一个，显示着例证存在跨广泛领域通用推理机制的。

类比推理的研究也为跨领域通用推理机制提供了很多例证。开普勒（Kepler）正是用光做延伸类比，最早解释了使星球围绕太阳做统一运动的未知力；他又用舵手控制船的方向做类比，从而对星球运动的其他方面也做出了解释（Gentner & Markman，1997）。发展经济学家芭芭拉·瓦德（Barbara Ward）创造了"太空船地球"这个概念，提醒人们大家都生活在一个脆弱且资源有限的太空船上，而该船在空间海洋中的活动范围十分有限。政治家们（或许伪善地）会把一个国家及其财政类比为一个家庭和它的收支预算。关系和婚姻常被类比为一场战争或者一段旅行，人的爱情被比作玫瑰，人的悲伤、丧失和疏远的感觉则被类比为星际遥远的距离。类比推理无所不在且诱惑迷人，它们使人们注意到不同领域背后的相似性，并对某个领域做出新的推理(Gentner，1998)。类比恰恰是一个能够跨越边界含混模糊的不同领域的加工过程，因此，当被试在实验者的压力下硬将杂志和小猫进行比较时，他们就会真的类比它们之间的异同。故而，类比能力背后的加工过程看起来非常具有领域通用性。

如果上述这些例子恰当的话，那么赞同福多观点的人们就获得了经验的支持。福多认为，高级认知具有无向性：一个领域的信息可以自由地流动到另外一个领域。这一观点对大规模的模块认知结构假说是一种挑战，因为模块的核心就在于它假定具有整合所有信息功能的系统是不存在的。当然，因果推理、类比推理、创造概念组合和概念外展等都属于我们知之甚少的认知加工过程，或许还存在着某种方式，可以让大规模的模块系统执行这类无向性的内容灵活的加工。但若做如此的假设，则会使模块化理论面临严重的问题。

3.5 对模块化理论的批判

到目前为止的讨论都认为，认知模块概念在认知结构理论中起着核心的解释作用，但这种观点近年来受到了许多批评。现在很少有理论家完全认同福多的模块概念了，尽管还有很多学者会在相对较弱的程度上继续信奉模块化理论，如领域特殊的加工模块、信息封闭的加工模块。我们现在来介绍对已经被弱化了的模块化理论所做的几种批评。

3.5.1 对领域特异性的反对意见

麦克斯·科尔哈特(Max Coltheart)(Coltheart，1999)辩论道，模块的定义特征就是其领域特异性，而福多提到的模块其他特征都是可有可无的。然而，领域特异性概念本身也存在着差异性，需要加以分别对待。

对于科尔哈特来说，所谓领域特异性意味着一个模块只对特殊类别的刺激进行反应。故这被称为输入领域特异性。如果一个系统只将某类事物的表征信息作为其输入，那么输入表征中所包含的事物也就构成了模块的特殊领域。面部识别模块不会被树或者桌子激活(意外情况除外)。它只将面孔作为输入，并判断输入面孔是熟识的还是陌生的。但目前人们仍然还不清楚模块一旦被激活它们是如何运行的：它的计算速度是快或是慢，计算是强制性的或是选择性的，加工是封闭进行的或是开放进行的？

关于领域特异的第二种不同认识是将特异性与系统的功能，而不是与其输入相联系。一个系统具有功能领域特异性意味着它只是用于加工某种类型的信息、执行特定的任务或者处理特别的难题（尤其是适应性问题）（Buss，1995；Carruthers，2004）。这种领域特异性的界定不限定模块的输入种类，任何可以激活具有功能领域特异性系统的事物都可以成为其输入，但系统的运作则只用来解决某一类限定范围的问题或者用来执行某一类特定类别的任务。

对功能的定义也恰好可以用来确定什么是认知系统的特异领域，在此我们不拟对所有这些定义都详加介绍，而只简要提及源于进化理论的适应性功能的定义。考斯米德和托比（1994，p.87）写道："可将适应性问题定义为在进化过程中反复发生的问题，这类问题的解决有助于种群的繁衍。"这些问题包括：寻找配偶并成功交配；与同种个体交流并进行支配；打猎或者饲养动物作为食物；寻找恶劣天气下的居所；在不同地形不会迷路；收集并改造本地的材料，将它们制成工具、武器、衣物等。因此，一个适应性领域便是指上述种种问题中的某类问题，它是一个生物体所属种群类在过去进化过程中应对过的问题，也是某一特殊认知系统要适应发展去解决的问题。①

小结如下：领域特异性既可以由系统的输入来定义，又可以由系统的功能来加以梳理。无论采用哪一种方式，模块的概念都必须要能够区分出模块系统和非模块系统。即便有人声称事实上根本不存在非模块的系统，但尝试对此做出区分还是很重要的，因为这可以避免使模块化理论失去其存在价值。但问题就在于，领域特异性这一概念是否能很好地完成这项工作？

我们首先来考虑输入领域特异性。从输入角度看，说一个系统可能比另外一个系统更具通用性，就相当于说，凡能激活该系统的表征内容也包含了能够激活另外一个系统的表征内容。例如，一个系统只能被正方形激活，另外一个系统则

---

① 这里的适应性是指进化生物学的适应。适应性是增进了祖先生物适应的特性并持续促进物种的整体适应水平的特性。一个特性要能够适应某个目的或某类任务，那它就应该满足：①系统有过执行这类任务并达至该目标的事例；②这些事例因而提升了认知加工系统的整体适应水平；③这些对适应做出的贡献能够解释它们为何仍存在于现今生物体身上。

能被具有任何边长比例的长方形所激活；或者，一个系统只能被某一类刺激的表征所激活，而另一个系统则能被任何同类刺激的表征所激活。总之，在这些例子中，后面的系统要比前面的系统更具通用性。

　　但是，即使在经典案例中，输入特异性这一条件也很难将模块系统与非模块系统适当区别开来。感知系统把到达传感器的不同物理量作为输入信息，输入的内容为刺激的数量与质量。然而感知系统的输出则并不由数量与质量的特性构成，它输出的是事物的表征，如物体周边三维视觉场景的表征。用于描述输出和输入的术语是有差异的。这些输出又构成了下一阶段认知加工过程的输入，而接受这些信息传入的中央加工系统并不比感知系统更具有领域通用性。相反，中央加工系统都有各自的内容领域，它们在内容上也并不一定比外周感知系统的领域更为宽泛。

　　当然，用功能领域的特异性似乎也不足以界定模块化理论。说一个装置比另一个装置在功能上更具通用性，究竟是什么意思呢？视觉处理器的功能是把周围光线进行转化，从而产生出关于周围环境中各种物体的空间表征。可将它与形成图像的三个设备做一比较，一个表征视觉物体的外形，一个表征物体的运动，最后一个表征物体的颜色。如果最初那个视觉设备能够同时显示出物体的形状、运动和色彩，我们直觉上就会认为该设备比后三者更具领域通用性，因为它涵盖了后三者的功能。一个能区分生物体是否为连体猫的设备，比起一个仅能区分生物体是否为猫的设备来，其领域通用性显然更小。因而领域通用性大的系统是指那些能够综合执行其他系统任务的系统。

　　但将这样的说法应用于中央认知，仍不能帮助我们更好地界定领域通用性的概念。其原因在于，中央认知系统的功能并不是各种领域特异系统功能的连接、组合和超级汇聚。以经典的输入系统为例：这些系统的功能是把被传导进来的多种类型的物理刺激(压力、热、光、声、不同的化学信号等)映射到物体、特征和事件等的表征上。更为特殊的是，它们要能产生出对于这些事物的知觉。知觉是一种依据察觉到的刺激的种类和质量而形成周围部分环境的表征，它具有独特的功能，要成为更高层级信念形成加工过程的输入。

　　另外，中央认知系统不具备产生知觉的功能，只是执行更高级的认知加工过程，如进行演绎和归纳推理、分类、类比、计划和现实推理、抽象理论等。这些加工过程会被知觉或者被其他高级认知状态(如判断、欲望和计划等)所触发，它们输出的是更高级的认知状态或者是对其他系统的指令，如对运动系统发出计划指令使其产生行为，或者对视觉系统做出指令使其产生表象，抑或让语言系统产生句子，等等。在这些高级功能中，没有任何一种功能是由很多领域特异性功能汇聚而成的。要再一次强调一下，它们本身就是各自独立的功能。

就被广泛研究的功能而言，上述观点已经快站不住脚了，但它还是被用来说明适应性的功能，用于比较一个系统比另外一个系统或许具有更广泛的适应性领域。例如，只用于察觉自己家庭的成员中说谎者的系统，显然要比能在更大群体范围中察觉说谎者的系统，其领域通用性要小一些。但是按照这样的标准，若将用于进行正式逻辑推理的系统和面孔察觉系统进行比较，则很难得出结论说哪一个系统有更大的领域通用性，因为适应性问题或演绎推理任务并不是面孔察觉任务的汇聚集合。两个系统有不同的输入条件，依据不同的规则运行，也有着不同的成功标准；而且，从进化史上看，它们是在不同种群进化压力下分别出现的，即导致感知系统发展的压力环境与导致高级推理系统出现的压力环境不尽相同。因为中央认知系统与输入/输出系统针对的是不同的适应性问题，因此它们各自的适应性领域间的关系并不等同于通用领域与特异领域之间的包含关系。

我们探讨了模块是否可由其输入领域特异性或其功能领域特异性加以界定的问题，但其结论是否定的。我们以输入表征类型或者功能(适应或者其他)类别为根据，对各种系统进行比较后发现，某些系统较其他系统具有更大的领域通用性。但没有一条途径或方法可以让我们能够利用这些特性，去界定出能用于区分模块与非模块的领域特异性的概念。领域特异性的想法在直觉上非常吸引人，但进一步考察之后会发现，它对于分类认知系统并没有太大的帮助。

3.5.2 对信息封闭性和不可穿透性理论的反对意见

很多理论家更愿意把信息封闭性(而不是领域特异性)作为模块化理论的核心。福多(Fodor, 2000, p.58)自己也说过："直截了当地说，一个模块就是一个信息封闭的认知机制，它被认为具有先天性，但外显出来却正好相反。"但是，使用信息封闭概念在界定模块时，似乎并不比使用领域特殊性概念显得更具有优势。

作为模块化理论的一个标准，信息封闭概念由于缺乏证据而受到挑战，因为没有一个系统可在令人感兴趣上展现出信息封闭性。反倒是有一些心理学证据显示某些认知系统是开放的，如知觉研究中非常著名的麦格克(McGurk)效应：当人们听到一个模糊音素的同时，也看到一张嘴巴正不出声地说着有明确含义、十分接近该音素的发音，这会使人感觉听到的就是该音素(McGurk & MacDonald，1976)。其他一些效应则更为复杂，也更令人称奇。幻肢痛是手臂和腿部被截肢的人经历到的一种不舒服的感觉。这种痛觉很难被治愈，但可以被控制。例如，放置一排镜子，让患者在镜子中看到截肢部位上自己残存的肢体，然后观看对残留的肢体进行按摩和抚摸，这时患者的幻肢痛就会得到减轻(Ramachandran & Rogers-Ramachandran，1996)。大脑正是在视觉提供的信息的基础上，把对残肢进行安抚的视觉解释为对被截去肢体的抚摸。因此痛觉对于视觉输入来说并不是封闭的。[1]

事实上，大量的研究结果显示，从遗传角度而言，感知具有跨模块或模块间的特性，因此那种严格划分各种感觉加工区域的理念似乎应该被抛弃了。跨模块相互作用的例子非常多(Driver & Spence，2000；Shams & Kim，2010；Shimojo & Shames，2001)。例如，声音诱导的闪光错觉便是这样的例子：伴随着两次或更多次滴滴声而出现的一次闪光，会被感知为两次或者更多次的闪光。这种知觉与主要视觉皮层记录的事件相关电位(ERP)也存在相关。这一结果显示，闪光错觉效应是在加工的早期已形成的现象，而不是需要后期认知过程加以解释的现象。另外，这种效应发生得非常快(在刺激出现后的 35～65 ms)，这也提示，它不是由自上而下反馈引发的现象，而是发生在低层级的现象。

另外一个例子与人们分辨模棱两可的运动显示轮廓现象有关。如果两个只显示出其轮廓的物体彼此移向对方，它们接触后的运动路径可以有如下两种解释：要么两者相互穿透并继续沿着原来的路线向前移动，要么两者碰撞后反身反向移动。如果在两个物体接触的某个特定时间段里出现一个声音，那么视觉移动的结

---

① 我们应该注意到诸如截肢痛这样的现象，它们反映了大脑感觉皮层在受到最初伤害后重新进行了组织。所以我们不清楚是否能得出这样的结论，即根据这些研究结果，正常的肢体知觉就是信息开放的加工过程(Ramachandran & Hirstein，1998)。

果就会受到该声音的影响(Sekuler, Sekuler, & Lau, 1997)。若让声音和触觉震动同时出现在物体接触的瞬间，则两个物体看起来是彼此相撞而被弹回去了；否则两个物体看起来就穿过了彼此。感觉系统在构建世界的意识图景时，有可能利用了这类跨模块的线索。如果我们假定世界上很多事件都是被人们以跨模块方式察觉到的话，那么模块的非封闭解释应该是更合理的。

最后，还有一些研究对于感知加工过程的不可穿透性提出了挑战。感知不可穿透性意味着信念、欲望和其他高级意向状态对感知状态没有直接影响。大体来说，如果感知觉是不可穿透的，那么欲求或者信念等高级认知状态本身就不会改变人们所感知到的世界的模样。但是，前述闪光错觉例子中显示出的自上而下的引发效果则与模块封闭理论相冲突了，因为这些影响效果是模块加工与其他认知系统相互作用和干扰的结果形式。

另一个令人印象深刻的例子是关于"愿望式看见"现象(Balcetis & Dunning, 2010)。吃完椒盐饼干而感觉口渴的人，与那些没有感觉口渴的人相比，会将一个能解渴的水瓶位置知觉得离自己更近一些。可以用让口渴的被试用数字评估的方式以及动作的方式(如投掷沙包估计法)来测量水瓶的距离。结果显示，被试不仅把想要的东西评估得更靠近一些，也更倾向于把沙包投得更近一些，这都表示他们把想要的东西的距离知觉得与自己更近一些。使用具有不同价值的物品(如巧克力、百元钞票和礼品卡等)进行评估的结果也是如此。而负性目标物(如假想的狗粪袋)则会被知觉得更远一些。这些结果都显示出欲望对感知觉的调节作用。人们不仅倾向于把想要的东西判断得更近(不想要的东西判断得更远)，同时也倾向于把它们看得更具有亲近性。

对其他空间特性和关系的感知也会以同样的方式被扭曲。例如，人们通常会 *92*
高估一个斜坡的陡峭程度，站在山顶向下看的人要比站在山脚向上看的人有更大的判断误差(Proffitt, Bhalla, Gossweiler, & Midgett, 1995)。从上往下看，7°倾斜的山坡会被知觉为 25°。这种感知错误或许与人们的高空恐惧和意识到滚落下山的可能性等有关。人们处在略微担忧的状态(如站在山顶的一个滑板上)向山下望时，要比他们站在一个稳固的盒子上会做出更大的误差估计(Stefanucci, Proffitt, Clore, & Parekh, 2008)。而这些条件也与人们自我报告的恐惧程度相关。因此，恐惧本身或者意识到危险等都会影响到人们对斜坡陡峭程度的知觉。①

刺激包含的情感内容也会对知觉到的大小产生影响。万·奥尔靳、赛敏、欧德詹斯和比克(van Ulzen, Semln, Oudejans, & Beek, 2008)给被试呈现图片，图片的圆圈中画着各种与不同情感相关联的符号，如积极情绪(小猫、花朵)、消极情绪(瞄准的枪、头盖骨)或者中性符号(鸟、蘑菇)，另外还有一些空白的图片。被试的任务是把目标圆圈与一个可调节大小的对比圆圈进行匹配。空白圈的匹配结果都很准确，但是积极情绪符号和中性符号的圆圈的大小都被低估了，而消极符号的圆圈被低估的程度则要小一些。因此，人们倾向于低估所有带有符号的圆圈的面积，但符号所携带的情感内容也会产生影响。如果大小匹配判断只是反映出了知觉到圆圈的大小，我们还可以提供另外一个例子，以显示认知状态对于感知觉的穿透作用。

这最后的例子就是很多研究都报告出来的"努力塑造知觉"的效果。如果让人们负重爬山时，他们对斜坡陡峭程度(Bhalla & Proffitt, 1999)和目标距离(Proffitt, Stefanucci, Banton, & Epstein, 2003)的判断就会出现变化。负重会使人们认为斜坡更陡、目标距离更远，而且这还与他爬上山顶或者达到目标付出的努力存在相关。另外，熟练的技能也会影响知觉判断。优秀的高尔夫球员倾向于把球洞看得比实际更大，而高尔夫新手球员则倾向于把球洞看得更小(Witt, Linkenauger, Bakdash, & Proffitt, 2008)。这意味着球员入球的难易程度与他们所感知到的球洞大小存在着关联。这再一次表明，高级认知状态(如对技能水平和努力程度的意识)看起来确实能够穿透并影响低层级的知觉表征。

当然这些研究并非完美无缺的，其结果毫无疑问也受到了质疑。知觉能否以及能在多大程度上被穿透，仍然是一个悬而未决的问题。无论如何，证据已经对经典的感知系统理论提出了严峻挑战。该理论认为，感知系统对于高级认知状态的直接影响是封闭的，而且是不可穿透的。传统的信息封闭观点对那些它们最初

---

① 当然，并不是每一种引发斜坡陡峭度估计的方式都会产生相同程度的错误。语言和视觉估计比用手掌做出的估计会出现更大的错误。这提示以指导行为为目的的信息要比影响有意知觉的信息更为准确。这种行为与意识分离现象正是我们在第六章要讨论的主题。另外，在这些案例中恐惧是否真的导致了错误估计，其实还是不清楚的。可参考斯提反纳西和普罗菲特(Stefanucci & Proffitt, 2009)为更为模棱两可的结果所做的讨论。

引述的例子或许不再适用。所以，如果模块被认为是信息封闭的，那么其结果可能就是这类模块数量会变得非常之少，甚至这类模块有可能就不存在了。

3.6　结论

我们对比了两个对人类心智功能结构有广泛影响的理论，即经典模型和大规模的模块模型。当然这两种模型很难穷尽建构人类心智的所有可能途径，但它们的确代表了两类被人们广泛讨论的可选方案。这两种可能的选择分别是：①存在着一个单一而统一的中央系统，高级认知活动即发生于此，而在其外周围绕着各种感觉运动模块；②心智本身就是由相互连接着的各类模块系统所构成。我们讨论的主要争论点集中在：心智在多大程度上是模块化的？哪种模块化理论在理解人类心智结构上更为合适？但目前看起来，大规模的模块模型和经典模型都不能令人满意。

最好将模块化假设只看作具有某种启发作用的模型。当我们为复杂的系统运作方式制作一个最初的草图时，假设它们在某些特殊方面具有模块化特性，会是有一定帮助作用的。但当这种假设的作用发挥到极致时，则就要考虑放弃这种假设。因为将启发式模块当作各个独立成分时，它们可以为理解认知系统的运行模式提供抓手。但是，一旦将心智作为一个整体来加以考虑时，就需要将这些组成部分融合到一起，以便保持心智功能无处不在的完整统一性。

94

/第 4 章　先天论、发展和变化/

4.1　解释发展

心智就像生物一样，处于诞生、变化和成长之中。发展心理学的目标就是描述这些变化的过程，描述心智的初始状态是什么样子的，以及它如何从初始状态发展到相对稳定和持久的成熟状态；其任务是理解产生心智的正常初始状态的因素，以及使心智从初始状态转化到成熟状态的因素。完成这一任务的途径很像发展生物学走过的路那样，要考察新的有机体是怎样产生的(如形成受精卵)，以及又是如何从胚胎发展到具有繁殖能力的成熟个体的。

对形态起源的早期生物学观点包括预成论。这种学说认为，新有机体的形态在它成为独立的个体之前已经以某种方式存在着了，它已经是完成的、完整的形态。一个新的、完整的人来自一个胎儿，它们有着相同形态的微型受精卵、蜷缩在母细胞内，随后又着床于母亲子宫并发育长大，除此之外他还能来自其他什么地方呢？这个理论不过是将解释性的问题往后推了一步，但还是不能最终解释生物形态的起源问题。预成论仅仅展示了人们通常使用的一种解释策略：如果某种生命形态的存在不需要借助组装原则加以合理解释的话，那么该形态就一定还没有被组装出来。但它既然已经存在了，只不过还没有显露出来，就是正在等待适当的条件。

预成论出现在人们使用发育机制解释成熟的生命形态之前。随着人们将表观遗传学机制用于解释复杂结构的组装问题，预成论在生物学中的统治地位就走到了尽头，但预成论对心理学影响的历史则存在很长的时间。例如，在讨论心理结构的起源问题上，莱布尼茨(Leibniz)就指出，我们的心灵是预先形成的。类似用语一直沿用到皮亚杰(Piaget)时期，皮亚杰采用自己的建构主义发展理论，反对以预成论为基础的理论。[①] 但预成论对有机体发育的过程还是具有一定的解释意义——整个有机体一直就真正存在着，只不过它在开始时很小而已，但预成论在解释心智的发生发展上却还很不清晰，它没有澄清如何对在生物学和心理学中存在的限制和成长等概念进行类比。

当代的先天论者是预成论思想智慧的继承者，他们尝试过多种方法，描述心智特征是如何从一开始就以其最终的形态存在着，但是又隐而不发的。先天论者需要解释，心理特征具有先天预成性究竟意味着什么，还要回答让人们相信先天心理特征存在的理由是什么等问题。

4.2　先天论的研究案例

先天性这一概念在认知科学领域扮演着重要角色，最著名的有诺姆·乔姆斯基(Noam Chomsky)的语言先天论和杰瑞·福多的概念先天论。尽管这些观点对先天性的概念有不同的界定，但对它们进行剖析有助于我们理解此类观点的演进之路。

4.2.1　刺激贫乏论

语言学理论的目标在于描述决定语言结构的语言规则系统。例如，什么样的声音构成了语音系统的一部分？语言规则允许形成哪些单词？哪些单词串构成了结构良好的句子？声音与意义的对应性是如何建立的？单词能指代或不能指代的事物是什么？等等。学习语言的个体必须知晓这一系列的规则，之后他才能使用和理解语言。因此，学习一门语言就相当于在正常环境中可利用的信息基础上，获取并掌握关于这些规则的知识。

然而，语言在某些方面也存在着例外。语言随处可学，至少对于正常人来说 *97*

[①]　想要了解相关的历史文本和讨论，可以参考司蒂奇(Stich，1975)和考伊(Cowie，1999，1～3章)的文章。品脱—考瑞亚的文本(Pinto-Correia，1997)是生物学领域中预成论的优秀历史纪录。

都是如此(此后我们就省略这一说明)。而且语言学习速度也相对较快。新生儿便对自己种群语言的声音模式表现出特别的敏感性，他们在子宫时就已经暴露于这些声音之中。5 个月大时，婴儿对口语中从句边界的停顿表现敏感；9 个月大时，他们对短语边界的停顿表现敏感(Boysson-Bardies，1999，p. 103)。在 11～14 个月，婴幼儿开始会说单个的词。与许多其他认知能力相比，特别是与那些依赖于更一般化世界知识的认知能力相比，语言获得和发展速度令人深刻印象。但语言学习似乎也会受到限制：语言学习的关键期大约在青少年早期就结束了；过了这一关键期，第一语言的常规学习就变得困难起来，甚至变得不可能；而对其他语言的学习也要付出更多的努力。重要的是，尽管婴儿和儿童大多暴露在碎片化的语言情境之中，但他们的语言习得仍然是快速的。在这样的语言情境中，许多可能的语言结构都被省略掉了，而且还存在着大量"错误肯定"的情况，即尽管婴幼儿的语言不具备良好的结构，但还是被作为正常言语交流中的一部分被成人肯定着。

语言先天论正是基于这些事实，以归谬法论证得出了我们所熟知的刺激贫乏论(poverty of the stimulus，POS)。① 它假定，学习者从他们所处的环境中获得的唯一信息只是一组通用的原则，即形成与表达语言结构相关的假设；除此之外，学习者既没有关于语言本身(或者更加宽泛的语言领域)的其他特殊信息，也不了解在语言学资料基础上进行概括的任何特殊规则。因此，这种类型的语言学习者就被称为"最少装备的学习者"，他们不具备可用来完成语言学习任务的特殊信息或机制。然而对他们来说，他们需要将可用的信息资料与大量不同的可能规则匹配起来。也就是说，他们要用无限可能的方式从有限的语言实例中概括出尚未遇见过的实例。对于语言学习而言，正确的概括本身不一定是可用资料组成的最简单的结构(与其他领域中应用的概括规则相比，语言学规则常常错综复杂且人为性很强)，而且正确概括所使用的语言分类在可用资料中也常常不很明显和确定。由于可用资料零散破碎，又没有足够多的信息让学习者选择一组正确的规

---

① 人们有过许多尝试，想要将 POS 观点拓展到语言之外的领域。不过，我们应当对此类尝试持谨慎态度。就语言来说，我们对相关现象有着相当详细的描述，也就是对英语或其他语言的多样的语法的描述。对于其他多数领域而言，没有什么可类比的(视觉系统的规则可能是一个例外)。我们将会发现，若是未能对背后现象的复杂性进行描述，我们将不能用 POS 来支持先天论。

则，便阻碍了他们从无限多种错误的概括中挑选出某个语法规则来。

因此，正确的语言规则既无法由可用资料来完全确定，又不是由普通标准自然产生出来的，也无法从先前证据中大致获得。简而言之，相较于成熟语言知识的丰富性，学习者可利用的语言资料实在是太贫乏了，这便是"刺激贫乏说"的来源。在已有的语言资料贫乏的实际情况下，若还要符合在通用学习系统运作需要的假定前提，一个最少装备的学习者在可资利用的资料基础上简直就不能够学习语言了。但是，既然人类婴幼儿的确能与其周围的语言环境以快速且几乎无错的方式交融在一起，那么，人类新生儿就一定不是所说的"最少装备的学习者"了。从这样或那样的意义上说，人类一定与生俱来就具有了某些语言特异性的信息，或者具有了能从资料中生成正确语法规则的能力。也就是说，人类一定是装备丰富的语言学习者。

最少装备学习者和装备丰富学习者都具有一些先天的能力，它们之间的差异并不在于是接受还是拒绝先天论本身，而在于究竟存在着多少先天性的结构，以及这些结构在功能上是否具有领域特异性。提倡刺激贫乏论的语言先天论者们传统上认为：①人们先天具有丰富的语言知识(3.3部分提及的意向模块)；②这些先天知识是具有特殊功能的心智系统的组成部分；③该系统专门用于处理如何对语言信息进行解释。因此，所谓先天的语言装备就是一个配有专用资料库、在功能上具有领域特异性的系统。

有关这个独特系统的更多证据，除来自早熟的语言学习通常遵循的正常轨迹之外，还来自儿童出现的发展性障碍，如特定型语言障碍(specifie language impairment，SLI)等。顾名思义，SLI包含了语言发展过程中的主要缺陷，并伴有非言语认知能力(如正常智力)的极大损伤。各种失语症之类的获得性言语障碍同样也表明，语言是一个功能独特的系统。

刺激贫乏论之所以成为有代表性的先天论，是因为它明确主张某些认知结构是先天的，同时它对什么是先天性也给予了含蓄的回答。语言学习中的先天性就是获得特殊语言的能力，也就是说，个体先天具有环境中语言是如何组织(通用语法)起来的大量信息，同时还先天具有一套程序与机制能确保这些语言被快速觉察和习得。这些机制本身包含着有关语言的假设，可用于解释人们是怎样如此快速地掌握这些异乎寻常的刺激领域的。大致上讲，若将所有这些都说成是先天的，那就意味着它们的存在或获取独立于人们对语言的暴露或经验。但这当然不是说儿童不需暴露于语言环境中就能理解语言，语言暴露经验显然是必要的。然而，暴露经验的作用并不是教授语言。语言习得的错误模式(更确切地说是没犯错误的模式)与语言教学模式并不相符，而且其习得速度也与那些在有限和开放的证据基础上进行的正确概括的速度不相符。人们对其他认知能力领域的预期发展轨迹是不同的，而且也确实发现了不同的能力发展模式。因此，无论如何，语言学习都不像传统的学习过程，它更像是唤起已有的语言学知识的过程。

对于刺激贫乏论的全面评估超出了本书的探寻范围(参见 Laurence & Margolis, 2001)。然而，如下几点回应值得注意。第一，有人会认为，可用的实际资料要比人们想象得更为丰富。在早期的刺激贫乏论产生时期，并没有可供参考的大量的儿童语言和其他语料数据库，它们当然无法因此获益。而如果环境中存在的信息比该理论所假设的还要丰富得多的话，那么，反对最少装备学习者的声音便会减弱。

第二，有人会尝试修改完善最少装备学习者的学习特征。沿着这样的思路，各种关于语言习得的联结主义模型得以发展出来。语言学习联结网络采用了复杂的数据统计分析技术，从而汇聚出能够正确区分哪些句子符合(或不符合)语法的能力，而获得这样的能力似乎并不需要大量的初始信息，因为它们都是由随机联结获得的，也没有预装任何语言特异性的学习规则。

第三，还有人采用关于语言结构本身的其他理论，重新定义了语言学习任务的复杂性。很多人都提出过语言先天论的开创性观点，其中就包括了乔姆斯基和那些依循现代生成式语法的范式的研究者们，他们使生成式语法范式从早期的标准理论发展到了扩大版标准理论及其原则和参数方法。迄今为止，该范式观点的许多非正式表述都依赖于这些理论对最简单不过的句子进行复杂的分析。例如，"Jill 喜欢猫"之类的句子都被认为包含着许多"默认的"或未明示的成分，而这些成分正是各种规则所需要的。这些潜在的复杂性部分地支持了这样的观点，即并不存在掌握语言的最小学习系统。当然，现在还有不少关于语法理论的变式观点，它们舍弃了该理论的很多复杂之处，转而支持更为简单的结构。从长远来看，尚不确定这些变式语法理论是否会成功。同样重要的是，也不应高估主流的生成式语法理论在复杂性描述方面的成功。具有讽刺意义的是，即便是标准理论的最新发展模式——最简方案理论（The Minimalist Program），也假定复杂的特异性语言规则并不存在。语言的奇异性越少，它对假设的复杂先天结构的需要也越少。

上述三种方法都尝试以不同的方式简化学习者的任务。然而，即使它们做得很成功，依然要面对一个不可忽略的挑战，即语言毫无疑问能被人们快速而普遍习得，而且人们学会的语言与其所处的不同环境都能相符相容。那么，为什么语言和其他认知能力会如此不同呢？即使学习者的任务被简化到最低程度，甚至低于刺激贫乏论所主张的程度，语言的特殊性依然保持了其神秘性。值得注意的一点是，儿童具有学习语言的极强动力，这只能在很少几种认知能力的获得过程中见到（Sampson，2005）。语言本质上不仅要说出人们的想法和解释他人行为，而且要以超出自身能力的方式来操纵世界，而儿童早期的语言多是请求、抱怨和命令等。动机上的差异或许可用来解释语言习得的独特性。

更为重要的第二点涉及一般性学习系统的本质问题。刺激贫乏论只用一个特定类别的一般学习规则，即最小数量规则，就描述了一个几乎不用学习就很丰富且具先天性的系统（因而有了乔姆斯基的著名评论：儿童不需要学习自己的语言，就像鸟儿不需要学习如何扇动自己的羽毛一样）。进行这一对比的关键取决于是否构建了关于学习系统的清晰而定义良好的模型。否则，做这样的比较如果不是完全不公平的话，也可能是毫无意义的主观印象而已。联结主义理论模型通过展现最少装备学习者系统的效力，对此类争论给予了重要的推动。有关正规学习理论和自动化学习的最新研究成果显示，最少装备学习系统总体上具有惊人的学习效力［更详细的讨论请参见克拉克和拉品（Clark & Lappin，2011）］。

但与此同时，却几乎没有出现任何关于"装备丰富学习者"的正式理论模型。由于缺少这些模型，公正地评价刺激贫乏论就变得很困难了。要做出这样的挑战，就要比较不同理论清晰界定的模型在面对已知资料时的准确学习能力。然而近些年来这种趋势似乎有所翻转，人们不再认为，最少装备学习者之类的模型过于肤浅，难以应对批评者的责难了。因为，刺激贫乏论为学习者在完成学习任务时应具有的结构设置了一个下限，它将那些更为简单却更难成功的系统挡在了门外。但是，刺激贫乏论能否最终令人信服，还要取决于各种真实模型之间的比较（如比较最少装备学习者模型与装备丰富学习者模型，看谁能产生出最佳的语言学习实例），而不取决于对假想模型本身的批评攻击。

至此，我们先暂停一下对刺激贫乏论的批判性评价。我们将在本章4.5部分讨论更多与学习理论相关的问题，也会进一步评论由学习理论提出的先天性概念。

4.2.2　激进概念先天论

有关先天论的第二个争论集中在人们是怎样获得如此丰富多样的概念系统的。就像大多数认知心理学家所理解的那样，概念是类别的心理表征，它掌管着行为，指导着多种形式的较高水平的推理、计划和推断。换句话说，它们是部署在核心认知系统中的心理表征。辨别、分类以及与客体展开适当互动的能力，都要调用我们对这些事物形成的概念。形成信念、欲望和意图的能力以及思考整个类别的能力，同样也涉及概念。例如，若是没有电冰箱的概念，我就不会想到钥匙是否留在了电冰箱里；若是没有杜松子酒的概念，我就不会想到混合杜松子酒和奎宁水。人类的概念涉及的范围很广，从明显的知觉分类（如红色的物体、圆的物体、能被握住的物体），到中等大小的日常实体（如桌子、玻璃制品、摩天大楼、食物、金钱），再到十分抽象的理论类别（如基因、希尔伯特空间、量子纠缠）。对人类来说，要能够思考这些事物就要获得关于它们的概念。

心理学一直关注的问题之一就是各种各样概念的起源问题。有一种观点认为，我们使用的大部分概念是由简单概念以复杂的方式组合而成的。总之，我们所有的概念都建立在数量相对较少的一套原型概念组合的基础之上。① 在洛克(Locke)和休谟(Hume)的古典经验主义中，原型概念完全是知觉的(或称为感觉运动的)。人们从白色、圆、硬等概念出发，建立起特性更为复杂的、中等大小的物体和事件等的概念。因此，雪球的概念蕴含着圆的、白的、冷的、硬的等原型概念，猫的概念包含了有毛皮的、会喵喵叫的四足动物，等等。如果概念经验

---

① 这里所谓原型概念是指不能进一步分解为其他概念的概念。一个原型概念就是一个简单的、非结构化的符号。这里的"原型"一词含义应当与4.4部分所用的"原始"术语的含义加以区分，后者是指通过非心理学途径而获得的心理学结构。

主义或其他概念组合理论是正确的话，那么概念获得在原则上就是可以解决的问题，虽然该问题的解决实际上很难实施。

当然，概念经验主义在历史上也有批评者，其中就包括了如笛卡儿和莱布尼茨等经典先天论者。他们认为，很多概念不是由知觉概念组合而成的，如理论概念(如夸克、基因等)，数学和逻辑概念(如加法、积分、析取等)，道德和美学概念(如公正、美丽、现代主义等)，哲学概念(如原因、真理、理由等)，诸如此类。谁能把其中的任意一个概念还原为知觉描述呢？"公正"或"加法"是无法看到、听到或者感觉到的。甚至许多像饮食、丑闻、衰退之类的日常概念，也很难分解成感知的表现形式。这种争论在唯理论者那里历来很流行，他们认为概念并非起源于感知，而是起源于推理能力。经验在一定条件下激活了这些概念，但这些被激活的概念并不是由经验制造出来的复杂复制品。

梳理概念经验主义者和概念唯理论者之间争论的框架之一，是去考察他们所预先假设的关于原型概念的基础数量。经验主义者认为，基本概念完全是感知运动概念；而唯理论者则认为，潜在的基本概念的数量非常庞大，甚至包括了各种抽象的概念(如原因、力量、空间、时间)，数学概念，逻辑或哲学概念等。因此，它们在关于人们如何获得大部分日常概念方面也讲述了两种不同的故事。经验主义者认为，日常概念是通过新的方式将感知概念加以组合而获得的；而唯理论者则认为，日常概念是通过唤醒心智中的概念来获取的。

不过，福多(Fodor, 1975, 1981, 2008)提出了一个更具一般性的观点，他认为，根据前两种观点，人们的普通概念或多或少都显现出某种先天性。[1] 也就是说，不仅仅像"红的""方的"这样的概念是先天的(人们更愿意认可这一点)，也不仅仅像"原因""上帝"这样的概念是先天的(这些概念似乎也都还处在经典唯理论划定的范围内)，就连像"咖喱"和"芜菁甘蓝"，"夸克"和"石膏板"，"线粒体"和"债务"之类的概念也是先天的。这种极端的概念先天论受到了认知科学家们的

103

---

① 很难确定这里所说的普通、常见概念是什么意思。粗略来讲，我们谈论的是"词汇学"概念，即那些由单纯词所表达的内容。从几个角度来说，这是有问题的。其中一个问题是，语素清单有别于语言，但是不确定概念是否也如此。尽管有这些问题，但是我们并不打算在这里进行更深入的阐释。作为一个启发式，我们能够将"概念"视作"词义"，或者至少可以作为简单单词的意义，即便真实的关系明显是更复杂的。

普遍嘲笑。① 说人类先天就拥有这些概念的观点似乎是荒谬的。例如，进化是如何得知人们某天将会需要构建同位素的理论，因而预先就给我们提供了同位素的先天概念？福多不理会各种怀疑，坚持认为激进的概念先天论是不可避免的，不管人们愿意采纳哪种概念观。

激进概念先天论（radical concept nativism，RCN）的论证预设了学习一个概念所包括的内容。在许多标准的实验范式中，实验者会给儿童或成年人被试教授一些人工概念，这些人工概念通常由一组相对简单的刺激参数加以定义。在实验中，学习者的最终任务是获得正确的概念后再去完成随后的任务，如推断概念所属类别以及将类别套用在新的实例上，等等。因此，先呈现出 A 类别的一系列范例，再依据对 A 类别的学习情况完成随后呈现的任务。根据福多的观点，使学习发生的必要条件是，个人必须形成某类事物属于概念 A 的假设，并划出一条分界线：F，G，H 等事物属于概念 A，而 F，G，H 等是学习者概念系统中早已经具备的概念。如果没有该假设，想要在 A 和非 A 之间画条线区分它们，学习者就会不知从何入手，继而也就不能用概念 A 类别来囊括新的实例，或不能对 A 类实例做出推断。相同情况也存在于自然情景中：一个还没有形成"狗"的概念的儿童，当她遇到一群狗，就会注意到这些动物个体身上那些相似的地方，这些相似性会促使她形成如何将这些动物进行分类的假设。有了这样的假设，学习者接着就可进一步证实或证伪它，也就是寻找证据来支持她对所学习的概念类别划出的分界线。在实验情境中，完成随后任务的成绩能验证被试学习成功的程度；而在日常生活中，实际任务的顺利完成以及儿童自己的判断与教师和同伴判断之间的一致性，都可用来证明她的学习是否成功。

因而，学习概念就是一种归纳练习的过程，是对学习的目标概念的外延提出假设并加以验证的过程。这就要求学习个体能够表征出这些假设以及相关的资料（在上述实验例子中，被试要能够描述出所遇到的各种实例），还应具有心理归纳

---

① 事实上，人们对于福多的先天论观点的接受程度远不如乔姆斯基的观点。反省这背后的理由甚是有趣，尤其是因为福多的很多工作已经为实践认知心理学家所热情采纳，福多的模块化的概念引发了人们对认知建构的争论，而且他认为认知的符号模型相对于联结主义模型具有至高的地位，就此已有大量的文献产生。在我们看来，称某事具有先天性所引起的困惑因此负有部分的责任，福多使用的修辞也有一定责任。

逻辑，也就是确定资料是否验证了假设以及验证到何种程度的心理机制。这已经足以满足先天论者的全部需要了。学习一个概念需要对该概念形成并提出假设。正如前面所提示的那样，这些假设可呈现为如下的形式："属于 A 类的事物包括了 F，G，H 等。"这个假设已经涉及概念 A 本身，虽然 A 是要学习的目标概念。[①]

因此，如果学习一个概念包括了假设检验，而假设检验要表征其假设，且如果待检验的假设具有上述的呈现形式，那么概念学习就会借用已经掌握了的目标概念。也就是说，概念学习根本就不是学习。"学习"某个概念似乎只有在已经掌握该概念时才是可能的。因此，这些概念一定不是通过学习得来的，而是以某种方式已经存在着的或是被预先设置好的。在一个著名的先天性的理论框架中（参见4.5 部分），先天的结构恰好具有这样的属性，它们无须从经验或环境中学习就已经存在了。正如唯理论者经常怀疑的那样，概念是由经验诱发或激发出来的，而不是从经验中学习而来的。[②]

综上所述，激进概念先天论的辩护者认为，这一理论不仅正确地论述了什么是一般学习这一问题，而且表明"学习概念"的内涵也仅此而已。如果还有什么我们能够挑选出来用于描述概念学习的话，那它最终就可简化为一种使用相同推理原则进行的假设验证。因为没有其他的备选理论观点，我们会就此得出结论：全部概念一定不是学来的，它们是先天具有的。

说我们先天拥有概念，并不意味着概念在我们出生时就已存在，因为婴儿显然不具有什么概念；大部分先天概念也绝不会是被激活的。总之，所有原型概念都是先天的，且在多数人那里这些概念中大部分都不会被激活。那么，这又说明了什么呢？它只说明，从我们现在具有 F 概念这个事实推论得出我们先天就具有 F 概念，这是错误的。在激进概念先天理论框架中，拥有先天的概念是指人们具有通过非学习过程获得概念的先天素质。也许如下的说法会令人感到少一些滑稽：最好说，人类具有获得"夸克"概念的先天素质，而不说"夸克"概念本身就是

---

① 此外，还涉及概念 F、G、H 等，这些概念与概念 A 具有相同的范围（如果学习成功）。因此，福多也认为不可能学会这样的概念，这些概念超过了某个人具有的概念库所能表征的范围。任何声称为新概念的 A 都只能代表人们用已经拥有的概念所能表征的事物。

② 用莱布尼茨(Leibniz，1765/1996，p. 49)的话来说，这些先天的观念是"通过感觉的刺激使隐藏在我们内心深处的火光闪电显现出来，正如敲打金属能发出火光一样"。

先天的，特别是当人们将"先天的"一词注解为"非习得的"时就更是如此。

但是，许多批评并没有因为这样的说明而变得缓和，因为关于概念获得的其他理论与学习过程一样看起来不令人满意。要获得书橱、林堡干酪、朋克摇滚乐这样的概念，人们往往需要暴露在各种实例和反例之中，并且能够从概念使用专家那里得到更多关于该类别概念的突出属性及其中心和边缘特征的反馈。这个过程需要对经验(包括消极反馈)保持敏感性，这显示它是一个类似学习的过程。因此，先天论者需要论证获得这些概念的先天素质背后的机制：①它对激发条件出现的范围有着足够的敏感性，②但又没有如此丰富的结构，可以直接用作学习机制。

这个问题特别尖锐，因为就像福多(Fodor，1981)指出的那样，激发因素与其产生状态之间的关系有很大的任意性。在动物行动学中，任何局部信号都可能被协同起来，用以产生一个认知特质或行为结果。然而，概念与激发这些概念的刺激因素之间的关系似乎并不是如此这般的任意。因此，对于先天论者来说，他们需要对概念习得环境与概念获取之间独有的"匹配"关系进行说明，这样才会多少减轻些他们的解释负担。①

人们对福多观点的回应通常都会涉及将概念学习界定为假设提出和验证过程的观点是否过于狭隘的争论。这就需要说明学习还可能以什么其他的形式出现，并描绘出满足该定义的新概念的产生机制。人类要学习很多事物，有些是事实，有些是技能或能力。概念学习或许更像是学习一种能力，即表征和思考新类别的能力。学习这一能力或许并不需要人们事先具备能够形成关于类别假设的概念(Margolis，1998；Laurence & Margoli，2002；Weiskopf，2008a)。

当然，全面而详尽地讨论激进概念先天论具有的优缺点，已然超过了本章的范围。我们在此的主要目的是，指出激进概念先天论是认知科学领域中另一种先天论的范例，它包含了究竟什么是先天论的预设说明。下面我们将针对先天性概念及其在心理学中的独特作用展开分析。

---

① 福多(Fodor，1998)将这称之为门把手问题，该问题大体上用来解释，人们对典型门把手的经验为何常常会使他们学会门把手这一概念。

4.3　不变性观点

对先天性概念的诸多著名分析都可以在发展生物学、个体生态学和进化理论中找到根源。这表明了先天性概念在心理学以外的其他不同学科中也存在着。所有这些分析带给人们一种希望，即或许能够找到一个唯一且统一的先天性理论，用于解释生物学、心理学等领域中的现象。

4.3.1　通导作用

受生物学启发，发展生物学家瓦丁顿(Waddington，1936)在通导概念基础上创立了一种理论。他指出，有机体的一些特质是在一系列迥然不同的条件下发展出来的，似乎并不依赖于特定的激发因素。在他的想象中，生物发展是在某种"表观遗传学景观"中展开的，该景观由许多分支路径构成，每条路都引导生物有机体向某种特定的终极状态进化。有机体一旦踏上某一条路径，就很难被驱离开既定的路线而朝不同方向发展。一旦路径被确定，有机体的发展受环境的影响程度就会缓解减弱。有机体对环境影响的这种缓冲效果便被称为通导作用。

通导作用作为一种生物学现象，解释了很多我们希望借助先天性概念加以解释的东西。被通导的现象倾向于具有环境稳定性，它们以一种可预测的方式进化，并可以用自然选择来解释它们在生物种群中的地位。阿瑞乌(André Ariew)据此做出了一个大胆的合并：先天性也许正是通导作用(Ariew，1996；1999)。合二为一的推理过程如下：

  (IC1)对于拥有某种基因型的个体来说，其生物学特性具有先天性的程度就相当于具有该基因型的个体被发展路径通导到该类特性的程度。
  (IC2)发展路径被通导的程度就相当于最终表现型的发展对外界环境条件变化的不敏感程度。

IC1 将生物特性的先天性和通导作用在基因型的基础上连接起来；IC2 则将通道作用与有机体在环境中具有的不变性连接了起来。

通导作用为许多生物学和行为学现象的先天性提供了一个合理的解释。鸟鸣和求偶行为就是例子。有些鸟只在有同类鸟鸣叫的环境中才能发展出正常的、物种特有的叫声，而另外一些鸟则无论是否有这样的环境都能正常鸣叫。相似的，就像洛伦兹注意到的那样，与长尾鸭一同单独饲养长大的雌性野鸭一般不会对长尾雄鸭表现出吸引行为，但是一旦将它们放入雄野鸭之中，它们就立刻展现出雌鸭的吸引力。鸟鸣和求偶行为看起来是通导好了的，可以在不同的环境中表现出来。因此，发展出这些特性的路径的通导程度，就相当于这些物种先天具有这些特性的程度。

通导作用假说利用特性表现出的跨发展环境相对不变性，为解释先天性提供了一种途径。因此，可将它视为不变性观点解释大家族中的一员。但长期困扰这类分析的问题在于，它的解释范围太过宽泛了，也就是说，它会将那些乍看上去不应算作先天的特性说成是先天的。例如，我们日常生活中有太阳是火热的、水能解渴之类的信念。事实是，除了那些生命极为短暂或被剥夺了的个体外，几乎所有人都能获得这些信念。因此，这些信念作为认知发展的一部分会出现在极其广泛的环境之中。但是，若把它们也看作先天的，这听起来就非常怪异了；相反，它们似乎是通过经验获得信念的范式。

通导作用的支持者可能会这样回应：在一些情境中，这些信念确实不是经由经验获得的，如那些没有任何条件和资源可帮助形成相关概念的环境。生养在极度贫乏的环境中的个体可能根本就不知道水或太阳，因此也就不会产生上述"火热"和"水解渴"的信念。但即便如此，我们也可将通道作用和先天性等看作等级的概念。太阳和水的信念如果算不上是完全先天的，那至少也是高度先天的，因为在大多数有机体能够生存的环境中，有关阳光和水的信念是人们正常认知系统的一部分。

扩展通导作用的适用范围也会带来进一步的问题，即范围变得越宽泛，特性的通导作用也就越少。环境中可能存在着虽不威胁生命却可导致畸形等非正常发展形态的各种条件。例如，使用有致畸作用的化学品冲澡或受到轻微辐射虽然不一定是致命的，但它们显然都会干扰正常身体和认知特质的形成。通导作用理论解释的难题因而就变成了，要能够提供一种划分各种环境条件的范围的方法，一方面可将典型的先天特性纳入该范围，另一方面又可将典型的习得特性(如由经验获得的信念)排除在外。

通导作用还有着其他令人困惑的地方。例如，它也许还没有真正抓到刺激贫乏论和激进概念先天论中有关先天性论述的真谛，特别是激进概念先天论的核心。尽管有些发展心理学家认为，人们很小就出现了概念或人们多少都能普遍掌握某些概念，故而这些事实都显示出这些概念是先天的，但福多本人的先天论主张却并不意味着，所有这些概念都可在无任何条件限制的大多数环境中产生出来。发展心理学家的这种说法甚至都不是事实，因为有很多概念只在近代才为人们所拥有，而且只被那些受过良好教育的少数人所拥有。此外，这些概念多是单独与相对特定的激发条件相伴而生的，也就是福多(Fodor，1981)的理论谈到的，它们受到条件限制。福多运用行为学类比评论道，概念可能需要相对特异的刺激条件才能被"释放"出来。但是，这些刺激条件的范围越窄，产生出来的概念的稳定性就越低。最后，概念先天论本身依据的事实并不是人们能够稳定地拥有概念，而是这些概念无法通过特定类型的学习过程而获得。因此，该理论的关键点在于某些概念几乎不可能通过学习而获得，而不在于概念在各种可能的发展条件和路径中的分布情况。

刺激贫乏论似乎可作为通导作用解释的一个较好的例子，因为它强调语言在各种环境中都会稳定地出现，哪怕这些环境条件在多方面是退化而贫瘠的。与发展的最终状态(包括作为部分认知表现型的语言)兼容的环境条件的范围越广，语言本身被通导(或者说先天性)的程度就越高。然而，我们应将支持语言先天论的部分证据与语言先天论本身的准确内容区分开来。虽然贫乏论的论证过程确实参考了与概念通导有关的事实，但其结论并不是说语言是被通导的，只是应当重述其前提。相反的，贫乏论的推论则存在着某种特定的心理结构——一种已经具有领域特异性的信息或偏向的装置，它有助于人们在那些变化的、贫乏的环境中快速获得语言。语言先天论者主张的确切内容似乎是，这类心理装置是人类这一物种所特有的天赋(更多讨论见4.5部分)。人们因某种结构拥有了语言获得机制的理论解释，显然超出了通导作用主张所覆盖的解释范围。因此，尽管通导作用在刺激贫乏论中发挥着一定的作用，但它对于语言先天论的确切内涵并没有做出恰当的注解。

4.3.2　闭合过程的不变性观点

在先天论中，通导作用理论并不是唯一持不变论立场的观点。马龙和维恩伯格(Mallon & Weinberg, 2006)就发展出另一种观点，他们把先天性当作闭合过程的不变性来加以分析。这个观点对有关先天性的经典不变性观点进行了补充。经典观点对涉及表现型特性出现的发展过程做了某种限定。发展过程通常都会在一定范围内产生可能的结果：有些过程带来的可能性范围相当局限，甚至只导致单一结果；而另外一些过程则会带来相当宽泛甚至没有限度的可能性范围。前者即闭合的发展过程，它导致一组相对有限或非多样化的最终状态；后者则为开放的发展过程，它以一种依赖于有机体环境的方式，导致较为宽泛的可能性范围。典型的闭合过程包括了诸如产生双侧对称的生物设计，以及指导神经发展和大脑组织大体解剖结构的发展过程，等等。开放过程则包括在语义记忆中用来学习新的陈述性信息的过程，以及带来明显的神经可塑性(如赫布学习或经验依托的突触生长和精简)的潜在发展过程，等等。

闭合过程不变性观点的主张合并如下。只要符合下述情况，有机体的某一特性就具有先天性：

(CPI1)该特性在众多正常环境中都得以发展出来，即具有跨环境不变性。

(CPI2)该特性发展的近端原因是存在着一个闭合过程(或多个闭合过程)。

闭合过程不变性依赖于两个存有争议的概念，即正常的发展环境和闭合过程。但这两个概念也成了反对不变性观点的潜在源头。

在讨论通道作用时我们指出，所有不变性观点对有机体生长的正常环境都有所假定。但对正常环境背景应具有什么样的特殊条件这一问题常常又是不清楚的。在陆地环境中生存所面对的基本物理条件肯定算是这样的条件。然而在物理条件之上，几乎所有事物都可以算作生存条件。例如，人类发展历史就涉及极其多样的环境条件：物理的、营养的、社会的、文化技术等。所有这些条件对人类的发展都有潜在的影响作用。要从这个复杂的条件网络中提取出"正常的环境背景"，就需要考虑各种各样不被简单系统化的实用性因素（Sober，1999b）。

还有一个更需要关注的问题是：什么可以算是"过程"？如同马龙和维恩伯格（Mallon & Weinberg，2006）特别指出的那样，如果我们任意地、个别化地定义"过程"，那么我们就会轻易地到处可以找到开放的过程，因为每个个体都是由无数相互作用的因果过程造就的独特产品。我们以产生出贝拉克·奥巴马（Barack Obama）的系列过程为例，并简称这世上唯一的复杂过程为"奥巴马发展过程"。正是这个过程产生了现实世界中的奥巴马。假如这个世界有所不同的话，那么这一过程或许将会造就另一个具有不同特质的奥巴马个体。因此，假设奥巴马生长在不同的可能环境中，那他就会有许多可能的最终状态。因此，"奥巴马发展过程"就成了一个开放过程，从而表明奥巴马身上没有哪种特质是先天具备的。

但这不是一个很令人信服的反先天论的路线。人们可以对此做出回应，即必须要找到对于发展过程的独立评判标准。发展过程是由其背后的物理、生物、神经和认知系统等的结构决定的，我们不能把任何一组因果因素随意堆砌在一起，就将它们称为一个"过程"。过程是由潜在的某个系统（或被有序组合起来的此类系统）运行并可反复出现的因果序列。显然，所谓"奥巴马发展过程"背后并不存在着执行系统或者系统组合。因此，使用这样虚构的"过程"来批评闭合过程的不变性观点并没有对其理论的一致性造成威胁。

一个特性是否具有先天性在很大程度上取决于其最终状态是开放的还是封闭的。以语言学习为例，它是开放的还是闭合的过程呢？这取决于目标的最终状态。如果我们把最终状态设置为学会英语、法语、乌尔都语、荷兰语等语言的能力，就存在着许多可能的最终状态以及达成这些状态的许多种可能的发展路径。这就使得语言学习看起来是一个相当开放的过程，因为学习特定语言毫无疑问是与个体的经验密切相关的。但另一方面，如果将最终状态设为仅仅是"拥有一种人类语言"，语言学习看起来就又像是一个闭合的过程，因为许多可能的路径都会汇聚到这个最终状态上。①

因此，语言能力是先天的吗？答案想必会是这样的：人类的语言能力是先天的，因为语言习得过程将大多数的发展轨迹对应到单一且共同的最终状态上，尽管这种状态是一般意义上的状态。但是，特定语言的知识却不是先天的，因为语言学习系统也可被视为学习装置，它在面对不同的语言环境时能产生不同的最终状态。我们需要明确最终状态是一种什么能力，并对到达不同最终状态的各种路径做出区分，这样才会消除上述困惑。

然而，闭合过程不变性观点并没能解决通导作用假说所面临的问题，即概念在什么意义上才能被界定为先天的。虽然我们可以假定激发特定概念出现的机制极大可能是闭合的过程，但大多数概念在跨情境条件下却并不具有足够的不变性。即使加上对闭合过程的限制，通导作用理论在解释激进概念先天论中关于先天性本意时遇到的问题也没能得到解决。然而，非不变性的理论解释在这方面或许有更明显的优势。

4.4　原始主义观点

关于先天论的另一种不同的分析取向，将关注焦点从特性的跨环境不变性转到产生特性的各种机制类型上。该分析取向不从先天特性近乎遍地出现的现象出发，而是从对比先天特性与习得特性之间的异同开始。它特别将 4.2.2 部分中详细阐述过的原则作为其核心：凡学来的，非先天者也；凡先天者，绝非后天学来的。到目前为止，关于先天论的讨论已为该原则的重要性提供了某些支持。更多的支持则出自发展心理学家经常做出的推断：如果某物出现在发展的早期阶段，那么它就有可能是先天的。这就引出了下面这个看起来合理的主张：无论是被动学习还是主动学习，都需要耗费一定的最少时间。

先天性和非习得之间的联系十分广泛。尽管学习是一种建立新的心理结构的

---

① 需要注意的是，使人们理解英语、法语等语言的过程并不是随意的过程，因为这些过程涉及背后的语言能力的运作。因此，假定先天论者是正确的话，那么就会存在一个真正的认知系统作为过程存在的基础。

形式，但它可能不是唯一的形式。结构也能够通过多种多样的其他经验获得，如进行简单的复制和复杂的抽象。对一头狮子的感知就是个体在记忆中存储这一生物的视觉表征，该视觉表征在未来的再认任务中会被重新提取出来并加以利用。在更高层级的学习认知形式之外，还存在着大量类似知觉存储和概括的机制。我们显然不希望把这些如此复杂而又牵涉到环境作用的心理学过程都视作为先天的。

理查德·萨缪尔斯（Richard Samuels）（Samuels，2002）在将上述推论加以概括后，提出了一个关于先天论的原始主义分析理论。根据其观点，如果一个心智结构具有心理原始性的，那么它就是先天的。一个结构是否具有原始性，则需要符合：

(P1)该结构是某个正确的心理学理论的组成部分。

(P2)没有任何正确的心理学理论能够解释该结构是如何获得的。

依据原始主义理论，所谓先天性概念其实就是这样一种主张，即表征、信念、系统、模块、机制或任何一个心理学装置都是通过非心理学的途径获得的。我们可以对这些装置和特征在发展中出现的故事做出这样或者那样的描述，但是描述这个故事本身却超出了心理学的解释范围。

原始主义是为心理学量身定做的先天论分析理论，而不是一种可服务于许多领域的一般化解释，因为我们可以清楚地看到原始主义明确提及关于心理学理论建构的问题。在这一方面，原始主义不同于过程不变性观点，后者意图将其解释覆盖到生物学、个体生态学、心理学等多个领域。然而，尽管前者的主题被特意量身剪裁了，而且心理学也只到近代才从其他科学中区分出来，但原始主义的概念却源远流长。

费奥娜·考伊（Finoa Cowie）（Cowie，1999）对先天论思想的历史进行过深入研究。她认为，莱布尼茨和笛卡儿的丰富思想成果可以被解读为一种形式的原始主义。两位思想家很怀疑我们能否对为何心智变得充满了想法、信念和其他心理结构做出解释。经典的经验主义者描述了经验是如何产生这些心理结构的，但先天论者则对任何这类解释能否成功充满了怀疑。考伊称这种怀疑论为"神秘假设"，并把它当作一种获得新心理结构的非自然主义观的表达。将该神秘假设归属于非自然主义观的原因在于，它先期就排除了对心智学习和发展的发生过程给予科学解释的任何可能性，特别是它关闭了如何通过经验获得对新的心理结构进行科学解释的大门。

然而，原始主义本身比"神秘假设"涉及的范围要更窄。如前所述，原始主义仅主张没有独特的心理学假说可以解释习得过程，但它没有说根本就不存在对其进行科学解释的可能性。先天论中只包含着少数几种不可解释性。由于心理结构本身是由神经结构来实现的，因此，心理特征为何出现这一问题存在着很多非心理学的解释。例如，环境干预或正常的发展过程可使潜在的神经结构进行重组，从而产生出新的心理结构，因而新的结构不需要习得过程就具有了心理功能。从心理学的角度来看，当上述情况发生时，新出现的结构就具有了原始性，因而也就相当于具有了先天性。

原始主义在解释那些被称为先天的心理特性方面表现良好。在任何自然主义的解释中，心智的第一要素一定是由非心理材料组装而成的。组装过程在人出生之前就已经开始了，出生之后仍在持续进行，新的心理结构也伴随陆续出现。因此，尽管"与生俱来"总体来说是对"先天性"的蹩脚注释，但这些很早就出现的特性极可能就是以非心理学方式组装而成的特性，因为它们的生长与大脑本身的成熟并行出现。因此，许多(尽管不是所有的①)这样的特性很可能是原始的，因而也就是先天的，故而它对心理与非心理合并现象的解释显得十分自然。

原始主义在解释为何先天性主张无处不在时也有优势。人人都需要假定存在着这样或那样的先天结构，这是一个为人熟知且亦为经验论者和其他反先天论者都认可的观点(见 4.2.1 部分)。即便那些认为几乎所有的心智内容和过程都是习得的人也不得不承认，学习机制本身的最基本初始状态是先天的，否则心智就是一个无法发生任何改变的惰性组块。这就是说，在任何有关发展的理论中有些结构必须是原始的。因此，任何此类理论都必须假定心智发展中存在着一组最小数量的先天结构。

---

① "不是所有"是因为有证据表明胎儿在子宫里就已经开始学习了。例如，他们对母语的语音属性表现出选择性的敏感性。

最后，福多对激进概念先天论的论证似乎正是建立在原始主义或其他相近观点的基础之上的。依据他的看法，正是概念学习的不可能性赋予了它们先天性；因为获得概念的任何合理过程最终都等同于假设检验的学习形式，于是他得出结论：根本就不存在获得概念的理性途径。从不存在理性过程的事实出发，我们就能很轻易地得出这样的结论：根本也不存在获得概念的心理过程。[①]

我们再次以语言获得为例去了解该理论的细节。根据原始主义，乍一看语言似乎不是先天的，因为语言的许多独有细节（如词汇和独有的语音特征）很明显是后天学来的。此外，甚至就连获得语法的能力似乎也牵涉到许多心理过程，如需要与多种候选语法进行对照来获得更多证据，要进行参数调整来确定参数的设定，等等。在输入一定的情况下，所有这些过程都建立在对适当语法的正确表征的基础之上。然而，过程背后的特殊偏差和领域特异性假设本身却并非从经验中获得的，它们从一开始就是学习系统的结构的组成部分。从心理学意义上讲，装备丰富学习者所具有的信息体就是原始性的（基因特异的或非习得的），这正可用来解释为什么人类恰好具备了可以超越资料信息的能力。

但是，原始主义也面对着众多反对意见。其中一个问题指出它概括得太过宽泛，它把许多事物都看成先天的。我们举一个有点虚构的例子，想象有一种药丸被消化之后会重塑大脑连接，从而使学习者能接收到拉丁语的知识。该效应通过直接重塑大脑连接形成新的神经构造而实现。这是一种产生心理结构的非心理学方式，因而这类知识就可算作先天的。但这似乎与我们的直觉正好相反，也与各种脑损伤和脑疾病带来的效应不相符合。损坏 V4 区域（处于语言区和梭状回的连接处）会导致中枢色盲，病人无法感知颜色（Heywood，1997；Zeki，1990）。这种损伤牵涉到行为背后的一种非心理学机制，因而由此产生的特性（缺少颜色视觉）似应具有先天性。后天获得性疾病（如罗斯河热）能引起令人痛苦的独特心理状态，如产生建筑物倒塌的视幻觉（Samuels，2002，p. 258）。腹正中前额皮质受到损伤会导致人们对风险失去敏感性，带来人格的重大改变，如菲尼亚斯·盖奇病

---

① 福多将过程区分为理性因果过程和无理性因果过程。可以这么说，无理性因果过程仅仅是非心理学的推或拉的过程，而在福多看来，理性因果过程则构成了心理学的主要领域。激发一个先天结构是无理性因果过程，因为在激发因素和出现的结构本身之间找不到合理的或基于证据的关系。

例的症状一样(Damasio，1994)。然而，所有这些来自生理学或神经学的干预，似乎都没有产生任何可被称为先天的东西。

萨缪尔斯对此做出的回应认为，心理学原型应该被理解成是这样的结构：它起源于正常发展之中的非心理学过程。也就是说，心理结构的原始性是相对于一组正常条件和发展过程而言的。这可被看作原始主义的第三项条款：

(P3)心理结构是作为有机体正常发展过程的一部分而出现的。

这一推论将不变性元素引入了原始主义理论，因为心理原型现在是指那些在正常(假定相对宽泛的)环境中发生的结构。而那些由正常发展进程之外的怪异或小概率事件导致的心理特性则不能算作先天的。如果有所谓拉丁药丸的话，那它对大多数人来说都是发生于正常发展进程之外的事件，而脑损伤和神经退行性疾病也是如此，因此它们所引发的心理特性就不是先天的。

"正常的—不变性"这一条款似乎应对了前述难题。然而，更多的反对意见随即出现。第一，所谓"正常的条件"非常容易改变。在当下现实世界中，服用一颗拉丁语药丸会被认为是一件严重的咄咄怪事；然而，若真有学习拉丁语药丸的世界，那必定是一个人们经常沉迷于"美容神经学"的世界，人们要时时用知识和技能来装扮自己。因此，在那样的世界里，知识药丸可在街角的自动售货机买到，它们构成了正常环境背景的一部分。这样，药丸传达的心理特性就是先天的了。当然，这再一次构成了令人难以接受的景象。

第二，先天性发育障碍常常导致异常的认知表现型，这类表现在正常的事件进程中是不会出现的。自闭症患者有时表现出程度学者症候群，即在某个特定领域中表现出程度极高的心理功能。这些特殊才能多集中在计算或感知方面，他们会展现出令人不可思议的表现。与此相似，联觉症患者具有不同寻常的跨通道的知觉经验，他们看到某个数字时会将它看成某个特定的颜色，或者看到一个形状时就体察到某种特定的味道(Cytowic，2002)。学者症候群和联觉经验都源于异常发展的神经连接模式。这些特性在受到影响的个人发展过程中就可以作为心理原型了。

然而，特殊才能和联觉都不是人类在发展中会经历的"正常事件进程"的一部分。根据(P3)条款可以得知，它们所产生的特性不能算作先天的，但这会显得很奇怪。学者症候群似乎是某些自闭症个体的一种先天特性，而且因为它是以异常神经发展为基础的，所以这些个体如何获得这些特性或者是通过怎样的心理路径获得这些特性的问题似乎是没有答案的。尽管存在后天获得的联觉症，但其更常见的形态则是先天的症状。也就是说，它们看起来就是先天的，而这与原始主义的预测则相反。

至此，我们需要做一个简明的结语了。原始主义观点存在着过度概括化的风险，它囊括了许多非习得的但又不可能视作先天特性的特性。而原本期望利用所谓"正常条件"将这种情况排除出去，但它却没能做到这点；因为人类发展的正常环境是高度可塑的，因而它将美容神经修饰等通常不被我们视作先天特性的东西也概括了进去。另外，它有时也表现得太过苛刻，因为它将异常特性都排除在先天特性之外了。这或许出自如下的事实，即"正常条件"将先天性与人类的正常发展条件联系了起来；也就是说，先天禀赋在某种程度上是一般人类本性的一部分。这个观点在许多先天论思想中扮演着主要角色，但原始主义观点想要通过将自己的观点与不变性理论结合起来以表达先天性本意的尝试却未能如愿。

4.5　信息贫乏论

接下来我们介绍关于先天性的最后一种解释——信息贫乏论(information impoverishment accounts)，它重点探讨产生先天特性各种过程的种类。与原始主义严格聚焦于先天特性的起源不同，信息贫乏论重视比较终极状态的丰富结构与初始输入状态的相对贫乏的结构之间的异同。一些发展过程只需要初始状态存在简单特性，就可以继而产生复杂的产品。正是输入和输出之间的差异才构成了所谓先天的特性。

信息贫乏的概念显然是乔姆斯基提出刺激贫乏论背后的理论依据。刺激贫乏论的指导思想是，在我们已知的学习环境条件之下，人们是不可能学到正常的语言能力的。若我们假定，学习是一个在从环境中获得的信息基础上建构内部认知结构的过程，且习得的结构所含的信息内容不超出环境信息提供的内容，那么，心理结构中存在的任何额外的信息就一定是"由有机体"附加上的，也就是说，这种附加的东西就来自先天。先天性这个概念大致是指有机体对这些特性的产生所做出的贡献。

我们将这种观点称为先天论的信息贫乏论。[①] 哈立迪（Muhammad Ali Khalidi, Khalidi, 2002, 2007)更为详尽地发展了这一观点，他认为：

> （Ⅱ）如果有机体处于出一种受环境条件影响而发展的状况，其环境条件较其认知能力的最终状态相对较为贫乏的话，那么该有机体的认知能力便是先天的。

他认为这是对先天性进行的一种"素质"解释，即如果某种生物在特定环境中注定要显现出某些特性，那么该生物身上的这些特性就是先天的。如同其他许多关于素质倾向的主张一样，它们都对所谓正常环境条件有一个隐含的推论：一个易碎的花瓶掉落在地上时便会破碎，但这只在一定条件下才会发生，如存在标准重力、地面上没有任何缓冲垫子等；同样，一个神经元受到刺激时会倾向于发放一个动作电位，但这也仅在没有抑制物出现的条件下才会发生；如此等等。只要环境条件正常，足以保障生物体的生存，那么所谓先天特性指的就是指那些有机体注定要发展出来的、即便在信息贫乏的条件下也存在着的认知能力。

将先天性理解为素质倾向的优点之一是素质倾向有可能已经存在了，虽然它还没有显现出来。这样，不变性观点所面临的许多难题因此而消解，因为先天特性不一定在众多环境条件下都实际出现了；现在所需要的仅仅是，一旦恰当的激发条件出现，它们就会显现出来。

信息贫乏论中必不可少的观念是，比较输入信息和输出信息之间的差别是一件很有意义的事情。但这种认为信息因此可以量化并进行相减运算的观点则又引起了争议。在香农（Claude Shannon）和韦弗（Warren Weaver）开创的数学信息论中，一个信号所携带的信息可以被量化（Floridi, 2010）。在此情境中，与事件发生相关联的信息可以大致转化为该事件发生的概率。然而，通信论中的信息概念

---

① 斯蒂奇（Stich, 1975）概述了一种"输入—输出"的先天论观点，他将此归功于乔姆斯基，该观点大致相当于我们这里讨论的信息贫乏论。

与评估认知能力的先天性无关。我们在这里可能需要一些更像语义信息的信息，这种类型的信息被打包成命题或其他表征形式。心理表征，至少像信念和知觉等之类的表征，具有为我们提供关于所处世界的信息的功能。但是，哈利迪（Khalidi，2007，pp.103-104）认为，如果将信息定义为一组命题，就很难将其加以量化，而且对于在一段经验中到底包含了多少语义信息的问题，人们尚不清楚究竟是否存在着一个确定的答案。数学信息和语义信息都不能清楚地解释为何认知的最终状态相对于输入来说显得贫乏。

哈利迪遵循科学家的操作实践方式来解决定义贫乏时所面对的各种问题。行为生态学家为了将饲养动物的不同贫乏条件进行系统分类，提出一个多样化的分类程序，因而将贫乏条件依据其持续性、严重性及其可被操纵的特征而分为多种形式。伦理方面的顾虑禁止研究者使用人类被试进行这样的实验，但像基尼（Genie）这样的病例提供了一种"自然实验"（Rymer，1994），也能为我们提供一些关于极端剥夺条件的启示；但当条件变得越来越极端时，研究者所感兴趣的且加以操纵的某个因素就越不可能成为定义贫乏的唯一特征。当然，即便是正常的发展环境也能为我们提供关于先天能力的线索：如果一个婴儿成长时被暴露在数量大致相当的不同类型的刺激之中，他的一种能力比其他能力发展得更快（如理解固体的能力较之理解重力的能力）[参见斯派尔科（Spelke，1991]，似乎就可以认为，该婴儿在发展更快的能力上的先天装备更为丰富。

像其他的解释理论一样，信息贫乏论最初遇到的困难在于，它没有平等地论及有关先天论的所有学说。尽管贫乏论或多或少只是为讨论语言先天论而设计的，但它却与激进概念先天论者的论述没有多大的关联。激进概念先天论并没去比较概念学习中的输入和输出之间的差异，对产生新概念的信息材料的大致性质也不感兴趣，它只对概念学习到底是如何发生的背后的逻辑问题感兴趣。反对概念学习的不可能论者也没有论及学习可以利用的信息究竟有多少，而只是关注若任何事情被合理地称为学习的话，那么其输出（一个新概念）就必须以输入（一个假设）为先决条件。

更深层的问题是，信息贫乏论同样也有过度概括化的倾向。我们以扩展性推断过程产生新的结构为例来说明这一过度概括的问题。根据定义，扩展性推断是指那些能产生出比前提更具逻辑性的结论的过程。例如，数字归纳过程从有限数量的实例经验中进行概括，其结论则能覆盖无数未曾观察到的例子。这一过程简单明了，它所得到结论的信息相比前提有所增加。逆推理过程是更加复杂的例子。在逆推理中，人们提出一个能解释复杂数据模式的最佳假设，而这些解释性假设则需要借助于许多未被观察到的因果律、动力和机制。因此，有关某领域中的因果结构以及解释观察和实验结果的结论，通常都会超出其原始数据。简单的归纳过程和复杂的逆推理过程在我们日常解释活动和科学解释中都处于核心地位。问题解决中的创造性洞见构成了另外一种超越数据之限的途径。即便创造性认知在本质上只是重组性的，然而事实上，它仍会将先前经验中没有的概念整合到新的组合之中。

归纳、逆推理和洞见等多种扩展认知能力都建立在如下过程的基础之上，它们始于相对贫乏的信息，而后过渡到复杂的假设和信念；所有推断结果在逻辑上都强于或至少不同于出发时已有的数据内容。因此，根据前面提到的条款（Ⅱ），这些结果假设和信念都应该被视为先天的。但这似乎严重违背我们的意愿，因为我们大部分的认知都包含着这些扩展性推断过程。柏拉图的预言在这里得到了明确的响应：奴隶小男孩能够得出他的老师苏格拉底从没有详尽明确教授过的几何学结论，这一事实的确可以为以下结论提供主要理由，即虽然小男孩的知识看起来似乎是通过"学习"获得的，但事实上，他的知识仅仅是被他回忆出来。若我们接受这种"回忆说"的结论，那么就像柏拉图预言相信的那样，所有外显出来的创造性和学习不过都是某些先天知识的展开而已，否则我们就得重新考虑信息贫乏论的有效性了。[1]

贫乏论者做出的回应是提醒人们要关注认知能力的标准，即终极状态的认知要比输入状态的认知具有更多的信息，这只是一个由个体生态学家、神经生物学家和发展心理学家根据他们自己的科学实践制定出的操作性定义。但相关学科的科学家和实践者们都没有考虑到上述扩展性推论案例的意义，即学习过程使用的

---

[1] 哈利迪（Khalidi，2002，pp. 267-268）简要提起过这一问题。不过，他对这一点不太理会，他注意到经验主义者同样致力于先天的机制，因此或许这些一般的学习规则本身能被看作先天的。但是，我们应该将学习规则或机制具有的先天性与它们所产生结果的先天性区分开来。根据原则（Ⅱ），凡暴露于一组原始数据输入之下而产生出来的能力是先天的，因而，根据这一标准，任何扩展性推断规则所导致的结果也都将是先天的。但这并没有涉及规则本身是否具有先天性的问题。

信息超出了原始数据资料所提供的信息。因此，那些案例不应算作对先天性所下定义的反例。

然而，这一回应更突出了信息贫乏论的定义是一种认识论的标准。也就是说，它只是告诉了我们通常情况下我们具有识别信息贫乏的心理能力，但并没有告诉我们这样的心理能力究竟是什么。这就留下了一个模糊地带，使有关贫乏心理能力的正常分类学在某些方面被他人误解或者误导他人。举个例子，设想正在被观察的两台认知设备拥有范围相同的输入条件，并且产生相同的心理最终状态（一种能力、一组知识等），但它们是通过不同的方式和路径到达最终目的的。其中一个设备包含装备丰富的专门学习系统，并有着恰当的信息和运行机制；另一台设备包括了一台推理机，并不使用与某个领域相关的专门信息，也不利用具有特定目标的逻辑、统计或逆推规则。站在观察者的"外部"视角，从检测信息贫乏下学习的各种操作检验结果来看，这两台设备都达到使信息更加丰富的最终状态。因此，我们可以说，最终状态的能力或者知识都具有先天性。但显然前一台设备看起来更像是先天的，而后一台则不像。

当然，人们还可以完善这些操作性检验，使它们能更好地区分这两种设备，如可以改变它们的学习环境、查看它们学习时间差异等。但是，做这样的调整仅可以表明，好的检验方法应该能够探测出真实存在的特征，这些特征使学习过程相对于其输入状态成为真正的信息贫乏学习过程。前述两台设备的例子却显示，检验要针对学习过程的内部结构，而不是学习过程是否具有扩展性（最终状态中的总信息是否大于输入状态）。故关键是要考察学习过程是否装备了丰富或者最低限度的学习规则。装备丰富的学习过程更像是去开启或激活一种能力，而这种能力早已存在于有机体内，这大致与"素质已经存在只等激发"的想法相类似。而最少装备的学习过程则是将输入数据作为能力建构的基础。这两种情况，都存在着将输入映射到最终状态的学习规则，只不过这些规则的本质彼此不同而已（虽然它们之间的差异可能并不是那么截然相反、完全断裂的）。

这样看来，信息是否贫乏对于有关先天性的理论似乎并非关键，至少当它被理解为输入和输出信息之间的差异时，便是如此。人们还需要考虑实现输入—输出转换的机制问题。若其机制实质性地包含了领域特异性假设，那么输出的心理能力或知识结构就可以被认为是先天的。但另一方面，若其机制源于扩展性推理这类更一般化的过程，那么输出结果则代表着有机体的创新，而非其先天禀赋。

4.6 分割中的先天性

到目前为止，我们考察的三种关于先天性的理论(不变性观点、原始主义观点、信息贫乏论)都有自身的问题，大多表现为存在内在矛盾、过度概括化、不能对心理学中使用的各种先天性概念加以解释说明等。当考虑到这些问题时，我们很难不去怀疑借助于先天性概念建构理论是否走错了方向。格里菲斯(Paul Griffiths)正持有此种看法，他认为先天性是一个混合概念，糅合了三个通常相互分离的核心属性(Griffiths，2002；Griffiths ＆ Machery，2008；Griffiths ＆ Stotz，2000)。个体生态学和发展生物学中盛行的先天性概念通常是指如下的三个观点(带有它们各自的技术注释)：

(1)发展稳定：在发展过程中，对环境因素不敏感。

(2)物种本质：成为物种成员间普遍的或者典型的特性。

(3)预期结果：作为适应性进化的产品。

格里菲斯还引用了贝特森(Bateson，1991)的说法，人们在个体生态学中使用先天性概念来讨论这样一些特性：它们在有机体出生时就已显现；它们是由遗传差异导致的；或者它们是由不同组织方式、内部因素驱动的行为。

不同的作者在上述三个层面上随意解释"先天性"这一术语，有时甚至同一个作者也在三个含义之间随意变换。然而，这三个属性是可以互相分离的：在发展过程中并不是所有对环境的不敏感性都具有适应性，不敏感性也不一定是物种的典型属性；适应性不总是物种的普遍特质(受到不同环境条件的影响，同一物种的形态会表现出极大的差异)，它也不一定是对环境影响免疫的；物种的典型特性也不一定就是对环境不敏感的或者是对环境适应的。而将这些属性混杂到在同一个先天性概念名下，便带来了使人们做出不合理推论的问题。如果这些属性都被冠以先天性的标签，那么，人们就很容易做出物种的典型特征使其具有适应性的错误推论。

更为严重的是，相信某些特质具有先天性有时会妨碍研究的进展。就像格里菲斯和麦哲瑞（Griffiths & Machery，2008，p.405）评论的那样："先天性这一概念是反探索的信念，它鼓励研究者们在找到环境输入的明显来源后就停止进一步探究了。"这一研究的动力学过程在生物学中已经上演过多次。例如，有着不同基因谱系的实验室老鼠展示出不同的物种典型个性，特别是当这些老鼠在面对压力时，它们会表现出明显不同的行为和内分泌反应。但是，如果让某一谱系的成年老鼠来喂养另一谱系的幼鼠，上述各种差异就会被消除。人们发现，养育过程中的母性行为能激活某些基因，从而调节了处于发展之中的幼鼠的大脑，因而影响到它们对环境做出的应激反应。如果人们没有做过这类交叉抚养的实验，那么，他们很有可能就会受先天论的启发而过度草率地做出假设：老鼠的这些特质受基因控制，它们不因环境的影响而发生改变。与此相似的情况在语言习得的研究文献中也时有出现。例如，有人说道，研究者们被广为接受的刺激贫乏论耽误了，否则他们会更早地对儿童语言学习需要接触的语言学证据语料库及其准确性予以密切关注和探索。[①]

我们上面提到的有关先天论的三种分析理论，进一步说明了人们是如何将先天性概念割裂开来的。三种理论关注的属性明显不同：不变性观点关注种群中普遍存在的认知结构；原始主义注重这些结构在发展中的起源；而信息贫乏论则强调有机体本身对相关结构发展的贡献。这些被关注的属性不仅是相异的、分离的，而且它们也没有明显地被聚合到一起，形成一组关于先天特性的"前理论"雏形。当然，科学术语会随着新的发现而不断扩大或收缩其指称的范围，而且人们也不应该被神圣的"前理论"中可能出现的先天特性束缚手脚。但是，上述三种分析理论术语过度概括化的倾向，只会使先天性的概念失去其在解释上的实用性。[②]

---

① 不过，我们要补充一点的是，在这个例子中，延误也可能是因为获得这种证据很困难。儿向语言的一些早期语料数据库在 20 世纪 70 年代就已存在，但是大型语料库只有在计算机技术得到发展之后才能被收集和分析。因此，将这一责任完全推卸给先天性这一概念也许是不适当的。

② 格里菲斯、麦哲瑞和林德奎斯特（Griffiths, Machery, & Lindauist, 2009）也呈现了一些将先天性分割开来的进一步证据，这些表明，给被试呈现微缩的科学研究的片段后，他们将会把不能归属的特质都归类为先天的，这就表明先天性这一"前理论"的概念是一个混合的概念。如果存在着有关先天性的日常概念的话，那么对于该概念的地位问题，或者对于它与我们这里介绍的理论技术概念的关系，我们在这里不持任何立场。这足以表明我们的目的，即先天性这一概念未能实现理论学家们让它进行理论解释的期望。

即使先天性概念没有表现出前列的推论误差和探索实践方面的风险，但它显然涵盖了太多不同的可用属性。进行语义分类革新的哲学尝试是勇敢的，但最终还是要尽量避免做这种尝试，尤其是考虑到术语会在不同听众中立即引发错误联想时，人们就应更加谨慎。如果一个心理学特性被认为是物种典型的或者物种普遍的，或者是在发展早期就已出现的，或者是在一个信息贫乏的环境基础上习得的，抑或是一个只能由非心理学机制加以解释的，那么，最好的方式就是给这些特性直接简单的命名，而不要屈服于诱惑，去使用先天性这个看起来舒服但却模糊含混的概念。

4.7　结论

我们要解释发展，就要借助于许多有关过程的概念。认知的一些方面被以某种相对固定的方式组装成为或是神经系统本身早期发育的一部分，或者是主要由内生原因导致的产品。认知的其他方面则被放在复杂多变的环境线索的影响之下，其建构过程本身包含着各种信息和限制条件，是环境条件决定了认知的最终结构形态。当然，在许多情况下，这些限制条件具有相当的灵活性，从而有可能相对自由地建构出新的表征和新的结构。然而，这些建构过程的作用也有赖于它们能在多大程度上独立于环境的支持。有些过程能够独立自主运行，它们只是把环境作为其输入或证据来源；其他建构过程则依赖于结构化的环境。例如，儿童在成长过程中，如果身边存在着友好关爱的成年人和各方面的专家，那么他们环境中的信息和任务的复杂程度就会大大减少。这些差异巨大的发展过程都带有自身的特征。意识到这种多样性是我们向前迈进的第一步，使我们最终将超越把心理结构归结为"先天"或"习得"这一毫无新意的理论分类。

5.1　四个 E

到目前为止，我们已经从传统认知科学的视角探查了心智。本章将讨论几种具有革命性的认知研究新方法，它们在过去十几年中一直目标明确地蓄积着力量。这些方法分别称为嵌入式(embbedded)认知论、具身(embodied)认知论、生成式(enactive)认知论和扩展(extended)认知论。这四个以字母 E 打头的认知学派对于科学应该如何塑造认知模式进行了激进的重新思考：它们鼓励人们对认知本质的认识进行一次形而上学的变革；它们还对认知过程与非认知过程之间区别的本质特征提出了一个根本性挑战。这些讨论的结果再次强调了认知科学在解决下述重大基本问题时的必要性：究竟什么是认知系统，或者说，"认知的标记"是什么？

简单而言，四个 E 学派的定义分别如下。

嵌入式认知论认为，在时间依赖的情境中，心智产生于在线解决认知任务的过程之中，因此，人们也应当在这样的情境中研究心智。

生成式认知论认为，心智为行动而生，不应该离开行动而单独构思或者研究认知，或者将认知视作一个可独立于行动而存在、只发生在大脑中的过程。相反，心智存在于行动之中或者源自行动。在我们与世界展开行为互动的过程中，心智引起的行动和被行动引发的心智同样多。按照这种观点，思维不是行动的原因，思维本身就是一种行动。因为生成论的观点主要在知觉理论中进行攻防，我们将在第 6 章(具体见 6.6 部分)讨论它们。

　　具身认知论认为，思维并不是发生在知觉输入和动作输出之间的"三明治"。相反，认知发生在分布于大脑内的一切感觉—运动通道之中。事实上，按照此观点，认知还可以发生在大脑之外的其他身体部位。具身学派拒绝心智的功能主义视角，该视角认为心智(如人类的心智)可独立于躯体(如人类的躯体)而存在。从形而上学层面讲，像人类心智这样的心智要依存于人类这样的躯体。

　　扩展认知论认为，认知并不局限于身体的或大脑的过程。皮肤也可以有认知活动。如果将认知构思为一种加工信息的符号运算，那么这一加工过程发生在何处便无关紧要了。它可以在大脑中发生，但它又不一定只在大脑中发生。因此，原则上，认知能够以一种工具和外部符号运算的形式扩展到我们周围的环境中，以帮助我们储存记忆、解决问题和采取有效的行动。

5.2　嵌入式认知论

　　嵌入式认知论认为，心智发生在其与周围环境的因果交互的复杂网络之中。认知是应对环境条件变化问题的一种革命性解决方法。有机体发展心智是为了在面对环境变化时维持其身体的完整和功能。由于心智是在与环境的因果交互中产生的，如果离开这个因果交互，它将无法正常地发展或运行，因而我们不能试图将认知的功能从其环境中抽离出来。嵌入式认知论中的"嵌入"就是指认知与环境的互动，这一交互作用通常是认知发展(在完成实时任务中利用大脑，同时大脑也在修剪某些神经联结以及巩固其他一些联结)或解决认知任务(为了解决一项认知任务，仅观察环境部分就变得极其重要了。例如，观察益智拼图以便从中找出与手中图块相匹配的那块)所必需的。

　　嵌入式认知论有一个核心观点——"卸载"。它是指人类和其他动物按照一种有助于或有益于认知的方式，对周围环境进行设置。我们以开车时看到的路标为例。路标带给人们巨大的帮助，使我们在长途旅行时不必记住所有转弯之处。尽管地图或全球定位系统装置也很有用，但如果没有人们布置的路标使具体道路环境更为清晰可见，那么地图等的帮助作用也不会像现在这样大。更为重要的是，路标、纸条上的记录或者智能手机中的备忘录等都具有将环境信息卸载下来的作用，它们让人们可以腾出时间来完成其他认知任务(如更安全地驾驶、计划余下来的旅行或平衡收支和预算等），因为这样人们就不需要再在记忆中储存或处理那些被卸载下来的信息了。人们善于利用外部世界来精简或简化解决任务的方案，否则过载的信息会令人深陷忙乱之中。

旨在处理实时交互任务和在线进行加工的认知具有"情境性"。情境性认知由在人们开车、觅食或猜谜语等情境中使用到的认知所构成。尽管心智的源头嵌入在认知发生的情境之中，但并非所有当下的认知都是情境化的。实际上，哲学家布拉特曼（Michael Bratman）（Bratman，1987）一直以来都关注着逻辑和理性对人类制订长期计划所施加的限制。他认为，许多长期计划都是离线进行的，并不依赖于情境；直到人们要采取行动时，计划才开始上线运行。

正因为认知嵌入到与环境无尽的实时交互作用之中，因而从形而上学上讲，这就是认知的本质。当心智嵌入情境之中并引起心智与情境的因果互动时，这种互动就是认知能力的表现形态，它们支撑着认知运作和加工过程，或者它们就部分地构成了认知加工过程。但是，对认知加工的因果性的支持不同于因果性的认知构成。前者看起来显而易见，心智不能在真空中产生或运作；事实上，感觉剥夺会导致幻觉、定向障碍，破坏正常的思维和意识。所以，与环境的因果交互是心智正常发展或运转所必需的。然而，由此再往前走一步，就进入了扩展认知论：既然与环境的因果交互是认知发展和运行所必需的，那么这种因果交互也必定构成了认知加工过程本身。虽然我们支持嵌入式心智观，但我们将在 5.4 部分指出，由此再往前走出的一步将会是一个错误。

5.3　具身认知论

具身认知论有强与弱两个版本。弱具身认知论认为，身体状态对认知有重要的因果作用。这种观点如此显而易见，以至于人们难以对之相疑。感觉为信念和欲望提供信息；运动系统执行心智的命令，使人们依自己的喜好设置世界；情绪与内脏、肾上腺甚至红脸、起鸡皮疙瘩等都有身体上的关联。因此，弱具身认知论似乎不存在争议。

但强具身认知论则导致很多争论。强具身观认为，认知发生在身体里，而不是大脑中。若真如此的话，这种观点将真正改变人们对认知和心智的思考。让我们先来简单比较一下传统的认知论和这种革命性的具身认知论。关于知觉输入和运动输出，传统认知论认为，它们就像是玛格丽特·威尔松（Margaret Wilson）所说的"外周插件"，类似于计算机的键盘输入和打印输出。感觉为心智提供信息输入，心智再将这些原始材料建构成知觉表象，进而概化为概念或观念。一旦储存足够多的概念，心智便将它们融会贯通为思想。最终，当我们有了要做些什么事情或者去改变世界的想法，运动系统就会将信号发送给躯体，让它们行动起来去执行心智的命令。认知发生在心智或大脑的核心功能区，而非感觉输入或运动输出系统中。

然而，强具身认知论则认为，认知发生的场所并不局限于大脑（或者身体）边界之内。按照这种观点，认知能够且确实发生在所有的感觉—运动系统中。只不过不同的研究者强调了不同系统区域的作用，如劳伦斯·巴沙劳（Lawrence Barsalou）等强调知觉系统在认知加工中的作用；而另一些人，如阿瑟·格兰博格（Arthur Glenberg）等则强调运动系统的作用（Barsalou，2010；Glenberg，2010）。①

5.3.1 实验证据

巴沙劳是知觉符号理论假说（PSS）的先驱人物。他认为，所有心理表征都起源于知觉系统。支持知觉符号理论假说的一个经典实验被称为属性验证任务。实验中先给被试呈现一个表示某个概念的单词，如"马"，然后再呈现一个符合（证实）该概念属性的单词（如"鬃毛"）或者不符合（没有证实）该概念属性的单词（如"角"）。要求被试尽可能快地说出这个属性是否可以用来预测概念。例如，马—鬃毛（可以），马—角（不可以）。预测结果可以说明被试是否使用了知觉符号来完成认知任务。如果任务与视觉有关，那么视觉系统的符号就会出现。如果呈现的属性与听觉有关，那么听觉系统符号就会出现。但如果提出的问题需要改用另外的感觉通道（如从视觉变到了触觉或听觉）进行回答，那么被试的反应就会变慢，因为知觉符号要从不同的系统区域获取信息。因此，词对"苹果—红"将会通达到视觉系统区域，而词对"苹果—甜"将会激活味觉区域。在完成一系列视觉属性验

---

① 具身认知学说完整的介绍，请参见夏皮罗（Shapiro，2010）。

证任务后，被试对视觉—味觉词的加工就会变慢。

科伦巴赫、布雷特和帕特森(Kellenbach, Brett, & Paterson, 2001)用该范式进行的一些研究显示，对不同属性的判断激活了该属性知觉的专属神经区域。例如，颜色判断激活了梭状回的颜色加工区，声音判断激活了颞上回的听觉区，形状判断激活了与加工空间判断有关的顶叶区。研究者们(Pecher, Zeelenberg, & Barsalou, 2003, 2004; Marques, 2006)也发现了预期的跨通道转换效应，即被试的反应时在属性验证任务转换感觉通道后就变长了。

在转换时间效应的各种解释中最受欢迎的是，认知任务是由知觉符号来完成的，人们会在相应的通道中使用该通道符号进行模仿以解决认知任务。但当任务需要从另一个通道中获取符号时，就需要消耗时间，因而反应时间增加。巴沙劳(Barsalou, 2008, p. 27)意识到这样一种可能，通道区域的激活或许只是正在完成的任务的一个附带现象。他认为，如果认知加工中所涉及的符号是非模态的，那么转换时间效应就不会存在。但正因为存在着这种效应，所以，被激活的模态符号就被用在了完成属性验证任务的认知加工过程之中。

数据表明这些任务中确实发生着某些事情，但是究竟发生了什么事情，目前还存在着两种竞争性的假设。按照知觉符号理论假说，认知本身就包含了所要通达的知觉符号，通达符号就是认知加工的组成部分。之所以存在转换时间效应，就是因为认知加工改变了加工位置(如从视觉区域转换到了其他区域)。按照另一种竞争性的假说，属性验证任务需要被试去验证一个假设：矮种马有鬃毛吗？他们要从记忆中提取出正确的反应，然后通过通达知觉经验中所储存的记忆来对此反应进行验证。但是，知觉经验本身可能是非概念性的，因此它是非认知的。

下面来做一个类比。我通过观察石蕊试纸变蓝，可以确定某种物质是一种酸性物质。观察本身并不是认知，看见不等于思维。但了解试纸变化的知识可以让我解决认知任务，识别出这种液体是一种酸。通达到被储存下来的先前感觉经验，或许就像看到石蕊试纸一样，是一种知觉而非认知过程。但是通达到储存的知识是需要花时间的，而从一个通道通达到另一个通道存储的表象则需要花费更多的时间。

解释属性验证任务的时间效应事实，并不必然要在这两种截然不同的假设中做出选择。按照第一种假说，认知扩展到了感觉通道特异性的系统；而按照第二

131

种假说，认知虽然并没进入特异性通道和知觉符号本身，但它们为认知加工提供了因果性支持。

具身认知的证据还来自其他实验范式。在一个 fMRI 研究中，普沃缪勒 (Pulvermüller，2008)发现，视觉相关和动作相关的词汇激活了大脑的不同区域。加工动作词汇激活额叶区，而知觉词汇激活知觉区。这里的假设是：动作词汇指向动作，加工动词的神经元可能与身体特定区域中控制行动的神经元交织在一起。表示面孔动作的词汇(如微笑)激活了那些控制面孔的运动神经元，表示利用腿的动作的词汇激活了控制腿的运动神经元等。这些结果表明，动作词汇理解中使用了特定的运动表征，这便构成了支持语义内容具身化的证据。

然而，这些结果也可能反映了一种理解之后所进行的推理，即在理解一个词语或句子之后才激活这些推理，因而激活不一定反映语言理解所固有的加工过程。首先出现理解，接着出现与理解有因果联系的神经激活，神经激活并不是理解的构成部分。但是，如何将神经构成与该因果联系区分开呢？这被证明是一个棘手的问题，至少在实验上将两者分离是非常困难的。

132 普沃缪勒(Pulvermüller，2008)认为，认知加工的构成是即刻的、自动化的，与其功能直接关联。关于即刻性，他认为，如果在词汇本身被识别后的 200 ms 内出现了运动激活，那么该运动激活才是词汇理解的构成部分。关于自动性，他认为，当人们看到或听到一个词语时，几乎不可能不去理解它的内容。因此，即使我们给被试一个分心任务，他们仍然会理解这些词汇，因为反映理解的大脑加工过程仍在持续工作，表现为自动化的构成。关于功能关联性，如果动作词汇表征自动地激活某一特定大脑区域，那么该大脑区域功能状态的改变应该对语义加工造成可测量的影响。知觉区或运动区大脑功能的变化都会改变认知。

豪克和普沃缪勒(Hauk & Puluermüller，2004)做了一些实验来验证上述这些特性。在一项 ERP 研究中，研究人员让被试安静地阅读面孔、手臂和腿的词汇，负责这些身体部分运动的大脑区域在词汇呈现大约 200 ms 后出现激活。为了验证自动性，他们让被试观看一段无声影片，同时要他们尽量忽略那些口语中指代手臂、腿和面孔运动等的词汇。尽管被试事实上试图忽视所听到的词汇，但是他们在这个任务中神经活动的分布，确与将信息快速传递到感觉运动区的神经活动分布相一致，这就支持了自动性的观点。最后，功能关联性的结果是将经颅磁刺激(TMS)应用到左半球的手臂运动区，磁脉冲引起右手的肌肉收缩，造成了被试对手臂词汇比对腿部词汇的加工更加迅速；而当将 TMS 施加在表示腿的皮层区时，则会出现相反的反应模式。所以，相应皮层区的预激活使该区域中与动作相关的语言认知加工做好了积极的准备。这表明，这些皮层区的活动只构成了语言理解的一个附带现象，而不是语言理解自身的活动。

格兰博格及其同事们相信，解决特定类型任务所必需的认知加工扩展到了运动区域。格兰博格和卡斯查克(Gallenberger & Kaschak, 2002, p. 558)提出的索引假说认为，意义是具身的，是由"一系列功能可见性……一系列动物可采用的动作"构成的。词汇和短语被映射到知觉和运动符号中，也依照这些符号进行索引。如巴沙劳所做的一样，他们在阐述自己的观点时，也与认为符号在中央加工系统中是非模态的、抽象的和任意的观点进行了对比。他们认为，功能可见性来源于知觉和运动系统，知觉与运动符号的意义根植于感觉运动系统。

在某些情况下，语言理解明显与动作行为相互作用。格兰博格和卡斯查克(Gallenberger & Kaschak, 2002)要求被试阅读句子，并判断它们是合理还是不合理的。不合理的句子可能是"煮沸空气"或者"将大衣挂在咖啡杯上"等，而合理的句子可能是"煮开水"或"将大衣挂在真空吸尘器上"。被试的任务是尽可能快地判断这些句子是否合理，判断合理按"是"反应键，判断不合理按"否"反应键。被试最开始将食指放在一个中性键上，"是"反应键的设置有两种情况：比"否"反应键离被试的身体更近，或者比中性键离被试的身体更远。因此，被试必须使其食指离开或者靠近身体，以便对问题做出判断。

这些研究发现了动作句子相符效应(action sentence compatibility effect, ACE)。被试对句子合理性做出反应的快慢取决于他们手指实际移动的方向(靠近或远离身体)与句子意义中隐含的移动方向是否一致。例如，"靠近"的句子可能是"拉开抽屉"或"把手指放在你的鼻子下面"，它们都意味着靠近身体的移动；而典型的"远离"的句子可能是"关上抽屉"或"把手指放在水龙头下面"。具身认知论点的预期是，为了回答句子合理性问题，被试要在知觉、运动系统中进行模仿。如果模仿需要激活与计划和引导真实行动完全相同的神经系统，那么对"远离"句子的理解应该会干扰做出远离动作的反应。

类似的关系也存在于情绪表达和理解之间(Havas, Glenberg, & Rinck,

2007）。实验中被试被要求判断英文句子的合理性，但这次实验者拿一支铅笔夹在他们的嘴唇之间或者放在牙齿之间。笔放在嘴唇间出现皱眉表情，放在牙齿间则出现微笑表情。如果理解情绪语言需要身体也处在合适的情绪状态的话，那么牙齿咬笔的被试应该能更快地理解"愉悦"句子，而双唇夹笔的被试应该更快地理解"悲伤"句子。愉悦的句子可能是"当你骄傲地走上舞台时，大学校长正好宣布你的名字"或"你和爱人长期别离后拥抱在一起"。悲伤的句子可能是"警车迅速追上了你，警笛鸣起"或"你的主管皱着眉把密封的信封交给了你"。研究结果是令人惊奇的，微笑的被试理解愉悦句子的确更为迅速，而皱眉的被试理解悲伤的句子则更快。

上述研究结果只是众多研究中的一部分例子（deVega，Glenberg，& Graesser，2008；Semin & Smith，2008）。但问题是，它们是否能够支持强具身认知论，即认知出现在运动系统(用来解释动作句子相符效应)中或面部肌肉(用来解释情绪符合结果)上。对此结果还存在着另一种备择假设，即虽然认知没有真正地跨入运动系统，但运动系统暗中影响着认知系统。当人们理解了动作句子隐含的移动方向(靠近或远离)，就可能想象着去做出这些移动。这种伴随动作想象的句子理解，也可以解释被试反应为何会出现差异。在面部紧张与反应时差异的研究中，由铅笔所放位置引出的微笑或皱眉，可能启动了被试对愉悦句子或悲伤句子的理解。所以，尽管这些发现十分有趣，但是它们并没有真正地说明，运动系统或面部系统中的加工的确构成了某种认知加工，或者它们只是与认知加工存在着因果关系。这些实验结果并不能排除后一种备择假设。

5.3.2 反对具身认知论的证据

尽管如此，也存在着更为直接反对具身观点的论点。一个重要的难题在于，完全相同的身体运动可以伴随着认知上的不同动作(Caramazza & Mahon，2006；Weiskopf，2010b)。若真是如此，那么思想的意义或者语句表达的想法就不可能与知觉—运动活动存在唯一的连接。因为尽管句子含义本身并不模糊，但具体行为的含义则可能含混不清。例如，句子"弗雷德喝了口水"表达的是他感到紧张，还是感到口渴呢？这两种认知状态的任何一种都与喝水行为相容。对这两种可能性做出任何判断，都依赖于我们对弗雷德心理状态的背景知识。但是，这种知识远超出了揭示弗雷德当前感觉运动状态的相关信息范围。因此，人们理解这个句子时所发生的过程肯定要比获取知觉和运动系统的活动信息更为复杂。①

除了行为含义模糊不清的问题之外，还存在着运动缺损的问题。如果知觉活动或运动活动构成了各种理解过程，那两者就不可分离。知觉或运动系统的损伤应该与理解缺陷同时出现，因为理解在本质上与知觉和运动一样，都利用了完全相同的潜在机制系统。然而，正如卡拉马扎和马宏（Caramazza & Mahon, 2006）所指出的，实际情况并不总是这样。人们可以再认生物运动，即便他们不能做出相应的运动，如婴幼儿通常可以再认那些他们自己不能做出的行为（行走、交谈和其他特定类型的行动）。这也同样存在于语言理解之中，儿童和成人能够理解的句子数量远超过可生成的句子数量。理解—生成之间的这种分离表明，它们的加工过程不是同一过程。

即使特定感觉通道的输入和输出过程损坏了，概念性知识也可以继续存在。这说明高级的认知性知识独立于知觉和运动系统。卡尔德、基恩、科尔、坎贝尔和杨（Calder, Keane, Cole, Campbell, & Young, 2000）报告了一个名叫 LP 患者的症状，他自婴儿时期起就患有双侧面部瘫痪（Mobius syndrome，默比厄斯综合征）。尽管面部神经受损，但 LP 在面部表情识别测验上的能力并没有受损。因此，情绪面部表情的再认能力和产生情绪面部表情的能力可同时存在。同样的症状模式在那些患有先天运动障碍的 13～16 岁儿童身上也可以见到，尽管这些青少年自己不能做出模拟生物运动的光点展示动作，但是他们能够识别出这些动作（Pavlova, Staudt, Sokolov, Birbaumer, & Krageloh-Mann, 2003）。相似的，失用症患者能够命名物体，就是说，他们能够识别物体，但却无法正确地使用这些名称（Ochipa, Rothi, & Heilman, 1989）。

最后，如果感觉运动加工是理解动作词所必需的，那么该加工过程在先天性失明者和近视患者之间也应该存在着明显的差异。拜德尼、卡拉马扎、帕斯夸尔-里昂和萨克斯（Bedny, Caramazza, Pascual-Leone, & Saxe, 2012）对此进行了验证。他们要求被试在接受 fMRI 扫描时判断动词和名词配对的语义相似性。结果 发现，失明者和近视者做出的判断并不存在差异。这意味着，他们没有发现词对

---

① 与镜像神经元和基于行动的理解理论相关联的另一个类似的反对意见，请见 8.4 部分。

在含义上的任何区别，尽管不同单词对他们来说肯定有着不同的知觉联系。此外，内侧颞下回被普遍认为是加工动作的视觉运动特征的大脑区域，但失明和近视被试在这部分大脑区域的激活程度是相同的，而且这些脑区被高运动单词和低运动单词激活的程度也是相同的。因为失明被试从未有过视觉经验，显然内侧颞下回的活动并不能用来解释他们对行为动词和名词的意义做出的判断。尽管失明被试大脑中的知觉系统发生了很多改变，但是这些改变既没有影响他们理解语言的能力，也没有影响理解语言时会用到的神经系统(Bedny & Saxe，2012)。这些研究结果似乎表明，知觉—运动活动与认知之间最多只存在着因果关系；即便如此，甚至可以说知觉—运动的活动也都不是维持认知能力的正常水平所必需的。

5.3.3　具身意义的局限性

现在，我们转向支持具身认知的语义说法。格兰博格和卡斯查克(Glenberg & Kaschak，2002，p.559)认为，"'将大衣挂在直立的真空吸尘器上'这句话是合理的，因为人们从真空吸尘器可以用来做大衣支架这一可见功能中获得了句子的知觉符号"。相反，"将大衣放在直立的杯子上"这句话则不合理，因为通常情况下杯子不能被有效地用作大衣支架。那么是什么使一个句子变得合理呢？句子合理与否就在于它是否可被用来形成一个协调的知觉模拟："当认知模拟了语句中所隐含的行动时，言语才具有了意义。"(Glenberg & Kaschak，2002，p.559)例如，"艺术家站在开罐器上，去更换天花板上的灯泡"这句话被认为毫无意义，因为很难想象这样一个场景，有人可以成功地完成句子所描述的动作，并将该动作当作实现目标的手段(Glenberg，Gutierrez，Levin，Japunitch，& Kaschak，2004，p.426)。

但是，"合理"一词该如何用在此处呢？"合理"意味着"有意义"吗？如果是，那就是在说，一个英文句子的含义存在于一套感觉运动模拟之中，而个体理解句子时必须要进行这种模拟。但是，这种说法是错误的，并且也被证明是错误的(Weiskopf，2010b，2010c)。的确，上述说法只不过是意义证实主义理论的最新翻版。大家都知道下面两个句子意味着什么："试图将大衣挂在直立的杯子上"和"站在开罐器上更换天花板上的灯泡"。在正常情况下，人们不会使用常规的杯子、大衣和开罐器去做这些事情。事实上，因为人们知道这些句子所表达的意思，所以人们才会说这些句子是错误的(或者说人们是不会按照这样的要求去行动)。错误的事情并非毫无意义的。每个人读了这个句子后都知道"将大衣挂在直立的杯子上"这句话的含义。因为你明白这样做意味着愚蠢、荒谬，这是你不能服从去做的事情。这里的关键之处就在于，人们知道真实(服从)的条件是什么，因此可以理解句子的意思，即便他们难以或者不可能在认知上对此进行知觉模拟。

另外，如果"合理"并非意味着"有意义"，那它意味着什么呢？可想象的或者可知觉模拟的？如果它意味着其中任何一个，那么格兰博格及其同事所提出的假说就无关紧要了。我们总是被告知，被试不能知觉模拟句子中所隐含的经验。即便果真如此，这能告诉我们这些句子不是"有意义的"吗？答案是否定的，句子仍然拥有十分清晰而确定的条件。如果人们不能很好地模拟感知—运动过程，他们就不能理解句子的意义，是这样的吗？未必如此。实际情况可能会是：这些句子依然可以被理解，但如果知觉模拟的条件适合的话，被试做出句子含义判断的反应时就会更快一些。

况且，如果索引假说是一个新版的意义证实主义理论，那么它对于原创者来说则更像是在原地打转，因为它仍在讨论索引假说本身的含义。索引假说是这样表述的：只有当个体能利用相关启示(affordances)进行知觉模拟时，一个句子才具有意义。那么我们要问，人们可否对索引假说本身进行知觉模拟吗？这几乎不可能。(什么又是相关的启示呢？)因此，意义的证实主义理论标准本身就无法由经验证实(Hempel，1950)，因为索引假说并不能为感知运动模拟提供所需要的启示。

具身认知信奉者还要面对另一个关于"抽象"的问题。他们主张所有抽象的观点都可以追溯到具身知觉表征(Barsalou，1999，2003)，但是人们很难观察到所有人类概念都可以在知觉或运动中找到根源。考虑一下下述逻辑连接词：和(&)、非($\sim$)、或($\vee$)、如果—那么($\rightarrow$)。这些逻辑数学概念似乎可由真值表清楚地加以定义：如果 p 为真，那么$\sim$p 是假；如果 p 和 q 都为假，那么 p$\vee$q 为假；反过来也成立，即如果 p 和 q 都是真，那么 p$\vee$q 也为真；等等。记得谢费尔(Sheffer)曾发现，所有的连接词都可以简化成仅包含一个连接词的循环示例。这显然既不是知觉表征的问题，也不是运动表征的问题，而完全是一个句子变量映射到真值表中的相应值上，并为这些映射关系定义连接词的问题。若像巴沙劳主张的那样，人们关于这些问题的概念都来源于知觉运动模拟，那实在是很夸张的。我们假定，对真的理解就像知觉到猫在垫子上；对假的理解就像知觉到猫不在垫子上(因此，"猫在垫子上"就是假的)。虽然真和假都可以在现实世界的真实事件(包括知觉情境)中找到实例，但并非每个概念都严格受限于可感知到的事件，因而巴沙劳等人的说法就过于夸张了。康托尔(Cantor)在数学上证明了，0和1之间存在着比自然数更多的数，或者必然导致这样一种真，即存在着无穷大的阶。那么，这样的真又表征着怎样的知觉情景呢？

所以，除了真这一概念以外，还有很多其他概念。这里只提及若干，如正义、贵族之爱、二次衰退、现代艺术和种族特权等。又有什么样的知觉或运动事件可以支撑这些概念呢？的确，如元素周期表一般的科学概念也没有知觉或者动作的基础。那么，是什么使我们的元素概念成为一个与原子序数相关的概念呢？又是什么样的知觉或动作基础支持我们的原子序数概念？有人可以在脑子中想象出原子和围绕轨道运转的电子。但是，这是否意味着如果人不能进行这样的想象，他就不能形成元素周期表的概念？对此，我们持有强烈的怀疑。

概念界定了对象及其属性，对象和属性则是概念的内容。心智是如何同这些对象和属性接触上的？这是一个令人头疼的问题(尤其是那些数学概念)。无论如何，人们需要利用感觉输入形成的经验性概念，肯定是存在的。我们还会利用从特殊(Fred 的那只叫 Raven 的杜宾犬)到一般(包括了吉娃娃犬和大丹犬的狗的概念)的抽象心理过程。某些经验性概念可能确实涉及了开动知觉"模拟器"的过程。然而，若假定这类加工在所有人类概念的形成过程中都发挥着作用，那就十分令人怀疑了。对于具身认知倡导者们来说，这是一个需要面对的重要挑战。

5.4　扩展认知论

具身认知论试图在大脑之外为认知找到定位，而有些理论家们则要更进一步。在过去的十年里，认知延伸至大脑甚至身体之外的说法已经获得了人们的普遍认可。扩展认知假说出现在安迪·克拉克和戴维·查尔莫斯(Clark & Chalmers, 1998)发表的一篇短小却极具影响力的文章中，随后类似的文章在很多地方也都出现了，如范·杰儿德和波特(van Gelder & Port, 1995, p. ix)和罗兰茨(Rowlands, 1999, p. 22)的论著。范·杰儿德和波特认为"认知加工横跨大脑、身体和环境",罗兰茨则认为"认知过程并非完全发生在认知有机体的皮肤中"。具身认知者(Varela, Thompson, & Rosch, 1991)和更早的现象学者(Merleau-Ponty, 1962)也都曾提及类似的观点。但到目前为止,该假说尚未在主流认知科学界得到广泛讨论。[①]

人们很容易将扩展认知论(认知扩展到了身体和大脑之外)看作具身认知论,或者生成式认知论的延伸。苏珊·赫利(Hurley, 1998)提出了经典的"三明治模型",用于描述高级认知被知觉系统和运动系统夹在中间的状况。人们承认认知加工能够逃脱被夹在大脑中知觉区域和运动区域之间命运的话,那他们也不难进一步想到,认知还可能会拓展到身体其他区域或身体之外。尽管如此,主张认知发生在身体范围之外的说法多少还是令人有些意外。认知加工扩展到大脑中央加工区域之外,而大脑的知觉或运动区域的加工却仍然发生在脑神经结构之中。然而,如果认知发生在身体之外,那么进行认知加工的媒介就不仅要包括神经系统,也要包括身边的部分环境,包括人们用来完成认知任务的工具和其他项目了。

当然,认知发生在非人脑神经的媒介中的观点也并非新的主张。人工智能的倡议者和心智哲学的功能主义者们一直都认为,心智几乎可以由任意种类的材料 制造出来(参见第 2 章)。使心智成为心智的不是它的构成材料,而是它所完成的认知加工类别。如果某物由大脑神经之外的材料构成,却具备了大脑同样类型的功能和具有相同的因果关系特性,那么该物(如计算机、机器人、其他生物形态)也就具有了心智。但问题仍然存在着,物理系统(如有机体和部分的环境)能否支持认知过程呢?现在我们就来讨论支持扩展认知论的证据。

5.4.1 耦合与相等原则

几乎所有扩展认知加工论在开始论述时,都会谈及完成认知任务的生物体与

---

① 克拉克和查尔莫斯只是主张认知状态(想法、信念)的扩展,而非质性状态(经验)的扩展。查尔莫斯的个人观点认为,质性状态不能还原为大脑状态,但这不是他和克拉克认为认知状态可以扩展的理由。克拉克也否认了有意识的质性状态具有扩展性,它们不同于单纯的认知状态。这里我们不对这些观点背后的原因进行讨论,而是将我们的讨论限制在对认知扩展的争论上。

其周边环境存在着某种耦合。认知任务的完成需要以下述方式与环境进行交互作用：从因果关系和信息流动的角度来看，交互作用的加工过程扩展到了认知主体的躯体和大脑之外。下面举例加以说明。在玩拼图的过程中，人们会拿起其中一块在手里进行旋转，就像在心里旋转拼图块表象一样，以便察看拼图块与模块是否匹配。或者，人们在玩拼字游戏时，会移动格子内的字母以发现可能的字词，就像他们用字母在进行拼字一样。这些操作都构成了信息加工的过程，显然它们都超出了大脑，也超出了身体，而扩展到了外部世界。原则上说，我们没有理由认为信息加工只会停留在身体或大脑的边界之内，它会继续延伸到与人们发生互动的世界之中。

以解数学题为例。人们会利用算盘上横排算盘珠的移动来记录数值。也有人或者会用纸和铅笔来解决一个长除法问题，因为很难在头脑中记下十位、百位和千位上的数字。当人们拨动算盘珠子或者用笔在纸上写数字时，他们就已经运用符号表征来解决认知任务（得到数学问题的答案）了。对于瑞蒙德·吉普斯（Raymond Gibbs）等理论家们而言，这个过程"最好被理解为是一个包括了人、设备和环境的分布式认知行为"（Gibbs，2001，p. 118）。

克拉克和查尔莫斯的文章引述的一个例子也得到了广泛的讨论，它是关于两个假想人物印加（Inga）和奥托（Otto）的一个思想实验。他们两人计划在纽约市第53街的现代艺术博物馆见面。印加的记忆正常，他知道前行路线，并且动身前往目的地。奥托则有阿尔茨海默病的早期症状，不能将去现代艺术博物馆的路线储存在正常的记忆中。然而他发明了一个设备，可以记录地图和位置以及去某地的路线。他随身携带该设备，每当在城里走动时，他就常常拿出来查询一下。印加和奥托两人最终在现代艺术博物馆见面了，他们都使用自己的方法到达了目的地。奥托在旅途中几次停下来，查询设备、图示、方位，并不断对比沿途观察到的地标。印加在旅途中则使用了头脑内部储存的方位、地图、表象，也不断比较沿途看到的地标等。印加和奥托在前往现代艺术博物馆时都利用了环境信息，也都比较了关于现代艺术博物馆沿途情况的储存信息和他们实际所在地的情况。唯一的区别就在于，对比身在何处和要去哪里的过程出现在了不同的地方。对印加而言，只需要将她看到的和她记忆中储存的信息进行比较就可以了；而对奥托来说，他需要将所在地信息与储存在设备中的路线图及地图进行对比。

克拉克和查尔莫斯明确要求人们应关注有机体与环境在认知中的因果联系的作用，并特别强调环境在解决认知任务中的重要性：

> 在这些案例中，人类有机体和外部实体在一个双向互动中紧密联系起来，这种双向交互作用产生了一个可被视作为认知系统的耦合系统。这个系统中的所有构成部分都发挥着积极的因果作用，它们以一种认知过程通常运作的同样方式共同管理、控制着行为。如果我们去掉外部构成部分，这个系统的功能就会减弱，就像我们切除部分大脑后认知功能会减弱一样。因此，我们的观点是，这类耦合过程恰好等同于认知过程，而无论它是否全部都发生在大脑之中。(Clark & Chalmers，1998，pp. 8-9)

尽管各种支持扩展认知论的观点之间存在细微差别，但它们都借用了耦合这个概念则是确凿无误的事实。定位的概念也很重要，因为某物是否能成为一个认知过程不是一个简单的位置问题(它在什么地方发生)。如果认知过程是按功能定义的，那么认知过程可发生在任何能实现其功能的事物中，而与它位于空间中的哪个地方没有关系。

这些认知扩展的例子是要说明，只要与环境的恰当互动关系出现了，那么认知过程发生在哪个地方就不重要了。例如，如果奥托丢失了他的备忘设备，他就不能到达现代艺术博物馆。印加能够做到，但奥托就不能。他的备忘笔记本提供的信息的帮助作用，对于他的认知成功绝对不可或缺。事实上，在克拉克和查尔莫斯看来，奥托遵循备忘笔记本存储的信息，而与印加遵守她大脑中储存的信息，这两者在功能上是等同的。因为定位无关紧要，奥托的笔记本就扮演了记忆的作用。克拉克和查尔莫斯的确认为，奥托的笔记本中记录的如何到达现代艺术博物馆的句子，与印加头脑中的内部信念具有相似的功能。内部信念是指那些与我们行为存在功能关联的外显或内隐的信念，我们有时甚至都没能有意识地觉察到或者通达到它们。因此，即使在睡眠时，我们也知道 16 的算术平方根是 4，就像印加即便不去思考，也知道 53 街与莱辛顿大道相交。按照他们的观点，奥托也知道这些，因为他可以像印加查询大脑中的记忆那样，很方便地去查阅笔记本上的记录。

上面所进行的推理在文献中被称为相等原则。相等原则指出，如果过程 x 和过程 y 在信息上和因果关系上是对等的，且能解决同样的认知任务，那么过程 x 和过程 y 就是认知相等的，而无论 x 和 y 发生在什么地方。因为位置无关紧要，所以，如果过程 x 发生在印加当前信念和记忆储存区域的交界面上，而过程 y 发生于奥托当前信念和他备忘记录中储存的句子、地图和方位的交界面上，那么 x 和 y 就是相等的认知过程。

可以将有关耦合的观点划分为两类。Ⅰ类观点将认知主体与环境过程耦合起来，其结果就是，耦合发生之前已存在于主体的某些认知过程向外扩展了。Ⅱ类观点也是将主体与环境过程耦合起来，但其结果是产生了一个先前并不存在于主体内部的新的认知过程，该过程发生于主体—环境的跨界之处。后者有时也被称为"认知整合"观(Menary，2010)。按照Ⅰ类观点，主体现有一个认知过程，主体又因果性地将这个过程扩展到环境之中，因此环境与主体耦合起来了；又因为扩展的过程在功能上等同于主体头脑内部的独立认知过程，所以，被扩展到环境中的部分便也构成了认知过程。持Ⅱ类观点的人主张，在主体与能够完善和补充认知过程的环境进行因果耦合和信息耦合之前，认知过程是不存在的。因此，认知并不是始于主体的头脑然后通过耦合扩展出去的；相反，如果主体没有与扩展的因果及信息环路首先建立起耦合关系，那么就不会有认知过程的发生。无论如何，耦合对于Ⅱ类观点来说非常关键。甚至可以说，如果不与认知主体发生耦合，也就不会出现扩展的认知加工过程。

5.4.2　耦合构成谬误

亚当斯和逢泽(Adams & Aizawa，2010)引用下面的善意玩笑作为其论文的引言：

> 问题：为什么铅笔认为 $2+2=4$?
> 克拉克的回答：因为它与数学家耦合了。

尽管这只是一个玩笑，但它揭示了一个重要的概念上的问题。亚当斯和逢泽(Adams & Aizawa，2001)在文献综述之初就指出，扩展认知的Ⅰ类耦合观令人不屑，尽管一些Ⅰ类拥护者(Menary，2010)并不认为自己的耦合论犯了亚当斯和逢泽所说的谬误，但我们甚至认为Ⅱ类耦合观也犯有同样的错误。

那么，凡是发生在或者耦合到一个认知系统中的东西都属于认知吗？没有理由这么认为。亚当斯和逢泽(Adams & Aizawa, 2008)主张，扩展认知的Ⅰ类论点和Ⅱ类论点都是以如下形式呈现出来的谬论。它们都首先提到"Y是一个认知过程"这个前提，然后加入一个事实，说 X 过程与 Y 认知过程存在因果耦合关系。这一耦合关系或者仅仅为过程 Y 提供了因果支持，或者成为过程 Y 存在的必要条件。然后，它们就试图依此得出结论：借助于耦合关系，X 因此变成了认知过程的一部分(或者说认知过程 Y* 的很大一部分既包括了过程 Y，也包括了过程 X)。但是，通常情况却并非如此。比如，循环过程与认知过程存在因果耦合关系；脑血管中的血流量是神经元生存所必需的，而且没有神经元就没有认知。但很难由此推论说，血液循环过程就是认知过程。人们并不在血液中思考，即便它们是在大脑中流动的血液。非认知过程也是如此。在旧式空调系统里，液态氟利昂在蒸发盘管上面蒸发，盘管与压缩器和空调系统的输送管之间有着因果联结。然而，尽管它们有着这样的耦合，蒸发却只发生在蒸发盘管内部。盘管与环境的任何相互作用都不足以使蒸发过程扩散到周边部件环境中。

在没有进一步论证的情况下人们就不能简单地假定，只要与 Y 类过程有因果耦合，就足以使与 Y 耦合起来的过程变成了一个 Y 类的过程。因此，虽然环境中的因果过程经常充当认知主体的助手或工具，帮助他们解决认知任务，但我们不能因此说这些过程本身就是认知过程。当然，它们或许也构成了认知过程，但无论它们是或者不是，这都不仅是因为它们与解决认知任务的认知主体存在着因果耦合关系。

我们并不否认，认知过程在形而上学层面有可能扩展到身体边界之外，但是基于耦合概念的观点并不能证明认知扩展在真实地发生着。一些扩展认知的倡议者拒绝相等原则，声称他们所提倡的Ⅱ类耦合观可以避免耦合构成的谬误。莫纳瑞(Menary, 2010, p.234)指出：

> 以相等原则为基础的心智扩展理论鼓励批评者，她们要站在这样的立场思考内部认知系统向外部世界的扩展。因此，它一方面暗示着这样一幅图景，一些拥有离散认知主体的认知过程已扩展了到外部世界；另一方面它也

声称，环境具有的认知功能与神经过程的机能具有功能相似性（或者完全相同）。那么，扩展心智观面对的主要问题将变为："外部世界中的过程又是如何获得类似于大脑过程的功能的呢？"

莫纳瑞因而拒绝接受相等原则。他认为，论述的起点应当是主体对外界的操作，而不应是某些向环境渗透的过程，只是因为它们看起来在功能上与头脑中发生的过程相类似。对于莫纳瑞来说，如果没有适当的整合，就不存在向外界渗透的认知过程。

上面的推理由此就变成为：如果向外扩展的过程 X 与具有完整认知的主体 Y 之间有了因果性耦合，那么，由于被因果性地整合到了主体 Y 的过程之中，过程 X 就可成为一个认知过程。但是，这似乎仍然是耦合构成谬误的一种形式。它意味着，因为扩展到认知主体身体和大脑之外的因果过程，能帮助认知主体完成认知任务，所以该过程就是一个认知过程。然而，不能排除如下的可能性，即该过程仅为发生于认知主体内部的认知过程提供了信息和因果支持而已。虽然下面的情形也是可能的，即认知过程是由发生在主体内部和发生在主体外部的两部分过程共同作用的结果，但是，若仅有耦合和整合关系的存在，它们还是不能保证内外共同作用一定会导致认知过程的真实性。

指出上述错误只是第一步，解决此问题的一个更具建设性的方法是要提出一个认知的标记。如果没有区别认知与非认知过程的独立标准或方法，那么认为因果耦合过程构成了认知的论点就是错误的。我们注意到，迄今为止的所有认知构成学说都已将耦合概念作为基础，而不是另外去寻找任何做出区分的标志。这当然并不意味着，与环境的因果互动不可以构成认知过程。恰恰相反，耦合看起来是个合理（若非偶然）的假设。但是，仅仅求助于耦合关系，的确无助于问题的解决。很显然，支持扩展认知的理论家们还没能为究竟是什么构成了认知过程的问题提供出标准。我们将在 5.4.4 部分面对这个挑战。

5.4.3　阻止认知膨胀

除了刚才提到的"认知因果耦合关系与认知构成"引起的烦恼之外，还有一个认知膨胀的问题。认知膨胀是指一旦我们允许认知外展"得寸"的话，那么它就很容易像化学元素铀一样扩散"进尺"。认知加工就会开始突然出现在那些本不应该出现的地方，至少是那些乍一看似乎不应出现的地方。如果认知过程发生在奥托的备忘笔记本中，或发生在人们拨弄的算盘珠子上，又或是发生在拼图游戏的图块上，那认知就会停止在那里了吗？为什么它不能扩展到我们使用的计算器、笔记本电脑或手机中，又甚至扩展到互联网服务器中呢？一旦我们将所有这样的过程都视为有助于解决认知任务的认知过程，那我们又如何中断它进一步的扩展呢？

认知膨胀的问题源于我们没能在认知的因果作用及其构成元素之间划出适当 *146*
的边界。马克·斯普瑞瓦克(Mark Sprevak)(Sprevak，2009)认为，这种膨胀是不可避免的。正如我们前面提到的，他也注意到，功能主义至少在原则上好像允许扩展认知具有这种无限可能性。如果认知是按功能来定义的，而功能界定标准没有明确涉及其位置，或者哪怕是模糊的边界(如皮肤)，那么，认知功能就可以自由地跨越这些边界。文献中记载着大量拥有实现跨越功能的奇异生物。人类在神经联结中编码记忆和信念，而人工智能计算机则用数字模式将它们储存在磁性材料中。如果储存是最为关键的事物，那么就一定会存在这样的生物，它们将碎纸片或卷纸作为心理分类文件系统，用于储存自己的信念等。而如果纸张也可以像神经元或铁磁芯片一样，被当作储存信息的一种媒介，那么纸张究竟被放在哪里也就无关紧要了。图书馆和档案室充满了这种冻结的信息。只需要走进这样一个路径便捷通达的大楼内，充分利用其中储存的文本信息，便足以使它们成为我们信念的一部分。因此，信念要求系统功能具有可通达性，这样的开放性理论会使人们发现，只要图书馆等对其拥有的信息内容具有了适当的可通达性，我们就会相信图书馆(或者互联网)中的一切信息。

扩展认知论面对的挑战就是，要对认知膨胀设立某些限制条件，在对系统产生影响的各种因果因素中，要确定出哪些是来自系统本身的自然部分，哪些又是来自系统外部、作用于其行为的外部因素。批判者认为，认知膨胀是扩展认知论不可避免的后果，避免功能膨胀的最佳方法是根本就不要采用扩展认知论的视角。

扩展认知依赖于能够实现认知功能的颅外(或经颅的)加工过程。如果不存在此类功能，那么事实上认知就是不可扩展的，而且也不会出现认知膨胀的问题。

罗博·鲁伯特(Rob Rupert)(Rupert，2004)为此推论已经提供了一种论证。[1] 鲁伯特主要关注记忆过程。记忆常常被认为是一种尤其容易扩展到环境中的能力。记忆毕竟只是一种储存方式。在这个世界上受过教育、使用技术产品的人群都是储存信息的专家。我们存储的信息量远多于我们知道如何对之加以利用的信息量，而且我们有着无数与它们相互作用的方式。那么，从扩展的视角来看，接受教育获得读写能力便是一种人工记忆技术。

然而，依据鲁伯特的观点，上述推论显得十分草率。它掩盖了人们利用生物性记忆与人们同环境信息进行交互作用之间的重要区别。鲁伯特指出，人类记忆具有特征聚合现象，这使它成为心理学家们给予特别关注的研究对象。其中一个例子涉及所谓生成效应：当被试在完成词对联想任务时，要比仅仅阅读别人写好的句子，更明显地提高他们完成生成句子任务时的成绩。例如，一组被试阅读一个句子，如"奶牛追到了球"；而另一组被试自己生成一个与单词"奶牛"有关的句子，那么后者在完成"奶牛—??"配对任务时就会更加准确。一般而言，生成效应是指自我生成的项目相比他人生成的项目更容易被人回忆出来的现象。使用不同种类的材料和实验程序都验证了这种效应(Bertsch，Pesta，Wiscott，& McDaniel，2007)。第二种例子涉及记忆的负迁移效应，有时也叫前摄干扰效应。在一个经典的实验中，训练被试记忆配对的字母联结(A-B)，然后训练记忆新的配对，其中某些配对的第一构成部分与旧配对相同(如A-C)。负迁移现象出现时被试的表现为：学习有重叠内容的新配对字母的速度，要慢于学习旧配对项目的速度，同时也慢于学习无重叠内容的新配对项目。显然已学会的以A开头的字母配对，会使被试学习另一个以A开头的新配对变得更加困难了。这便是人类记忆中存在的众多干扰形式的一种(Kimball & Holyoak，2000)。

然而，完全没有理由因此做出如下的预期，记忆的扩展形式也会存在同样的效应。人们利用写在纸上或储存在计算机中的信息时，在人脑中产生负迁移的加工过程不太可能发挥出作用。例如，在纸上写下一行信息，其中有些单独条目碰巧与另一行信息中的某些条目相同，但两行信息的加工背后并不存在共同的内在

---

① 关于信念的功能角色的一个相似观点，请见维斯考夫(Weiskopf，2008b)。这个观点同样强调了内部信息加工和外部信息加工之间的功能不对称性。

发生机制，因而它们之间不会相互干扰。类似地，阅读某些句子并把它们储存到外部存储器中，仅涉及使用公共符号进行复制的过程。无论是造句，还是将句子储存起来，所使用的共同符号原本就存在那里。因此，人类记忆加工过程出现的¹⁴⁸独特生成与干扰现象，就不会出现在扩展记忆之中。

鲁伯特据此推断，生物记忆过程和扩展记忆过程极有可能归属于不同的科学种类。它们产生不同的现象，且依据不同的原理运行。这当然与人们经常用来支持扩展认知的一个论点相冲突，该论点要人们承认颅外认知过程的真实性，并坚持说这会为理论解释带来好处。例如，扩展认知可以为认知研究提供一种统一的理论形式。如果颅外加工过程和颅内加工过程在功能上真的完全一致，并同样遵循相等原理的话，那么，可将两个过程纳入单一理论之中，这就会简化我们对认知的理论解释。统一理论既可解释记忆的内部形式，又可解释记忆的外部形式。这自然符合认知科学的长远目标，即它不仅要能了解生物体拥有躯体性和神经性的认知系统，还要了解所有形式的认知系统，无论它们是否位于传统学科所界定的范围之内。

扩展认知理论和传统认知理论之间的争论于是就集中在，躯体边界内外是否存在着认知现象和认知过程的共同领域。鲁伯特提出了一个有说服力的领域类型分割论(见 2.5 部分)：内部记忆过程表现出一种科学活动类型的特征，而外部信息的通达过程，不管是否被看作记忆过程，则表现出了另一种不同活动类型的特征。由于两者之间存在众多的细微差异，因此，能够将它们整合起来的简单统一理论并不存在。故而，认为扩展认知能成功地整合这些功能相异的加工过程的观点是不成立的。在两者之间很难找到它们共同拥有的一组功能，能够为深入而稳健的科学理论探索提供充分的支持。因此，将与外界信息交互作用的嵌入式过程理解为记忆过程，至少是用词不当。同时，这也强烈地暗示着，我们相信两者之间的共性，其实并不存在。

鲁伯特的观点建立在如下的假定之上：那些与生成和干扰相关的认知现象对于人类记忆研究领域来说非常重要。但扩展认知过程没有呈现出这些现象，因此它们不属于同类领域。诚然，正如我们在前面对多重实现的讨论中提到的那样，人们可以在不同精细结构层面上描述认知现象。但在高度精细的层面上，人类的记忆加工的确是由鲁伯特提及的生成和干扰现象来加以定义的。如果想要完整地¹⁴⁹

描述人类记忆的工作原理，就一定要涉及这些特征性的效应。

在回应研究领域分割论带来的挑战时，克拉克(Clark，2008，p. 115)争辩道：
"人们可以接受的理论统一形式并不要求所有系统元素都必须按照相同的原则运作。"符合规范的科学要能够解释混合系统，尽管其构成部分或许分属于不同的研究领域；它要能够描述这些构成部分的相互作用机制，而无须将它们放到任何更高级的系统之中。按照这一观点，所谓"科学只处理统一的研究对象"的哲学名言，不过是一种看似纯真无瑕的神话。例如，生态研究试图解释由多种不同种类有机体和环境构成的系统行为；生物医学科学则包括了神经修复研究，以便明确设计出能与活体组织相容的机械系统。目前不很清楚的是，这些混合研究领域目前难以成为科学，仅仅是因为它们没有一个单一的共同研究对象吗？因此，尽管鲁伯特将颅内、颅外的记忆分开，令它们分属于不同的研究领域可能是对的，但是，也无须因此而怀疑，世上可能存在着同时研究两种记忆过程及其交互作用的统一科学研究项目。

某些颅外过程究竟是不是认知过程的问题，最终并不取决于是否存在专门探讨人类颅内与颅外过程交互作用的科学研究领域。但事实上，确实存在一个被称为以人为中心(或以活动为中心)的设计科学领域，它的目标是理解人类使用技术是支撑背后的原理，并解释技术是如何被人类成功(或不成功)地加以有效利用的。(Norman，2013)。以活动为中心的设计科学将知觉、记忆和运动控制等心理学知识与平面设计、软件编程和电子工程等学科强力地糅合到了一起。然而，这样一个混合领域的存在并没有告诉我们，认知活动在其研究领域中是如何相对分布以及运作的。在接下来的部分，我们将就如何为认知系统划界提供一些积极的建议。

5.4.4 认知的标记

尽管研究心智的"认知科学"这样一门交叉学科已经存在 30 多年了，并且心理科学研究者也已对认知过程进行了长达近一个世纪的研究，然而，到目前为止，人们对于究竟什么是认知过程，还没有达成共识。这也是扩展认知理论的争辩双方所面对的问题之一。如果我们想要知道，与主体的躯体和大脑存在耦合或者超越躯体—大脑边界的任何因果过程是否就是认知过程，必须首先要了解究竟什么是认知。

要说清楚认知是什么，就要借助于认知是一种信息加工的想法。然而，这种想法也仅如此而已。最简单的便携计算器也可进行信息加工，但它们并不是认知系统。这么多年来不断积累的有关信息加工的大量文献，对于解决什么是认知的问题似乎没有提供太大的帮助(Floridi，2010，2012)。

那么，认知信息加工的特殊之处究竟在哪里呢？我们需要考虑心智与自然界其他信息敏感系统之间的差异。哲学中相关争论大多集中于自然语言的语义论题，旨在描述某些事物可以成为一个自然表征的条件。世界上有很多事物都可用来进行表征，最为著名的有语词、图示、地图、绘画、图形和其他的公共符号等。按照英文的惯例，英文单词"cat"代表"猫"；画家杰里科特(Gericault)在一块画布上涂抹颜料，用于表征美杜莎(Medusa)的残骸。但是，这些表征全部都是人类创造出来的，它们的表征能力来源于人类的目标和意图。例如，在法庭上，检察官会使用木质积木代表汽车去重构事故现场，但这并不是因为积木本身具有的内在特征。蓝色的积木当然并不代表蓝色的汽车。相反，恰是检察官使用积木代表某物的意图，才使积木具有了表征的功能。也就是说，符号表征的特性产生于人类的意图和实践活动。

然而，心智的表征能力似乎不是这样产生的。当你形成一个粉红色奶牛的心理表象，或者怀疑自己是否把炉子弄灭了的时候，你通过操纵代表了奶牛、炉子等物体的心理符号，从而在心理上表征世界上的物体和事件。与那些公共的、非心理的符号不同，这些心理符号不具有衍生出来的表征内容。相反，心理符号是原型(或非衍生)的表征。它们表征事物内容的能力并非来自任何人给它们指定了内容。心智是具有表征世界功能的自然系统，它们的表征能力最终是要借用非心理的因果术语加以解释的。

151

一旦生物机体具有了心智，它们就可以创造出公共的表征。公共表征的内容是从具有某种意图的主体的心理表征内容中获取的。例如，当人们可以思考水的时候，他们就会创造出代表水的单词："water"。但在创造出"水"这个单词之前，他们已然可以思考水了。一些理论学者接受该思维语言学说，认为心智符号是先于描述世界及其含义的语言而存在的。思维语言中的这些符号没有衍生的含义，因为最初还不存在任何意义系统能够从外部强行将内容赋予这些思维符号。相反，功能良好的大脑必须依靠自己发展出这些心理符号。现在来对比一下心理符号和那些我们发明出来代表其他事物的东西(罗马数字、阿拉伯数字、二进制运算等)：被发明出来的东西之所以有意义，是因为我们可以用其思考，并用这些符号系统表征我们希望它们去表征的事物。在我们意图中，意义是第一位的，我们发明的符号系统所具有的意义是从我们思维内容中衍生出来的。但是，我们的思维本身却是"无意义的示意者"，也就是说，作为语义初因的心理符号的意义就存在那儿引而不发了。思维语言中的符号在发展出自己的意义之前，是没有任何意义的(至少不是像语义那类的意义)。

在有关自然语义的研究文献中，很多重要的理论都探讨了非衍生意义是如何存在着的。德莱斯基(Dretske，1981，1987)、福多(Fodor，1990)、康明斯(Cummins，1996)、米力坎(Millikan，1984，2004)和很多其他人都对此做出了贡献。① 这些理论的具体细节在这里并不重要，其重要性在于，一旦生物体与自然环境的相互作用时满足了非衍生内容需要的一系列自然的因果条件时，生物机体大脑中就会涌现出一系列可用于思考的符号。这些符号具有表征内容，能够表达命题，还具有真或假的属性。亚当斯和逢泽(Adams & Aizawa，2001，2008)坚持认为，如此这般符号的出现，正是某一过程能否成为认知过程的一个必要条件。因此，认知过程一定含有非衍生的内容。②

152　　　这个必要条件挑战了扩展认知论，因为扩展认知论喜欢引用的很多例子，都涉及使用具有衍生内容的符号进行加工的因果过程。这意味着，按照上述必要条件，这些过程本身是不能构成认知加工过程的。例如，奥托的备忘笔记本中的符号(字词、地图、图表、方位等)都是衍生的内容符号。因为奥托把它们记录到笔记本上，目的是用它们来帮助自己在路途中导航。这些符号的意义都是从奥托自己(或者他人)的心智中衍生出的内容。无论这些符号是否被奥托有意地使用着，或者通过学习进行了社会传播，它们都有着约定俗成的意义。假如具有非衍生内容认知过程的智慧生物体不利用这些符号的话，那么，类似奥托的笔记本中的那

---

① 更多详细内容请见亚当斯和逢泽(Adams & Aizawa，2010)发表在《斯坦福哲学百科全书》(*Stanford Encyclopedia of Philosophy*)中的综述文章。

② 关于不存在非衍生内容的反对意见及其辩护论证，请见亚当斯和逢泽(Adams & Aizawa，2008，第3章)。

些符号就都没有了意义，也不能帮助他进行导航了。这些符号更像是认知过程的产物，而不是认知过程的媒介，就好像某种具有提示或提醒功能的工具，可以帮助奥托想起某些特定事实，但是对这些特定事实的实际心理加工运作，还是只发生在奥托的大脑之中。

另一种整合这种想法的方式是去关注如下的事实，即如同其他自然系统，认知系统也具有内置的界限与维持自身独特性和完整性的方式(Weiskopf，2010d)。以心智为例，它们的自然界限可由传感器和效应器来加以确定。传感器是将环境的能量作为输入，再将它转化为表征输出的一种装置。眼睛中的视杆细胞和视椎细胞，或者皮肤中的默克尔细胞等感觉接收器，就是传感器简单的例子。这些接收器对环境中的光线或者压力十分敏感，当它们暴露于这类刺激中时，就会产生独特的神经反应串，将刺激特征进行编码，并将编码信息提供给上行的信息加工过程。也就是说，它们的功能是将输入信号表征到神经系统，从而使神经系统能够对外界形成一个完整的感觉图像。感觉传感器分布在传统的感觉器官中，同时也分布在能提供身体情况内部感知觉的脏器中。效应器相当于输出端的传感器。它们的任务是将神经放电串转换成肌纤维中的电活动模式。可将这些输出的神经信号看作终端运动指令，它使有机体抽动肌肉，以便做出动作执行其计划。每一种进化而来的生物体都具备某些类型的感受器和效应器，而机器人等人工机体也是如此。

传感器和效应器最显著的特点是，它们形成了生物体心智的表征界限。外界的事物要想进入心智，就必须先被表征。生物体不能表征的事物，也无法对之进行思考。知觉系统是表征外部世界的自然通道，它的作用是将刺激(能量模式)转换成表征。换言之，传感器是表征与原始内容接触联系的起点，而效应器则是表征结束转由动作来接替的位置。

从这个角度看，心智又可被视作被传感器和效应器边界所限定的、非衍生表征内容的发生地。如果没有如此限定的边界，那么人们对于哪些东西"进入"了或"离开"了心智，就不会有明确的认识。在心智是一个表征系统的前提下，

153

只有当外界事件能以某种方式在传感器层面产生影响时，它才可以影响到心智。[①] 同样，排除心灵遥控现象之外，心智只能通过改变身体在世界中的位置来改变世界，并且这些改变还要受到其效应器输出指令的限制。心智和外界之间的这种环环相扣、前后相接的因果关系链可能会涉及很多类型的信息流，但是，只有发生在传感器和效应器边界之内的信息流，才可成为认知过程的一部分。在这个边界之外，或许还存在着一个充满了各种衍生表征的环境，但它们若想要进入心智的话，它们的内容就必须以某种方式作用于适当的感受器，并且被以恰当的方式表征出来，如符号和图像必须是可视的和可解释的，标记和字词必须是可读的。完成所有这些任务的目的是要将环境中本来毫无意义的物理刺激转化成为有自然意义的内部表征。只存在耦合关系和因果性操纵关联，对于构成认知过程是不充分的，与它们本身是否复杂也没有关系。传感器—效应器这个标准为我们在大致符合传统认知系统的位置上划定出了心智边界，并为之提供了理论依据。

5.5　结论

本章为经典认知论中的两大支柱进行了辩护。首先，我们试图强调，高级认知加工系统和感觉运动系统之间存在着明显差别，从而表明了我们反对强具身认知论的态度。其次，我们努力抵制将认知扩展到环境中的企图，从而表明我们也反对扩展认知论的观点。我们主张，认知系统的界限或多或少与心理学研究中的传统对象(个体有机组织)的边界基本相一致。

然而，这些尝试并没有让我们因此而否定嵌入式认知论(或情境认知论)带给我们的启迪。我们引用的经验证据表明，嵌入式认知十分普遍。中央认知系统在解决各种任务的过程中，要经常性地召唤感觉—运动系统的加工过程；知觉和行动是认知加工过程需要加以利用的有效工具，即便它们本身并不构成认知过程。同样，扩展认知的研究者们做出的如下结论也是正确的：传统上被赋予"空白心

---

① 这里我们忽略了直接神经干预的可能性，更多对此和其他并发症的讨论，请见维斯考夫（Weiskopf，2010b）。

理"的很多能力，只有在得到了环境的恰当支持时才会具有功能作用。上述这两种观点对心理学来说都具有启发意义。此外，它们还提供了大量新的研究假设、新的实验方案以及丰富的研究证据。关注认知过程的具身性和环境的因素，会使我们加深对认知功能的理解。也许正是由于与身体和外界紧密联系在一起，同时又保持了自身独立性，心智系统才在这一过程中被加以塑造和标记。

6.1　什么是感觉

心理学家对知觉的研究比对其他认知能力的研究要深入得多，其中视觉研究是目前最为精细的。虽然人们近年来对痛觉（Aydede，2006）、听觉（O'Callaghan，2007）、触觉（Fulkerson，2013）和嗅觉（Batty，2011）等其他感觉的哲学关注迅速增加，但是本章仍将关注焦点更多地放在视觉研究。当然，我们首先要强调一个更一般性的问题，即感觉系统与其他认知系统的区分以及各感觉系统之间的区分。①

至少在西方哲学思维中，人们假定存在着五种独立的感觉。这种传统分类可追溯到亚里士多德，他将感觉划分为触觉、嗅觉、味觉、听觉和视觉。这一观点的合理性具有两个直观的基础。第一，这些感觉与不同的感觉器官有着明显的对应关系。眼睛、耳朵、鼻子、舌头和皮肤是身体上相对突出的部位，它们在调节不同类型的感觉与环境间互动过程中所起的作用不同，而这又都是不证自明的。第二，这些感觉分类与不同的感觉现象之间存在着联系。看见某物与触摸或者倾听某物是不同的经验。正是在解剖学和感觉经验的基础上，亚里士多德对感觉系统的划分得到了相当程度的支持。

然而，这些划分标准并不完美。嗅觉现象与味觉现象常常被混淆，而且人们

---

① 我们在本章的讨论要感谢麦克芬森（Fiona Macpherson）（Macpherson，2011）所做的精细分类。请参看本书其他章节，以便深入了解哲学是如何试图对感觉进行分析的。

也常常难以分辨出究竟是哪个系统产生了特定的感觉。在极端的情形下，如出现共感觉现象时，单一刺激可能同时触发了不同类型的感觉经验。在亚里士多德的分类中，某个单一的感觉器官也会产生不同类型的感觉经验，如皮肤中介了压力感、各种痛觉以及温度觉，这些感觉具有各自不同特点的经验；相类似的，耳朵中介了听觉和前庭感应，它们还涉及了不同的本体感觉现象。另有一些感觉经验并未与特定的感觉器官相联系，如运动觉和饥饿感。所以，感觉经验与感觉器官类型之间并不必然是一一对应的。

感觉器官被认为是专门执行一种特定的知觉任务的解剖学结构。在亚里士多德看来，其任务是产生经验。然而，这一专门化的感觉结构概念还可以进一步细化。感觉可根据其感受器类型的不同而进一步分化。感受器是转换特定刺激的神经元，它将电磁辐射或压力等能量，或者大气中挥发性的化学物质等转化为需要进一步加工的神经元信号。感受器是构成感觉转换器的基本成分，所以感受器最终可以产生关于各种刺激条件的表征。

但是，感觉系统的感受器分类与人们的经验没有内在的联系，因为专门的感受器神经元所追踪的刺激条件并不能被人们直接经验到，如监控血液中 CO_2 含量的化学感应器。虽然我们身体对血液中 CO_2 的水平有着复杂的反应，但是我们很少意识到它的存在。而且，从感受器的分类来看，我们应该有更多的感觉，的确，应该有多于十几种的感觉。仅皮肤就包含了觉察温度、压力、拉伸和不同损伤的感受器。感受器的类型还有助于划分不同物种的感觉系统。例如，鲨鱼能觉察电流，鸽子能追踪地球磁场，等等。

尽管如此，感受器本身既不能产生感觉，也不能让有机体加工感觉模态信息。它们仅仅是指向某种特定类型的近端刺激的输入通道。它们要与知觉系统一起才能发挥作用，由神经和认知结构搭建的知觉系统能够加工由各种感受器输入的信息，将其转换为恰当的心理表征，并释放输出信号，引导有机体以符合所加工信息的方式做出动作。本章的内容将主要围绕感觉系统，而不是解剖形态学上的感觉器官。感觉系统负责将来自各种感受器的信息接收进来，其功能就是将不同感受器表面获取的输入刺激转化为其他认知系统可使用的表征信息。

根据每种感觉所表征的神经末梢的特性类型来确定感觉，是另一种区分感觉的方法。这种表征划分方法假定，每种感觉专门用于传达有关世界某种特征的信

156

157

息。例如，视觉传达有关物体的颜色和形状的信息，触觉传达有关物体的硬度和纹理的信息，而听觉则传达有关声音的音高和响度的信息。然而，需要解决的复杂问题是，每种感觉实际觉察的对象究竟有什么样的物体属性？例如，嗅觉和听觉的觉察对象似乎很难确定。而且，一些物体的属性可能由多种感觉所觉察，如形状便是一个"共同可感觉到"的属性，视觉和触觉都可以用来知觉形状。(当然，也许视觉感受的形状和触觉感受的形状并不是物体完全相同的特征，但对这一观点目前仍然存在争议)。

尽管存在以上困难，但是将感觉作为表征远端特征装置的想法仍然是吸引人的。知觉的目标不仅仅是在外界刺激到达感受器时告诉我们相关世界的信息，更要让我们知道(内部和外部的)环境中的物体、事件和特征的信息。在功能独立的系统中将远端特征的各种表征分离开来，而这些远端特征能量信号则分别由相关的感受器收集并输送给各感觉系统。

最后，如果感觉可由其所加工表征的远端特征信息加以区分的话，那么这当然有助于解释感觉现象之间的差异了。因为，尽管现象也许并不能被完全简化为表征，但我们具有的不同类型经验之间的差异或许可归结为表征的差异。看到空间中色彩的经验，不同于触碰到物体硬度的经验，因为它们两者表征了不同的特性。

我们已获得若干划分感觉的可行标准：①它们是加工信息的独立系统；②它们有指向特定近端刺激的感受器；③它们表征不同物体和事件的远端特征；④它们与不同的现象相联系。人们还提出了其他一些可能的标准，如感觉是模块化的系统。但就像我们在第3章中了解到的那样，这一观点在两方面都存在着问题：一方面，可能存在着不具有感受性的中央模块系统；而另一方面，可能几乎没有或者根本就不存在着模块系统。

然而，上述这些划分标准可能并不完全符合事实。例如，存在着一种被称为假体视觉的现象。在某些情况下，可以用镜头替代一个人受损的眼睛，它亦可利用常规的视觉细胞输入通道将信号传递到视觉皮层。感受器在这种情况下已经完全不同了，但是系统的其他部分则依然如故。若将这种现象也称为视觉，应当是合理的。另一个例子是由保尔·巴赫-伊-瑞塔(Paul Bach-y-Rita)(Bach-y-Rita & Kercel，2003)进行的感觉替代实验。实验者把照相机连接到一个图像转换器上，转换器再将镜头上的视觉图像转换成格子状的触觉模式。触觉压力的分布与图像中不同点上的光强相一致，从而使"触觉的图像"变成一种视觉图像的低分辨率的映射。但这还是视觉吗？目前尚不能够确定。尽管这一现象与假体视觉肯定不同，但人们或许还是会接受它为视觉的。虽然输入模式不同(压力与光线)，神经系统对感受器上的刺激产生的反应也不同，但无论怎样，被试都能利用所接受到的信息来探索三维世界。

另外一些具体的标准区分特征也可被去除或被代替。例如，被称为盲视的著名临床综合征主要是由视觉皮层(V1区)受损引起的。它表现为，患者在特定的环境中仍有视觉分辨能力，但是缺乏对视知觉的意识。所以，病人不能报告出受损区域所对应视野中出现的任何东西，但是，如果给他们在盲视区域呈现简单的几何图形(十字形或圆形)，并要求他们对该区域中呈现了哪种图形做出迫选决策时，他们选择的正确率要显著高于随机水平。因此，至少仍有一些视觉信息在完成某些任务中是可加利用的。虽然这种症状与感受器完好，但加工信息的感觉系统受损时所出现的现象十分相像，但是，病人正常视觉应产生的现象仍然出现大量缺失。

动物行为学提供的许多案例也显示对感觉进行分类并不容易。毒蛇具有很小的感热器官，这使它们能够追踪当前环境中的热源或近期出现过的热源痕迹。这是否构成一种"热视觉"呢？这类感受器不同于人类的视觉感受器，它们所反应的光谱频段也与人类的完全不同。考虑到灵长类动物和爬行动物蛇之间在进化谱系上的差异，它们之间在认知机制上很可能也是完全不同的。蛇的感觉系统的特征与人类视觉的表征特征只有部分重叠：蛇追踪的是与热源的距离，而不是颜色或具体的形状；它们追踪的温度是人类视觉不予关注的。蝙蝠的回声定位系统同样令人困惑，它感受的是压力波，其感受器和感觉系统是听觉通道谐调的，但它在空间中飞行时却好像使用的是视觉系统。此外，还有一些动物的知觉模态很难与人类的感觉建立起联系，如鸽子的磁场追踪系统和鲨鱼的电场觉察系统。在所有这些案例中，人们很难确定与感觉相关的现象究竟是什么，甚至都不能确定是否存在着这种关联。

鉴于存在着以上各种扩展的、受损的和动物的(或异于人类的)感觉系统，我们可以确定的是，人类的感觉并不是唯一可能的系统。同样，由于在人类视觉表

159

征和其他种类的视觉中的刺激特征可能不相一致，因此将感觉分类的标准并不总是整齐划一的。在一些极端的情况下，一种现象是否可被称为视觉，其本身也成了问题。鉴于本书的目的，我们将先考虑如下的视觉原型，它是由存在于正常视觉现象中的特征加以定义的。之后我们还会由此做出一些类推扩展，将某些与该视觉原型具有相似性的系统也称为视觉。在有些情境中，我们根本无法确定某些现象是否为视觉(或者触觉、嗅觉等)，那么，我们所能做的就是去关注这些感觉所具有的特点，并试图按其本来面目加以解释。虽然这可能会使感觉类型变得很宽泛，但看上去还是完全合理的。我们不应当让有关感觉的客观分类词汇被束缚在根深蒂固的亚里士多德五分类之上，也不应被有关感觉的形容词汇束缚住，因为该词汇分类系统受到了亚里士多德通俗五分类法极大的影响[参见纳德兹(Nudds，2004)的相反论述]。

6.2 巨大视错觉

我们先来描绘一下关于人们观看世界日常经验的一些事实。虽然这些事实也像描述所有现象那样存在争议，因为其他人或许会得出不同的经验描述，但它们仍然具有足够的概括性和合理性，故而可以成为我们讨论的初始基础。

首先，我们的视觉经验十分精细。我们所聚焦或关注的那部分世界充满了视觉的细微之处，而且，这些细节在所有方向上或多或少都是连续延展的，它们只是在视野边缘才开始模糊起来。如果我们将视野想象为一张油画，那么它的每个部分同样都是用精细的画笔和丰富的调色板绘制而成的。无论这些细节是否被关注到，它们都丰富细致地支撑着整个视觉，环境的每一个部分每时每刻都同时存在着。与此相关联的是，丰富的细节构成了一种连续的信息流，从而使视觉的准确性不可能出现巨大的落差或错误。视觉经验的这种连续而生动的细节最终让人们感觉到了究竟什么是可见的世界。

我们的视觉经验被认为具有细节丰富性、范围连续性以及内容大致准确性等特点。这些特点与我们如何看待自己的经验密切相关。首先，我们可能要问，经验真的如同它们看上去那样吗？我们的经验真的具备了所有这些特性吗？如果我们把它本不具备的特性也赋予了视觉经验，我们是不是就会为某种错误或错觉打

160

开了缺口？若如此，不就表明我们在描述经验本身的特征时会出现系统性的不准确或者错误吗？第二个问题是，假定我们的经验真具有这些特征，那么它们在视觉系统加工的内在表征中会得到或多或少的反映吗？换句话说，这些加工过程和表征本身不是也应具有同样的丰富性、连续性和准确性吗？当然，对后一个问题的回答与我们认知系统的功能有关，而与经验本身并没有直接的关系。

视错觉的产生存在两种可能的途径：①它可能产生于我们的经验特征与我们描述的经验特征之间的差异；②它也可能产生于我们的经验与经验背后的认知加工过程之间的差异。有关我们的视觉世界就是一个巨大错觉(a grand illusion)的假说，正是用以解释这两种差异可能性的理论。[①]

几种现存的证据链似乎都支持巨大视错觉的假设。证据之一是被称为变化视盲的现象。它是指人们存在着一种普遍的倾向，会忽视他们视觉场景中出现的巨大变化(Simons & Levin, 1997, 2003；Rensink, 2002)。这一现象在许多情况下都发生过。人的眼球持续运动，会对场景的不同部位每秒扫描数次。如果视觉场景在眼球扫视过去时发生了变化，该变化通常就会被忽略掉。在一项研究中，让被试阅读这样一行字母：AlTeRnAtInG cAsE。在他们移动眼球阅读的过程中，字母的大小写发生了转变(小写字母变成大写，大写字母变成小写)。然而，没有一位被试注意到字母的变化，他们的阅读时间也没有因此而明显延长(McConkie & Zola, 1979)。使用更为真实的图片作为刺激材料时，上述效应也得到了重复验证。实验图片中房子、汽车、植物和其他普通物体的特征都发生了改变，但也都没有被人们注意到(Mccomkie & Currie, 1996)。

扫视范围之外的场景变化也会引发变化视盲。闪烁范式的研究按顺序闪现一个场景以及该场景的某种变式，并在两者之间插入一个空白(或其他一些插入刺激，如掩蔽了部分场景的泥点等)(Rensink, O'Regan, & Clark, 1997)。通常被试要花费相当长的时间，才能察觉到闪现场景之间的主要变化，如有引擎的飞机和没有引擎的飞机。即便变化发生在高度真实的场景图片之间，且变化就发生在闪现插入刺激的过程之中，被试仍然无法觉察到图片发生了变化。最引人注目的例子之一是，在一个研究中，一位声称迷路的人在校园叫停一位学生问路。在他

161

---

① "grand illusion"一词语可能源自诺、徘索阿和汤姆森(Noe, Pess, & Thompson, 2000)。

们交谈过程中，两名工人抬着一扇大门从两人中间穿过。当学生的视线被门板阻断时，问路者会与抬门的一名工人交换位置，由这名工人替代了问路者，佯装自若地继续与学生交谈。出乎意料的是，即使前后两个问路者在衣服、头发和整体的外表上存在着差异，许多学生仍然没有注意到与其交谈的对象已然是两个完全不同的人了。

第二类证据来自对无意视盲的研究(Mack & Rock，1998)。顾名思义，无意视盲是指当正常的注意被抑制、重新聚焦或被打断时，人们不能觉察到视觉场景中某些特征的现象。在一项实验中，要求被试注意检查视觉呈现出的十字，判断十字的哪条臂更长。呈现十字的时间很短，之后紧随着再呈现一个掩蔽刺激。因为十字的两个臂长短差异微小，且呈现时间极短，因此完成这一任务需要被试集中注意。在一些实验任务呈现时，有一个附加的刺激(如彩色的或运动的条形，或其他几何形状)会与十字形同时出现。事前没有告知被试会出现附加刺激。结果显示，被试通常会完全注意不到它们。当十字出现在视觉中央注视点，附加刺激出现在视觉边缘时，有25%的被试没有注意到边缘刺激。更令人惊讶的是，当十字形出现在偏离注视点中心的地方，而附加刺激正好出现在注视点中心时，还是有60%～80%的被试没有注意到附加刺激的出现。

无意视盲现象也令人惊讶地出现在自然情景中。著名的"我们中的大猩猩"实验中(Simons & Chabris，1999)，要求被试完成一项需要多重注意的任务：先让他们看一段视频。视频中有两队球员，穿白衬衫和穿黑衬衫的队员来回快速地传递着一个篮球。视频中的两队画面有一些重叠，造成了一种两队人员和传球相互重叠、穿插的"鬼影重重"的复杂视觉场景。实验要求被试计算每个队总共传递了几次球。在这样复杂的场景中间，一个穿着大猩猩服装的人大步迈进球场中央，停留一会儿后离开。结果显示，有73%的被试没有看到大猩猩穿行过球场中央。在其他一个类似的研究中，也有超过一半的被试没有注意到有一位打着伞的女子走过了球场。然而实际上，如果不要求被试完成需要集中注意的任务，那么这些穿行的人物就完全是显而易见的。可见，注意的压力似乎导致了选择性盲视，这一结果类似于由不同类型的视觉闪烁和掩蔽所导致的盲视现象。

那么，上述现象都支持了巨大错觉假说了吗？让我们再次区分出两种可能性：一是经验的巨大错觉(experiential grand illusion，EGI)，二是表征的巨大错觉(representational grand illusion, RGI)。前者涉及经验是什么，以及我们如何看待经验之间的差异；而后者则涉及视觉经验与视觉系统内在表征及其加工之间的差异。有关经验的巨大错觉(EGI)的代表性解释引述如下：

> 对于视觉世界的多姿多彩及其"存在"，我们都留有主观印象。但是，世界的多彩及其存在实际上是一种由以下事实产生的错觉：如果我们弱弱地问自己一些有关周边环境的问题，那么，其答案会从我们视网膜上的感觉信息中立刻蹦跳出来，或许还会被眼睛的运动渲染一下。(O'Regah, 1992)。

> 意识最引人注目的一个特征是它的间断性——就像盲点和扫视缺口等这些最简单的现象所揭示的那样。然而意识的间断性之所以令人惊讶，恰恰正是因为意识看起来具有显而易见的连续性(Dennett, 1991, p.356)。

在以上两种情况中，意识经验本身的主观特征最值得注意。另一方面，有关 *163* 表征的巨大错觉(RGI)的说法引述如下：

> 如果我们不对环境每个细节都具有翔实和一致的表征，那么我们为什么会有如此强烈的印象并认为，正是这些表征构成了我们视觉经验的基础呢？(Rensink, 2000, p.18)

上面我们对比了视觉经验和视知觉背后的表征机制。显然，视觉留给我们的印象与产生这些印象的认知系统结构并不匹配。那么，研究证据是支持经验的巨大错觉说，还是支持表征的巨大错觉说呢？

让我们首先来考证表征的巨大错觉说。有些人怀疑，前述研究证据难以支持表征错觉说，因为并不是人人都相信内在表征是视觉经验的基础。表征及其加工过程内在于我们，是观察不到的。认真想一下，这好像也有道理：如果内省可以揭示视觉工作的原理，那么我们似乎就不需要心理实验来做同样的事了，况且用来解释视觉经验的心理学理论大多也不为非专业人士所了解。但是，如果没有了这类支配性的元认知信念，我们又如何让人们理解"人人都存在视错觉"的说法呢？若人们不再相信内在表征支撑着我们的经验的话，人们就会很难理解"错觉出于表征"的可能性。

这一怀疑论点到目前为止还算是正确的。尽管人们对于经验本身有着通俗的信念，但有关表征和认知加工的观点主要还属于科学心理学而非大众心理学领域。非专业人员通常并不在意这些概念。然而，如果我们考虑到经验具有的连续、统一和细致的特征，而构成经验基础的表征却有着片段和不完整的特征，那么它们之间的巨大差异就一定会造成错觉。这也就是说，错觉的出现或许包含了经验本身与产生经验的内在机制之间的差异。[①]

当然，并不是每个这样的差异都造成错觉。当我们说经验是错觉时，这通常意味着，我们知觉到某物具有了它实际并不拥有的一些特征，如错误的形状、大小、表面轮廓、温度等。大致上说，当经验呈现给我们某种事物原本没有的特征时，我们就说这种经验是错觉。但经验并没有以这种方式告诉我们任何有关经验背后机制的信息，而这显然就偏离了其主要任务，经验应该向我们呈现世界原貌而不是经验自身。我们的经验依赖于其背后的机制，却无法经验这些机制。在真正错觉出现的情况下，我们的经验只不过是对那些正在被系统错误知觉到的对象的经验。

因此，从以上论述来看，机制上的错觉似乎不存在。当然这并不意味着经验和机制之间不存在任何重要而显著的差异，也不意味着两者之间的差异不需要加以解释。如果经验确实具有相应的丰富性和连续性，那么我们就需要解释，在如此简略概括的表征机制的基础之上，如此丰富和连续的经验又是如何成为可能的呢？这个问题自然就再次将我们的关注点聚焦到了有关经验本质的假说上来。

经验的巨大错觉就是这样一个强有力的假说。它假定，正是人们对自身经验的元认知意识，才令经验到的特征出现了惊奇而巨大的错误。特别是人们都相信，经验充满了丰富的细节，而且具有连续性和准确性。那么，前面提到的那些实验否证了这些假说吗？现在我们来逐一分析。如果我们的经验每时每刻都抓住了世界的细节，那么为什么在闪烁范式实验中的被试却难以觉察对象出现的巨大变化呢？为什么学生们在一个极短的视觉阻碍之后，不能注意到交谈对象已经变成了另外一个人呢？如果我们的经验具有连续性的话，那么为什么在眼睛扫视时

① 这与壬辛克所引用的以下观点相一致，即"印象"是得到一种特定类型的表征支持的经验。

刺激出现的变化(扫视本身并未被觉察)没有引起我们的注意就闪现过去了呢？如果经验总体上是准确的，那么，当我们了解到被试没能察觉到那些直接呈现在注视点上的物体，或者被试忽视了从屏幕中直接穿过的披着大猩猩服装的人时，我们为什么还会如此吃惊呢？

每当将这些研究结果告诉人们时，大多数人都会觉得奇怪无比。人们对于自己或其他人被以这样的方式欺骗的可能性，常常会做出系统性的低估(Levin, Momen, Drivdahl, & Simons, 2000)。所有这些结果似乎都支持了经验的巨大错觉假说。然而，阿尔瓦·诺、徘索阿和汤姆森(Noë, Pessoa, & Thompson, 2000)对此并不太赞同。他们认为，我们大部人不仅没有如同 EGI 描述的那般形成对经验的信念，而且当我们密切注意自己的经验后，也会确信它们是错误的："我们(普通人)通常都相信我们知觉到的所有环境细节，就像所观看到的一幅固定图画一样，会保持着相同的精细度和清晰度。但显然这种说法是对知觉经验的特征做出的错误描述。"(p. 102)比如，凝视窗外时，我们会意识到视野在敏锐度上是逐渐变弱的，而不会一直清晰下去；当我们的视线固定并保持静止时，对物体色彩和细节的经验也会从视野边缘部分慢慢溜走，只在模糊的海洋里留下一个微小的凹形小岛。再如，当人们知道艺术家和魔术师的把戏后，会感到很沮丧，因为发现自己在实验情境中所犯的错误实在是太令人难堪了。

所有的这些挑战都源自人们的假定，即经验扮演着某种功能角色。如果我们将丰富性、连续性和准确性这些特征赋予意识到的经验，那么这些特征也应该在由经验引发的行为中反映出来，也就是说，这些特征应该用于被经验指导的行动中。如果我们假定，在上述各种实验研究中，意识经验确实指导了被试做出了的各种视觉判断和行为，那么，实验结果就表明，经验至少在某些时刻不是那么精细和准确的，甚至会出现间断跳跃。

关于巨大错觉各种不同类型的研究带给我们的提示是，经验和行为之间存在着几种可能的关系：

(1)经验是丰富的，但它们并不必然是我们行为丰富性的原因。

(2)经验是丰富的，但它们的丰富性在指导和产生行为时并非完全可以通达。

（3）经验是贫乏的，也因此对我们的行为负责。

还有一种可能性则可以完全被排除，那就是经验的丰富性具有梯度，因此不同的丰富性产生了不同的行为。但如果这种可能性真成立的话，那么上述实验结果中出现的许多差异就将难以解释。所以，只剩下了上述三种可能性。

6.3 双视觉系统和经验的作用

关于经验的因果作用，不同的理论和实验研究给予了略显不同的支持。这些研究多聚焦于人类视觉系统的大规模组织形态上。我们首先介绍一个著名的观点。它认为，视觉系统并非内部统一的；相反，它是一个复杂系统，包含了许多相互联系的子系统，每个子系统都专门负责自己的加工领域。支持这一观点的证据已经积累了近一个世纪的时间。对视觉缺陷的早期神经学研究表明，损伤或者损毁视觉功能的一个方面，但又保持视觉其他功能的完整性是可能的。1909 年，巴林特(Reszko Balint)描述了一例双侧顶叶中风的病人。病人有如下症状：①动作失认症，他只能在一个时间、一个情境中辨识不多于一个简单的完整物体；②注视麻痹，他不能自主地将视线转向新的目标物或方向；③视觉失调，他不能准确地伸手去拿在视觉中呈现出的物体。以上三种症状共同构成了巴林特氏综合征。

关于视觉系统最高级组织结构的现代主导理论认为，视觉系统包含了两条视觉加工通路。视觉过程以视网膜上进行的复杂加工为起点。它将输入的光线转化为神经信号，然后将这些信号传递到丘脑的外侧膝状体，再传递到视皮层 V1 区。从 V1 区开始，视觉通路指向了两个不同的方向。一条加工通路向背侧传递，另一条加工通路则向腹侧传递。背侧传递的通路经过中颞叶区（middle temporal area，MT）到达后顶叶皮层；腹侧传递的信号经过视皮层的 V4 区到达下颞叶皮层。这两条传递通路在相关脑区内部紧密联系，但是在相关区域外部则联系不那么紧密。因此它们是具有共同的神经起始点，但在解剖结构和功能上又相对独立的神经单元。

最终确定这两条视觉通路的工作来自米什金（Mishkin）和昂莱德（Ungerleider）的研究。他们在一系列研究中选择性地破坏猴子的下颞叶皮层或后顶叶区域。不同区域的损伤对猴子完成视觉任务的影响不同。下颞叶皮层的损伤会影响视觉模式识别任务的成绩，而顶叶的损伤则破坏空间标记辨别任务的成绩。前一项任务主要是识别知觉到的物体的类型；而后一项任务，至少从实验结果的最初解释上看，与识别空间中物体的位置有关。因此这两条通路是与不同解剖结构相联系的两种视觉活动，表现出双分离的现象。通过局部损伤的研究模式，这两条视觉通路被分别冠以"是什么"（腹侧）和"在哪里"（背侧）通路的名称。

将这两个区域表述为"是什么"和"在哪里"通路，表示两个视觉区域代表了不同的属性。然而，这种正式的对两大通路的标准化解释，也受到了一些研究的挑战。这些研究揭示出两个通路都存在着一系列的缺陷，从而暗示着可能还存在着另外的功能组织。

米尔纳（Milner）和古戴尔（Goodale）开创了这些研究，他们研究了一位名叫DF的病人。DF在34岁时一氧化碳中毒，这导致她的枕外侧皮层双侧受损。这些脑区负责早期的视觉加工，属于腹侧传递通路。损伤导致DF产生了视觉形状失认症，无论物体的轮廓是由颜色、运动决定的，还是由深度线索决定的，她都不能稳定地识别出几何形状、普通物体或者人脸。但是，她仍然能够知觉和经验到颜色、纹理、运动与深度，当然前提是这些属性只属于中性的、不似物体的刺激。例如，她能够识别类似自然场景丰富色彩的风景画，但是不能知觉风景画的形状和朝向，因为这一知觉过程需要将视觉刺激整合或组织成为一个完整的总体。

尽管她有形状和物体识别方面的缺陷，但令人惊讶的是，她仍然能够完成精细的视觉任务。她不能够正确识别对磁盘上投币口的角度，但如果在她面前放置一个有多个不同角度投币口的磁盘，她就可以用手将一枚枚徽章通过投币口投入磁盘中（该动作与向邮箱投掷信封的动作类似）。也就是说，询问她投币口的朝向时，她看起来是在进行猜测，但是她仍然能够准确地通过视觉来指导手的投币动作。同样，她能正常地伸出手并捡起各种光滑的矩形物体。显然，她像正常人那样能从同样的角度去抓取物体。这表明，她能用一些视觉信息来觉察有助于进行操作的物体位置。然而，面对成对出现的这些物体时，她就不能令人信服地判断出两者之间的异同。她对物体的经验令其对物体的属性不能进行有意识的判断，即便她的抓取动作看起来是由视觉指导进行的，而其视觉又符合抓取物体的属性。她的抓取行为表现出的许多特征与视觉正常者完成同样动作相一致。例如，她可以依据物体的不同位置调整自己手指开合的大小，以便在接近物体时能够更准确地做出抓取动作。但是她准确抓取物体的反应受到时间和空间的限制：当目标物体被移走，或者在她看见目标物和抓取物体之间插入一小段空白时间，她就不能做出准确的动作了。

　　视觉引导的准确动作和受损的物体识别视觉共存的现象表明，关于视觉通路的功能应该还有其他的假说：腹侧通路负责物体和空间的知觉，而不仅限于识别物体"是什么"；而背侧通路则负责动作的视觉引导，而不只是识别物体"在哪里"。虽然两条视觉通路共享空间分布或"在哪里"的信息，但这一信息在两条通路中被加工后会用于不同的目的。腹侧通路用它来识别知觉者周边的空间分布并进行分类，从而进一步提供给不同的加工过程，如推理和意识等。背侧通路则用它完成特殊的任务，即使用主要的视觉信息对动作进行直接控制。这一任务不依赖于对周边环境的详尽了解和分类，更重要的是，它也不依赖于意识。因此两条通路的功能差异对视觉信息的编码方式产生着影响。背侧通路对信息的编码是自我中心的，也就是说，它以知觉者的身体为中心对物体的位置和大小进行编码。了解这些关系信息对于知觉者对物体做出有效动作十分重要。而腹侧通路的信息编码则以分布为中心。它不关注物体的绝对大小和细节，只关注各个物体在空间中的关系，这些关系独立于知觉者的位置。这样的信息与完成分类和推理任务密切相关，因为后者只涉及物体是什么，而不关心物体与知觉者的位置关系。

　　米尔纳和古戴尔(Milner & Goodale, 2010)因而又将这两条视觉通路分别称为"动作视觉"和"知觉视觉"。来自视觉失调的相关研究对这种区分假说提供了进一步支持。让我们回顾一下前面提到过的巴林特氏综合征，它主要表现为视觉运动协调受损，特别是患者不能触及和抓取看到的物体。患有视觉失调症的病人无法完成患者 DF 很容易就能成功做到的"邮箱投币"任务。他们捡拾物体的动作也不正常(虽然触及动作的异常和抓握动作的异常很可能是分离的)。这表明：视觉运动过程不同于物体识别，它们的受损结束也是各自独立的。物体失调症患者的物体识别功能完好无损。最后，视觉运动协调与知觉意识相分离的证据也可在正常被试身上看到（Aglioti，DeSouza，& Goodale，1995）。艾宾浩斯错觉是指，人们在看一个圆形时，其周边或者出现一个小的圆环，或者出现一个大的圆环。较小的圆圈出现时，中心圆看起来要比较大圆圈出现时大了很多。然而，当要求触及并拿起中心圆时，这些正常被试会按照其实际大小，而不是根据知觉到的大小来自动地调整手指的开合度。在对其他类型视错觉进行的研究（Goodale，2008）中，按照实际半径而不是知觉到的半径抓取目标物体的现象，也都得到重复验证。这表明，触及和抓取动作的视觉控制过程不同于负责意识知觉、物体识别和物体描述等的视觉控制过程。

两条视觉通路具有不同功能的假说也遇到了一些反对意见，反对的证据也出自患者 DF 的表现：她有时对所呈现的形状做出异同判断的正确程度令人惊讶。例如，当同时面对正方形和矩形时，尽管 DF 并不能正确说出哪个是正方形，但她有时能够正确地拿起正方形（Murphy，Racicot，& Goodale，1996）。这可能表明，DF 的位于背侧通路的物体识别功能并未受损。更进一步的考察显示，DF 的策略似乎还使用了动觉或运动意识：她可以意识到自己的手指开合了多大距离，并将这一信息作为线索用来判断她所触及的物体是矩形还是正方形。这一假设得到以下事实的支持：如果同时允许她伸手对物体做抓取动作，她甚至能够准确指出哪个物体是正方形（Schenk & Milner，2006）。在以上两个例子中，DF 使用了运动想象提供的宽度线索或者手指触觉反馈的信息，从而对物体做出了正确的辨别。

安迪·克拉克（Andy Clark，2001，2007）指出，双视觉系统假设挑战了基于经验的控制（Experience Based Control，EBC）假说：

> 有意识的视觉经验以一种富于梯度的方式为主体呈现世界，这种呈现方式十分精细且其精细程度也许超出了我们的理解或者想象。也正是因为具有了精细的优势，视觉经验特别适合于并通常被用于控制和引导需要精准协调、切合实际的动作。（Clark，2001，p. 496）。

这一假说不仅具有广泛的哲学基础，而且看上去也具有解释意义。就像前面部分指出的那样，当我们知觉世界时，我们似乎能够意识到物体及其属性带给我们的丰富的知觉组合。正是这种通常难以被描述和理解的知觉意识，使我们能够以特殊的方式对世界采取行动，如拿起杯子喝水，将硬币投入自动贩卖机，拦截并接住被投掷的物体，等等。

但 EBC 假说在解释两大视觉通路功能分工事实时，便受到了挑战。腹侧通路功能受损的病人似乎伤及了他们对视觉世界的意识经验。他们在形状、物体和质量等不同方面表现出视觉失认症，这使他们无法对呈现在自己眼前的世界具有正常的意识和认识。然而，就像 DF 患者一样，他们仍然可以用恰当的方式对环境采取动作，至少在执行动作的互动环节时似乎并不需要有太精细的意识知觉的参与。因此，动作执行看上去可能独立于视觉经验。

如果这是正确的，那么它似乎就推翻了上述将经验作为部分核心功能的观点。如果经验不能帮助我们认识这个世界，那么它们存在的目的何在呢？克拉克故而又提出了基于经验的选择（experience based selection，EBS）假说，来代替 EBC 假说：

> 有意识的视觉经验向主体呈现世界的形式，适合于那些在推理和记忆基础上选择出来的动作（Clark，2001，p.512）。

根据 EBS 假说，经验在引导动作方面的确起着作用，但是，这一作用只会出现在比先前 EBC 假设水平更高的层面上，更像是发生在董事参与层面，而不是工人参与层面。经验帮助人们决定如何对视觉场景进行恰当分类，以便能够从记忆中提取出与该场景相关的存储信息，并在此基础上形成详细的动作计划。经验为有意图的动作在较高层面进行的组织与计划提供了输入信息，但经验不是执行动作的实时控制者。这种认知负荷分布的观点与米尔纳和古戴尔的观点相类似。后两者认为，腹侧通路用于识别和选择目标物，而背侧通路则用实时执行指向特定目标的行为。因而背侧通路对于腹侧通路的功能而言，似乎是一种进行远程控制的"远程协助"系统（Milner & Goodale，2006，p.232）。

最后，还要对上述假说做一点补充，即需要回答两个视觉通路的功能如何相互协调行动的问题。腹侧或背侧通路都不能单独产生动作，要完成这一任务，需要有与推理和计划相联系的高级认知能力参与进来，以便能够选择出恰当的目标和可用的手段。两个视觉系统所做的只是为完成视觉—行动任务提供系列信息资源。可以确定的是，除了更高水平的计划系统之外，两条视觉通路之间也需要更加复杂的联系。举例来说(选自 Milner & Goodale，2006，p. 229)，拿起一把刀或螺丝刀，不仅需要准确抓住物体，而且需要找到正确的抓握位置——刀柄。仅从背侧通路是无法得这一信息的，还需要相关的语义信息，如知道握在手里的物体是什么，以及它具有什么属性等。所以，即便是抓握日常物品的动作也需要两条视觉通路之间的协调才能完成。

尽管这些研究并不能直接帮助我们解决前面提出的问题，但是它们确实对经验控制的观点提出了疑问：意识到的经验是产生行为的直接原因吗？无论经验本身是丰富的，抑或是贫乏的，它们都不能直接指导大多数作用于环境的视觉动作。

6.4 视觉与意象

现在我们将对视觉本身的关注略微扩展到其他形式的视觉认知上。我们不仅有看世界和用视觉指导动作的能力，还具有想象视觉场景的能力，以及为推理、计划或纯粹的娱乐而在内心创设视觉场景的能力。先来讨论一种特殊形式的想象，即对物体、场景和事件的特殊视觉图像(当然除此之外还有其他形式的想象)的能力。我们可以想象某件事存在着，却没有关于它的任何视觉内容。例如，我们可以想象出一个相对论不能成立的世界，或者想象出尼克松坚持不辞去总统职务的情境。这两种想象中都没有包含任何视觉经验，它们更像是一种"世界可能是其他样子"的假设或信念。科瑞和瑞文斯克罗夫特(Currie & Ravenscroft，2002)将其称为信念式想象。

另外，许多想象活动的确有视觉或者更一般性知觉的参与。在尝试将一件家具搬入新公寓房间时，人们通常需要确定这件家具是否可以从门口进入。这就需要视觉化这样或那样搬动家具的过程(而不是采取需要花费大力气的尝试错误的搬运方式)。这类想象被称为知觉式想象。描述这些心理状态时通常涉及意象。

我们用意象一词指代知觉式想象的现象，用表象一词代表我们在意象过程中操作的心理表征。

　　罗吉尔·舍帕德(Roger Shepherd)在 20 世纪 70 年代进行了一系列心理旋转现象的研究，标志着当代对意象系统研究的复兴。舍帕德和梅茨勒(Shephard & Metzler，1971)为被试呈现出复杂的三维线条配对图形，要求他们确定成对图形是否相同。在一些图形对中，一个图形是由另一个图形旋转形成的；而在另外一些图形对中，两个物体不能够通过旋转相互重合。其中一些物体只需在平面上进行简单的旋转，就能与匹配的图形相重合；而另外一些物体则要在三维空间中进行旋转才能与匹配的图形重合。十分显著的结果是，在匹配这些成对的图形时，被试做出两者相同的判断反应时，与图形达到重合时需要旋转的角度构成了线性函数。在这些研究中，因为知觉并无实际的变化，所以，被试完成这些任务时一定利用了视觉意象的能力。

　　这些研究为关于心理意象的图像理论提供了最初的启发。图像理论对于表征产生和使用表象的潜在过程有两个假设。第一，表象是以图像化的表征形式编码的。可以认为表象就是心理图像，在图像中组织起来的表象构件在空间距离上与其描画的实际物体或场景相对应，也就是说，表象保持了空间距离信息。所以，被表象的物体的每一个可见部件，都有一个对应的表征部件；部件之间的空间距离也通过表征部件之间的距离反映。第二，对各个表象的运作利用了这一空间信息。在舍帕德和梅茨勒的实验任务设计中，表象被以一种固定的速度旋转，即它们以相同的时间通过心理空间上的两个点；而不是以变化的速度或者突然跳至下一个位置点的方式进行旋转。表象的旋转行为由其自身形状及其潜在加工特征共同决定。

_173_

　　斯提芬·考斯林(Stephen Kosslyn)进行的多项研究为图像理论提供了大量实证和理论的支持(Kosslyn，1980，1994；Kosslyn，Thompson，& Ganis，2006)。他的研究使用心理扫描范式，发现了一种与旋转效应相类似的长期效应。考斯林、保尔和芮瑟(Kosslyn，Ball，& Reiser，1978)让被试记忆一张小岛地图，图上标注着一些地点(沙滩、教堂、灯塔等)。要求他们在表象地图中盯住其中一个地标，再给他们提供第二个地标的名字，然后要求他们在扫描表象地图的过程中，一旦看到第二个地标就做按键反应。实验结果显示，按键的反应时间与这两个地标在真实地图上（也可推测为在被试的表象地图中）的距离呈线性关系。如同心理旋转实验一样，其结果支持了心理表象保留了空间信息的观点，这些信息则影响了在表象之间进行的操作加工过程（如旋转、扫描等）。①

其他一些行为研究结果也支持了心理表象具有绘画性质（Kosslyn，1980）。例如，一个物体可被想象得（或看起来）很小或者很大；当被试将它想象得很小时，判断它是否具有某些特性花费的时间要长于将它想象得很大时。这与表象编码了空间信息的观点相一致，因为在较小的表象中细节聚集得更为紧密，因而将相关信息抽取出来会变得更为困难，可能需要进行放大将细节或者"调焦"等操作。

有关心理旋转、扫描和表象大小的研究为图像理论提供了行为上的证据，而过去20多年大量神经系统的科学研究又提供了进一步的证据。尤为关键的证据是，心理表象的形成会引起与视知觉有关脑区的活动（Kosslyn，Ganis，& Thompson，2001）。当要求被试闭上眼睛去想象大小不同的物体时，大脑主要视皮层的活动会随想象物体的大小而发生变化。这些脑区活动的模式与通常物体视知觉引发的脑电活动的模式十分相似。此外，使用经颅磁刺激（一种对特定脑区的神经功能产生短暂干扰的磁波）干扰这些脑区的活动时，会降低被试完成想象任务和知觉任务的成绩。

174

这些神经生物学研究结果对于图像理论具有重要的意义，因为早期的视觉脑区是以地形图的方式组织的，即脑区中各点间的距离与它们最初在视网膜上的成像距离大致相当。因此，这些区域的神经生理学排列便以一种图像理论所描述的方式来保存空间信息。它们的激活模式也与想象过程存在着共变关系，表明这些脑区确实参与了想象任务的操作。最后，研究结果还对视觉意象背后的认知构造提示了一种假设，即认知构造是对视觉过程的一种模拟。一个过程模仿另一过程意味着：第二个过程步骤的次序与第一个过程的步骤相一致，每个步骤都仿制或者重复第一个过程的操作环节。例如，看一个三维图像（如舍帕德和梅茨勒研究中使用的图像）进行旋转时，视皮层会产生特定的激活模式。想象一个图形以同样的角度进行旋转会涉及表征的一系列旋转，而这个旋转过程又对应了一系列

---

① 关于镜像扫描的广泛综述，请参看丹尼斯和考斯林（Denis & Kosslyn，1999）。

知觉过程。模拟在这里表现为：对旋转图形的知觉过程与产生表象旋转图形的过程都使用了同一组神经和认知系统。即使知觉机制被断开，它的运行机制也可被用于产生心理意象。两者的加工过程和运作因此被认定为是相似的。所以从这个意义上讲，意象是对知觉的模拟。①

图像假说认为，心理意象使用了一种图画式(具有空间结构)的表征形式，并将之与特定的知觉系统相衔接。但这一观点受到了泽农·派立辛(Zenon Pylyshyn)(Pylyshyn，2002，2003a，2003b)研究的很大挑战。派立辛认为，支持图像假说的证据被人们误解了，这些证据对于意象中使用的心理表征的内在形式顶多是给予了模糊的暗示。由此，他提出了一个被称为视觉思维假说的虚无假设。根据这一假设，无论思维的内容是什么，也无论人们如何经验思维，所有思维都具有相同的形式。因此，既然产生意象是一种思维活动，那么表象便不再是心理图像了(或者说它们并不比其他思维形式，更像心理图像)。如果我们的思维以一种命题或语言的形式进行编码的话，那么想象思维也会具有相同的编码形式。围绕意象所产生的各种实验现象则可再做如下的解释：这是因为被试理解了主试要求他们"想象某物 X"的指示语。也就是说，这些实验结果都产生于要求完成意象任务的语言，以及被试所具有的一般性世界常识，而不是源于被试的内在心理结构。简言之，心理意象不过是在通常的推理机制、表征系统以及它们提供的资源基础上，对事物的视觉特性所进行的思维。

派立辛的许多观点突出了意象具有认知可渗透性的事实。也就是说，按照3.5.2 部分对认知可渗透性的定义，我们的想象会受到我们对所想象事物持有的知识和信念的强烈影响。派立辛使用了许多简单的例子对此加以说明。例如，让人透过一块黄色胶片来看一堵白墙，然后再附加上一块蓝色胶片。那么，你能想象出在黄色和蓝色重叠区域会看到什么颜色吗？"正确"答案取决于你对两种颜色的混合采取的是加法还是减法的信念。如果是加法混合，你会看到白色；如果是减法混合，则会看到绿色。所以，你想象出来的混合颜色，取决于你对有关颜色混合的背景知识。但如果没有相关的背景知识，你就不可能回答得出特定的混合颜色。而且在任何情况下，人们完全可以控制自己在重叠区域想象出任何颜色。

---

① 第 8 章将对有关模拟的观点做更为精确和理论化的介绍。

所以，在这两个例子中，看出哪种颜色似乎不是被动强制的，表象的属性并不受内在视觉结构的限制，相反，它们受到了人们对物理和光学作用的知识与信念的影响。

对于心理扫描结果我们也可做类似的解释。图像假说对扫描现象的解释是，想象表征对空间信息进行了编码，通达这些表征的过程需要以某种特定的方式对空间信息进行加工。但是，实验任务要求的性质可能制约了被试从表象中提取信息的扫描过程。派立辛（Pylyshyn，1981）在一项研究中要求被试记忆考斯林的研究使用过的岛屿地图，图中标注了不同的地点，然后让他们判断从第一个地标到第二个地标的方向。由于人们记忆地图时不太可能编码方向的信息，所以要指出两地的方向，就需要同时提取出两者的位置，并做一番衡量。然而，结果显示从起点到目标的距离并未对判断方向的时间产生影响，即指出相邻两地的方向与相距较远位置的方向所用时间相同。为什么空间距离信息对有些表象的加工时间有限制，而对另外表象的加工则没有限制呢？图像假说对此显然不能做出很好的解释。但视觉思维假设认为，以意象形式进行的表象加工是不受任何限制的。实验情境中，要求人们对表象进行心理扫描时，他们就能进行扫描，因为他们理解实验任务要求他们这样做。个体在日常生活中解决相关问题的习惯方法也很类似，他们将自己的"心智眼睛"在模拟的视觉景象上移动，就如同他们的眼睛在面前铺着的一张真正的图上扫过。但完成这一任务并不需要个体内在意象结构的强制引导。

有关意象的其他研究结果同样也可以做如此解释，即意象是由人们的一般知识结构，而不是假设的内在意象系统产生的。例如，完成心理纸张折叠的实验任务时，被试想象中完成该任务需要折叠的次数，与他们实际完成折叠任务的时间存在着线性关系。这看起来好像再次支持了折叠想象是顺序进行的这一观点。但是派立辛认为，也可以由以下事实这样来解释该结果：人们通常只能预想到纸被折叠一次后的样子，而重复几次折叠后的结果则每次都需要进行计算。同样，人们通常只能提前知道字母表后面一个或两个字母，而对于"m"后面出现的第五个字母是什么，也需要进行明显的计算。完成字母计算任务有赖于人们对字母表结构的了解，同样，完成折叠任务也依赖于人们对几何结构的知识。解释这两个例子时，人们无须假设知识背后存在着内部认知形式。只要有了知识的结构，再加上任务的要求，就足以解释所有的研究结果了。

最后，派立辛还认为，神经生物学的研究结果最多也只具有启发性。大量这类证据都依赖于下述推理，即视觉皮层的神经解剖学和生理学结构都具有地形样貌，而视觉和意象中的空间心理表征与这些样貌保持了镜像关系。意象过程利用的结构位于所在的主要视皮层区域，该区域表征了二维视网膜定位排列。但是，表象通常表征的是三维物体和场景。而且，意象中的物体和场景既不一定是以自我中心方式表征的，也不一定被局限于视网膜提供的视觉场景。它们能以一种视网膜定位的激活模式难以捕获的方式扩展到更为广阔的空间。视觉皮层接受的视网膜定位图主要来自中央窝的输入刺激，但是表象激活的视觉皮层区域则要远大于中央窝输入所激活的较小脑区。表象所表征的大量空间信息，超出了简单视网膜定位的激活模式所能够捕获的空间信息。因此，视网膜的激活模式与表象的形式并没有直接的关系。

图像理论和视觉思维假说之间的争论说明，目前要建立有关认知结构的坚实理论还存在困难。若需在两者之间做出选择，就要看它们能否解决好如下两个问题。一是实验的问题。例如，意象在多大程度上具有认知可渗透性（Borst, Kievit, Thompson, & Kosslyn, 2011），以及视觉皮层的缺陷和意象的缺陷之间是否必定存在共病关系（Bartolomeo, 2002）。二是解释的问题。例如，视觉脑区电活动在完成意象任务时是否意味着意象过程并没有使用图像表征。

6.5　作为预测的知觉

到目前为止，我们将视知觉描述为一种自下而上的过程，它由外部世界的输入所驱动，高级的认知过程则是这些信号的被动接收者和解释者。然而，这种将知觉视为由输入引发的被动观点近来受到许多理论家们（Clark, 2013; Friston & Stephan, 2007; Hohwy, 2013）的质疑，他们大多都受到了德国心理学家赫尔姆霍茨（Hermann von Helmholtz）的自上而下知觉观的启发。根据赫尔姆霍茨的理论，知觉是推理的一种形式。心智活动从接触到来自外部世界的唯一近端信号开始，它的任务就是找出这些信号最可能的远端因果源。这是知觉要解决的基本问题，即建构出现实世界的准确模型。但是信号及其来源是多对多的关系。一种特殊的信号可能有许多可能的来源(天空中的一束光可能是灯光,也可能是由正在飞过的 UFO 发出的),而一种来源也会产生许多不同的信号(穿着昂贵燕尾服的 Brace Wayne 与穿着蝙蝠侠斗篷的 Batman 会带给我们不同的威吓感)。那么仅仅依靠近端信号,我们又如何确定环境中实际发生了什么呢?如同其他因果推论问题一样,这个问题具也有很大的挑战性。

那么,推理假说又如何尝试解决上述问题呢?我们先来考虑如下事实:知觉中的信息流是分等级的,加工的信息特征越抽象、越复杂,其等级就越高。较低等级的早期视觉的加工觉察诸如光点的分布、波长和强度等简单、局部的特征。较高水平的加工则提取诸如线条及其朝向、表面的纹理和阴影,以及标志物体边缘、边界的间断处等特征。而在最高加工水平,一个三维空间立体表象就可以浮现出来,并伴随形成总体视觉场景是哪一类场景,以及场景中包括了哪些物体的认知。

当然,推理论为知觉层次提供了新的视角。它主张,较高水平的知觉功能并非被动地接收来自较低水平的输入,它还会对低水平输送什么样的信号做出预测。实际上,每个水平都包含着较低水平如何运作的模式,这一模式会产生一系列对较低水平加工过程的假设和预测。所以,$n+1$ 水平的知觉能预测 n 水平的知觉会带来什么样的输入。这些预测通过循环(下行的)神经联结渗透下去。如果输入信号与预期不符,那么,n 水平上就会产生一个错误信号,而 $n+1$ 水平则不得不调整其内部预测模式来进行修补。这表示有关 n 水平上活动的先前假设被否定了。因而,自下而上的知觉信号具有了双重作用:它们不仅表征了环境特征,而且通知较高水平的知觉,它所做出的预测以及产生这一预测的模型是否准确。知觉就是这样一种叠层式的加工过程,它对当前和未来之事做出越来越概括的预测,并不断对之加以肯定或否定。[①]

为了理解知觉层次预期模式是如何运作的,我们来看一个双眼竞争的研究例子(Hohwy, Roepstorff, & Friston, 2008)。当给被试的双眼独立地呈现完全不

---

① 对这些类型加工过程与 3.5.2 部分讨论认知渗透性的关系进行梳理,是一个微妙的事情。注意过程以及那些参与"知觉簇"形成的过程通常都不被认为与知觉封闭性相矛盾,但是一些预测模式要走得更远一些。请参见克拉克(Clark, 2003)所做的相关讨论。

同的图片时，就会出现双眼竞争现象。假设给一只眼睛呈现一张房子的图片，而给另一只眼睛呈现一张脸的图片。立体镜可以帮助我们分别呈现不同的图像。那么，被试在这种情况下会知觉到什么呢——忽隐忽现的半边脸或半座房子吗？结果显示，大多数被试报告或者知觉到一张完整的脸，或者知觉到一座完整的房子，有时还会出现脸和房子的变换。有时也会出现一幅脸和房子糅合在一起的图片，但这是极少出现的情况。似乎视觉系统决定了要把某一个图像当作主导，而完全忽视另一个图像。

预期模型是这样解释上述结果的：知觉系统中存在一种高层级的预期，图像要么是房子，要么是脸；不会存在脸和房子混合的图像。因为混合图像出现的概率极低，所以遇到它时会令人非常惊讶。视觉系统因此就会在两种可能性中选择概率高的图像作为预期；事实上，预期在两者之间交替出现，是因为实验中可加以利用的证据(感觉输入)在两者之间保持着平衡。视觉过程不仅在输入的驱动下进行表面加工，也在自上而下的信号的驱动下进行信息加工，所以，视知觉产生的经验是对输入信息进行最合理化加工的结果。

日常的知觉场景也遵循着相同的原理。举一个简单的例子。想象你的眼睛正在从左到右进行扫视，你看到了一个像狮子尾巴形状的线索。这个微小而出乎意料的知觉线索向上渗透进知觉系统，直到在某个相对高级的视觉加工水平上产生出一头狮子就在眼前的预期。之后，又向较低的加工水平反馈一系列下行预期，如一定还存在着狮子的腿、躯干、前腿、爪子和满是鬃毛的头等。这些预期又依次导致这样的预测，即所有这些身体部件都应有准确的空间和时间分布以及它们各自的细节。这时，你的眼睛还在继续扫视。当它们每隔差不多以1°的视角向左扫描时，低水平觉察器会对相应的输入刺激做出快速的预期。然后，随着眼睛的移动，再对该预测做出肯定或否定的判断。当视觉输入的每一个部分与在低水平上狮子形象的预期都相符合时，狮子的知觉就自然而然地产生了。

这是预测至少没有出现错误的情况。然而，预测也可能出现错误。假设接来的视觉输入信息提示，不同于狮子躯干的形状和纹理出现了，它们看起来更像是鹰的翅膀和羽毛。这种与预期的不匹配在低水平上会产生一个错误信号，并被逐级向上渗透。当然并不是所有的错误信号都会导致严重的后果。假如这只狮子毛发与先前预测的狮子毛发有些许不同，那么，这只是一种较小的、局部的错误信号。但是，诸如翅膀和羽毛这些完全不同的信号出现在低水平，就会颠覆高层次自上而下做出的"这是一只狮子"的引导假设。因为像狮子一样的东西却拥有鹰的羽毛，这种事情发生的概率几乎为零。否定的结果则会使高水平加工做出新的预期和假设：这或许是一只半狮半鹫的怪兽。

这个例子演示了知觉预期模型的运作过程：低层级的视觉加工在短时间（几秒内）利用小空间（跳到相邻视区）产生某种预期；较高层级的过程则在更长时间尺度和更大空间广度上进行加工；最为抽象的知觉加工只处理知觉到的物体，而不关注其特定的形状、朝向、颜色等细节。高层级的预期像是一种关于感觉输入的"奇妙幻想"（Hohwy，2013，p.54）。所有知觉活动的目标就在于，尽可能最小化上行与下行信息不匹配带来的惊奇程度，它大体上要达到这样一种状态，即内部对世界样貌做出的预期要被感觉输入描画的事实加以不断地匹配和肯定。最终，知觉表征"就在不断进行的预测活动中涌现出来，整个知觉层级因而具有预期错误最小化的机制"（Hohwy，2013，p.54）。

有证据表明，视皮层上的广泛区域对"惊讶"等因素都很敏感。可预测的视觉输入（如有规则的运动模式）与不可预测的视觉输入相比，会导致 V1 区的平均激活水平下降（Alink, Schwiedrzik, Kohler, Singer, & Muckli, 2010）。层级预期模式也能使我们做出这样的假设，较高水平的加工会"掐断"在低水平上的可预测输入，只有那些指出有令人惊讶错误的预测信号才被允许向上传导。对更专门化的神经区域研究也发现了类似的结果。梭状回面孔被认为是一个简单的"面孔觉察"区域，但其激活程度似乎取决于被试是否会预期在情境中出现一张人脸（Egner, Monti, & Summerfield, 2010）。当面孔预期出现惊讶的结果时，梭状回面孔激活度较高；当面孔预期受到肯定反馈时，激活度就较低。这一结果与层级预期模型相符合。

层级预期模式有时还被认为是更大的脑功能理论的组成部分，如卡尔·佛利斯顿（Karl Friston）提出的自由能框架假说（Friston, 2005, 2009, 2010; Friston & Stephan, 2007）。自由能是热力学中的一个概念，它在数学上与统计和概率理论中预测错误的概念有相似之处。① 从热力学上讲，自由能原理表述的是，大脑像其他复杂的自组织系统一样具有抵御混乱的倾向。大脑"试图"待在某种能确保自身持续存在的状态之中，这种状态被称为动态平衡。系统倾向占据的安全状态又被统称为低熵(或者说有高概率)状态。换句话说，生物系统(如大脑)竭力以一种不总是会出现惊讶结果的方式来维持自身的运转。可以用推理论的术语翻译热力控制系统行为的数学语言：说大脑试图最小化自由能，就大致相当于说，它尝试将出现惊奇预期结果的程度最小化，统计学上讲，就是减少预测误差。佛利斯顿大胆地提出，知觉的层级预期模型实际上可以应用在神经和认知功能的所有水平之上，而这正是描述生物系统控制的数学所要达成的结果。

自由能框架假说的野心很大，它试图用一种单一而相对简单的过程来解释神经和认知功能的所有方面。这一简单过程就是，复杂系统具有最小化特定信息量或者自由能的倾向。当然，自由能框架说能否成为关于脑功能的大统一理论，对此做出评估已超出了本书的范围。但还是有一些学者(Hohwy，2013)追随佛利斯顿并提出预测说，错误最小化原则是一种全能的工具，可以用来解释行动、注意、学习、心理紊乱和其他更为广泛的心理功能。尽管我们引用的一些心理学和神经生物学的证据都倾向支持知觉的层级预期模型，但该模型能否推广到其他认知现象中，目前仍然存在极大的争论。尤其不确定的是，从技术角度来讲，现在发现的"惊奇最小化"原理能否用来充分地解释全部复杂的人类行为(包括我们尤其感兴趣的知觉行为)，恰恰依赖于它在未来能让我们感到惊讶的程度。

182

6.6 从主动视觉论到生成视觉论

我们现在来看一篇对视觉标准理论的评论。该评论中的主要观点由丘奇兰德、拉马钱德拉和赛伊诺斯基(Churchland，Ramachandran，& Sejnowski，1994)等人提出。他们对传统视觉(纯粹视觉)理论进行了讽刺。纯粹视觉论认为，视觉在任何时刻都以一种最为详尽的方式表征着世界，视觉加工按照严格的层级

---

① 当然我们这里的介绍一定是非常粗略的。佛利斯顿的论文为那些对自由能量数学理论感兴趣的读者提供了大量细致详尽的介绍。

和自下而上的方式运作。这一视觉观不仅得到科学的认可，也得到了常识的认可：

> 一种占优势的关于看事物的观点认为，人们并不否认他们每时每刻所看到的可见世界，这个世界可见特征的细微之处的任何细致特征就呈现在他们眼前。显然，世界的存在就是被人看的，人们的大脑全然自鸣得意地表征着所有可被看见的存在之物。（Churchland，Ramachandran，& Sejnovoski，1994，p.25）

在上述纯粹视觉论中，我们能够看到巨大错觉论的影响，也看到了将经验的产生置于视觉系统各种功能中突出和关键位置的观点影响。

但是一些证据对上述两种观点质疑。丘奇兰德、拉玛钱德朗和赛伊诺斯基认为，按照同样的推理，我们应该使用互动视觉来替代纯粹视觉这一概念。互动视觉观认为，视觉本质上是进化而来的系统，是为了促进有效的行动，而不仅仅是为了呈现一个经验到的视场。视觉的进化受到如下计算原则的制约，它倾向于产生一个"视觉小世界"或者从环境中抽取小规模的信息，而不是产生包罗万象的表征。而且，视觉在将信息传递给运动系统之前并没有完成自动加工过程，运动系统还要不断接受双向加工信息，要从能够影响视觉加工的高层脑区获得反馈信息等。这些高层脑区包括信息动作仿真、本体觉和动觉以及概念脑区等。因此互动视觉观否认"看"是一种绝对自下而上的加工过程，相反，完成视觉任务时的有用信息是多方向传递的；完成视觉任务其实很少只依赖于视觉空间和视觉物体的整体表征。因此看起来，计算上简便的最小化错误表征假说更像是自然进化所采用的方法。

巴拉德(Ballard，1991)提出了一种类似的视觉结构说，并称其为"主动视觉"论。主动视觉论强调了如下事实，即哺乳动物的视觉系统是具身性可控的，它还参与了简化提取世界视觉信息的计算任务行动。日常生活中的"看"实际上包括了"学习"如何有效地调节个体的眼睛、头部和身体等过程。与许多早期计算模拟视觉的观点形成对比，模拟视觉论以一种固定的、单向的观察者立场来解决视觉问题，它假设观察者能以同样的精确度同时通达到视觉场景中的所有元素。因为注视控制系统能够快速且有效地改变人们看某一物体的视角，因而便促进自己对物体的快速再认。有

183

时解决视觉问题的途径有时就是去实施一系列的视觉行为，视觉系统的进化恰好依赖于这样的行为能力。"看"并不只是被动接受，相反，它是一种积极主动的活动：它在时间的制约和生物体的引导下，随时间而逐步形成。

我们将上述这些观点列于下表，以便读者进行对比：

	纯粹视觉论	主动视觉论
视觉目标	产生内部的世界模型	成功指导动作
视觉表征	全面和高度细化的	局部和粗略的
视觉加工	自下而上、分层级、自动化的	与高层级系统（包括概念和运动系统）存在循环和交互作用

当然，以上是对两种视觉研究途径的宽泛描述，详尽的描述还需要补充更多的细节。特别要注意的是，在视觉目标上两种观点是否真的存在相互冲突？这个问题还不十分明确。成功指导了行动的某种视觉方式，很可能就是已经构建起来的内部世界模型，尤其是对于那些复杂和具有长时程的行动而言。无论如何，对比上表所列各种证据，主动视觉论似乎要比纯粹视觉论获得了更多的支持。

184　　　　一些研究者希望走得更远一些。例如，第 5 章提到，许多当代认知研究流派都将视觉看成一种不仅发生在大脑内部，也发生在身体和世界之间的现象。认知研究的生成论观点认为，心理过程不仅源于机体与其所在环境的互动，也应当源于身体、大脑和环境的互动，这对意识和知觉来说尤其如此。作为生成取向心理学的先驱，阿尔瓦·诺(Alva Noë)(Noë，2009，p. 24)提出："意识不是发生在我们的内部，它是在我们做事情、积极与世界互动过程中发生的。"在这里强调行动的重要性还不是最主要的，因为主动视觉流派也持有相同的观点。生成学派更为突出之处在于它进一步声称，生物体在世界中行动的能力以及反过来受到的推动作用，才是意识和知觉的先决条件。这意味着，知觉不是拥有恰当的大脑状态就可以达成的。正如诺和奥里根(Noë & O'Regan，2002，p. 469)所说的："视觉不是大脑内部的一种过程……'看'是一种基于技能去探索环境的活动。视觉经验不是个体内部发生的事情。它们就是人们正在做的事情。"

生成取向的学者们并不否认在有意识的知觉过程中大脑内部发生着大量活动，他们只是认为这样的活动对于进入知觉状态是不充分的。两个结构相似的大脑在受到相似刺激时，不一定会产生相同的经验。经验的获得取决于这些大脑被置于怎样的躯体和世界之中。正因为同时强调了具身性和环境的作用，生成学派与单纯的主动学派才区分开来。主动视觉论者认为，尽管视觉可用于指导行动，也经常依赖于执行这些行动的能力，但从任何角度而言，视觉都不是由这些行动或者与我们相关的环境构成的。虽然视觉是一种与生俱来的要与运动系统相互作用的加工过程，但它仍然绝对是一种颅内过程，只能发生在神经系统之中。

但生成主义者认为，知觉系统与环境存在着紧密的耦合关系。主体通过在环境中的运动，学会并掌握一系列感知与动作之间的偶然联系：若这样运动，就会使知觉发生这样的改变；而若那样运动，则会使知觉发生那样的改变。因而，个体存储了大量有关这些偶然联系的感知运动知识(sensorimotor knowledge, SMK)，系统则将这些知识整合进能够引导理性行为的能力之中。具有知识的知觉者就会在情境认知中使用新获得的能力来同步引导实际的行动。这被认为是对 *185*
世界"基本知觉感受性"的一个水平(Noë & O'Regan，2002，p. 570)。这一推论符合下面我们已经熟悉了的模式：*X* 与 *Y* 存在因果耦合关系，*X* 利用这种耦合关联来探索周围环境；因此，在耦合关联中的加工过程就构成了知觉。

第 5 章详尽地批判了这种一般化的因果耦合观点(特别参见 5.4.2 部分)。在这里我们更关注那些支持生成主义的证据。生成主义有两种形式。第一个是强生成主义，它认为不存在没有动作的知觉。每一种正在进行的知觉过程都需要同时出现的动作。正如诺(Noë，2001，p. 51)所说："知觉意识……是一种与世界互动的状态，而不是形成图像的状态。"这恰好是下面一种说法的翻版：知觉加工过程是由某类动作构成的。第二种形式是弱生成主义，它认为，知觉是从主动对环境探索之中获得感知运动知识的，而环境探索的行动需要知觉。其代表性表述可参见奥里根和诺(O'Regan & Noë，2001b，p. 82)的说法："感知运动规律支配着各种可能的行动以及由行动引起的某个感觉通道输入信息变化之间的关系。当知觉者在生活中运用他们所掌握的感知运动规律时，我们就说，知觉者正在通过特定的感觉通道感知着世界。"这一说法虽然保持着动作与知觉之间强有力的联系，说明为各种感觉耦合的知识仍然需要通过已完成的动作来获得，但它实际上则更为强调，每个知觉片段并不需要持续不断、随时随地的动作来构成。

强生成论受到大量临床案例的挑战，如患有闭锁综合征、实验性僵直症以及接受了不正确非全身麻醉手术影响的病人等（Aizawa，2010）。在这些案例中，患者身上几乎不存在任何正在进行的活动，但他们似乎仍保持着这样或那样的意识经验。闭锁综合征病人除了移动眼睛之外，通常不能移动任何躯体部分，甚至眼睛的运动最终也会消失。然而，这就足以让他们能够进行交流了。他们给出的报告与那些具有意识知觉经验的人十分一致。

一些研究还对闭锁症状进行了模拟。例如，让被试服用制止全身运动的药物，同时使用止血带让被试仅能够活动一只手臂（Topulos，Lansing，& Banzett，1993）。被试可以使用那只自由的手臂来报告自身的体验，包括许多痛苦和不舒适的体验，如放置气管插管时的感受等。尽管只有一只手臂可以运动，但他们的意识经验却是广泛而正常的，与专属于自由活动手臂的感知运动耦合并无相关。最后的例子是，有些临床手术病人的身体因为麻醉剂不能运动，但他们并没有被正确地全麻。病人在这样令人震惊且痛苦的情形下，仍然能够报告听到的声音和谈话，也有视知觉和被触碰的感觉，甚至能感受到中度到重度的疼痛。病人的这些感知觉回忆通常都可以得到同在手术室中的医护人员的证实。

强生成论者为回避这些令人麻烦的案例尝试做出一些补救。他们会说，病人身上可能还存在着某种程度的残留动作，因而会对意识知觉提供某种形式的积极支持。但这显然并不适用于那些极度闭锁的病人，而且残存动作与经验到的特定感觉的相关性在任何情况下都还是不明确的。或许他们还会说，这些病人的意识虽然还存在，但却是极其微弱、异常变态且高度受损的。虽然病人的经验或许是异常的，且异常的任何变化都十分微小，需要给予特殊的评估才能得以验证，但是，患者的经验本身却毫无可争辩地存在着。这显然与"知觉是由外显的日常行动所构成"的强生成说的观点是相矛盾的。

根据弱生成论的观点，外显动作并非知觉所必需。知觉只是利用了某些形式的感知运动知识，尤其是动作与动作做出后出现的知觉状态之间的耦合知识。尽管感知运动知识通常被运用于探索知觉世界，但它也可应用到其他的心理任务中。比如，耦合知识有助于解释我们对于世界的知觉为什么具有如此独特而丰富的结构，即便我们没有进行知觉探索活动。诺（Noë，2001）指出，即使一个物体只部分可见，我们对它仍有冗余的感觉，可使它的整体在知觉中呈现出来。现象学的观点在这里显然是不能令人满意的，因为它似乎太过轻率地得出结论说，人们经验到的物体就是知觉中整体存在着的物体。生成观对此做出的解释是：上述（部分半可见物体）知觉现象产生于人们探索世界的行动中，或者由探索行动所带来的技能知识之中。

我们拥有的知识（如感知运动知识等）有时也可被描述为一系列条件命题：如果做出这个动作，那么就会导致那种知觉。有时它还会被描述为一类技能或专业知识，即如何去做的知识。因此，若要了解人们知觉一个表面或一个物体的方式，就需要懂得人们如何对物体或表面施加某种动作，从而将有关的物体特征纳入知识之中。当然，知觉需要某种知识的假说还面临着许多挑战。挑战之一来自如下假说，即不同类型的错觉具有认知不可渗透性。因为即便你知道自己容易出现错觉，并且知道有关错觉的机制和来源，但你也无法让你的错觉消失。尽管我们知道如何确定缪勒—莱耶（Müller-Lyer）错觉中线条的长度，也知道如何以细致的方式来详细检查波根多夫（Poggendorff）错觉或者赫尔曼（Herman）方格错觉，但是，尽管我们具有了这些知识，这些错觉却依然存在着。

将知觉与具有的知识建立连接的倾向看起来过于强势。的确，该理论不仅认为知觉需要"拥有知识"，而且还使用了更为强烈的词汇，即"掌握知识"："红色感觉产生于人们运用所掌握的关于红色的知识所做的行动之中"（O'Regah & Noë，2001b，p. 85）。这意味着，如果没有掌握相关的知识（如相对精确地了解在不同照度、距离和操作等条件下物体表面的行为规律），我们甚至不能感觉到红色的存在。然而，我们似乎也可以十分合乎常理地说，那些认知上并不成熟的被试的确能够感觉到红色。心理学家经常用知觉能力来描述婴幼儿和动物的感知觉。根据弱生成说的观点，在婴儿睁开眼睛接受红色玩具光线的一瞬间，他还感觉不到红色。相反，他首先要掌握相关的感知运动耦合知识，才能够产生知觉的认知状态。在此之前，婴儿是否具有任何感觉，也都是无法确定的。或许婴儿们正在感觉着，但他们对自己的感觉却没有任何意识。

上述生成论的说法合理与否取决于感觉出现时需要多少知识，以及获取这些知识的速度。一种可能的答复是：可以降低对感知运动知识精细程度的需求，虽然这样做会与强调"掌握知识"的强逻辑相违背。的确有些知识似乎太简单了，即便婴幼儿一看也可以掌握。但弱生成论者还需要回答，如果先前用于指导相关学习过程的感觉状态不存在，这类学习又是如何进行的？如果个体没有任何可以借鉴的先前知觉，那么他又如何学会运动与知觉之间关系的耦合知识呢？

　　显然强弱两种形式的生成假说都面临着诸多难题：前者强调知觉需要躯体运动，虽然这一观点并不被广泛认同；后者则需要解释如下事实，即为何错觉具有认知不可渗透性，以及即便在没有相关知识的情况下为何知觉意识也存在着。当然，似乎更为合理的主动视觉理论并不需要面对上述困扰，而且它较纯粹视觉理论能更令人满意地与现有的实验证据相符合。视觉理论的建构如果要取得更大的成功，似乎就要在"去具身性的纯粹知觉"和"动作导致知觉"这两个极端观点之间走出一条自己的路来。

6.7　结论

　　本章简略介绍的观点包括：视觉以及一般的知觉都是一种主动的、为产生成功动作而不断进行调整的过程，而且它们所需的资源与完成动作所需资源并无二致。视觉系统的一部分，如背侧视觉信息通路，甚至被分离出来专门负责完成视知觉任务。在某些被用于进行推理和产生意识的视觉加工系统中，世界图景是由大量局部快照式图像构成的，而不是一幅流畅、连续和丰富的全景图。这些视觉加工机制对于其他的能力，如形成和操纵意象的能力等，都会有帮助作用，虽然我们在本章并没有介绍它们在这些方面的促进作用。最后，再次引述我们在第5章谈到过的主题之一，我们必须强调的是，应当避免陷入生成主义的立场。视觉是在探索与操作世界并对之采取某种行动的过程中形成和发展出来的，但视觉并非由这些行动构成。

7.1　转瞬即逝的经验

意识和注意是心智中令人困惑又难以定义的两个侧面。也难怪，即便是最聪慧、最能言善辩的理论家，如威廉姆·詹姆斯等人，他们在自己的论著中对这两个概念也只是一带而过，或者让它们看起来似乎没有那么重要（"大家都知道注意是什么啦"）。① 与事情本身的丰富性和波动性相比，我们每天用以描述意识经验的语言显然要贫瘠得多。思维和意图、白日梦和爆发的情绪、只言片语、视线、疼痛以及整个的感官世界等意识经验，就像无时不在的噪声一样，总是在那里存在着。正如笛卡儿敏锐地观察到的那样，我们的大脑如果没有了它们，剩下的是否还是我们所知道的心理，其实就很难说了。

相反，注意则不只存在着，而且是为我们存在着。我们可以调动它，尽管有时它并不情愿。现在，请你注意某人手的形状；然后，不要移动你的目光，再去关注手的颜色和肤质；注意其细微的纹路、毛发的质地以及痕迹或伤疤，之后再把你的注意集中到其中的某个特征上。我们能没有任何障碍地调动注意。在这样做的过程中，我们的意识经验的特征也发生着转变。当然，注意也会违背我们的意志，被其他事情干扰而分散，如手机短信的提示音或者突然出现的刺痒等。当

---

① 我们说"看起来"不值一提，是因为詹姆斯并没有进一步提供关于注意做了些什么的实质性解释。我们并不清楚当代的注意模型在逃避其形而上学根基时是否会做得更好（Fernandez-Duque & Johnson，1999）。

这种情况发生时，我们的意识思维的流动就会被打断，注意的干扰源便占据了意识的中心。我们在本章将讲述当代研究注意的模型化方法，探索注意与意识之间连接的非巧合性以及两者之间存在着深刻理论关系的可能性。我们希望通过这种方式，能够同时理解这两个晦涩难懂的心理现象。

7.2　注意的理论

很难给注意下定义。解决这个问题的方法是将注意看作一个不完整的理论概念。人们只能从心理学家已经建构出来的关于注意现象的理论中寻找对它的解释。[①]

7.2.1　过滤理论

关于信息的数学理论(Shannon & Weaver, 1949)提出后不久，心理学家便开始重新思考心智，将心智比拟为一个信息加工器。信息作为一种抽象物，可以利用各种沟通渠道进行传播，如电话线或者神经元。按照这一思路，人们将感知、思考、注意等一系列心理状态重新定义为心智或者大脑的信息加工状态。

运用信息论的概念，柴瑞(Cherry, 1953)设计并实施了一项具有深远影响的实验，该研究被称为双耳倾听任务实验。实验模拟了鸡尾酒会效应。他让被试的两只耳朵分别听取来自不同声道的声音，从而测定被试能够从每个声道接收多少信息。擅长处理多重任务的被试倾向于预测自己能够很好地同时从多个渠道接收全部信息。实验要求这些被试追踪(大声复述)其中某个声道发出的信息，同时要求他们尽可能精确地复述这个声道发出的信息，以便促使他们将注意完全放在这个声道上。柴瑞等在给被试的双耳提供声音刺激后，却反过来测量被试从另一侧未被指示追踪的声道中接收信息量。

令人尴尬的是，那些自称擅长处理多重任务的被试几乎无法报告出从另一个

---

① 这也使得"注意也许不只是单一存在"的概念有了更大的讨论空间。我们在这里的讨论主要集中在选择注意上；有关一般意义上的注意，请参阅帕石勒(Pashler, 1998)。

声道获得的任何信息。① 他们知道，有人在另一侧耳旁说话，且声音是男声（或是女声），但是，他们就是无法报告出讲话中的任何内容和信息，甚至也报告不出讲话者使用了哪种语言。就算是该讲话被重复了很多遍，情况也依然如此。有趣的问题是：为什么人们难以复述未被追踪注意的声道中的信息呢？

多纳尔德·布罗德班特（Donald Broadbent）（Broadbent，1958）对柴瑞的研究结果进行了解释，并由此引出了注意的"过滤理论"。依据信息论的框架，布罗德班特认为，感官通道信号的加工顺序分为几个线性的阶段。第一阶段是对信息进行初步扫描，从中可以抽取出刺激的基本物理特征，如音高和方位等基本元素。接下来对信息进行过滤。被关注的声道包含着未来最有希望被继续加工的信息。这是一个能力有限的加工过程，它获取一些更为抽象的内容，如输入信息的含义和来源等。

在布罗德班特的模型中，所有知觉信息都要经过上述阶段并被加以过滤之后，才进入更为深入的分析和加工第二阶段。对于被试为何不能复述未被追踪注意的声道中的信息，过滤理论的关键解释就在于，它声称最重要的加工过程只被允许在过滤机制选择的那个通道进行。同样重要的假设还包括，一旦过滤器选择了某个通道进行信息加工，它就会限制其他通道进行的信息加工。

被注意过滤选择之前的信息加工只在相对表层的水平进行，因此该模型又被称为"早期选择"模型。向布罗德班特理论提出挑战的学者们更关注那些在未被追踪注意的声道信息中呈现出的抽象内容。皮特斯（Peters，1954）发现，在双耳倾听任务实验中，未被注意声道中呈现的信息若与追踪声道的信息相似的话，若与两个声道信息不相似的条件相比，信息相似条件下该信息的内容似乎更容易受到干扰。这一结果因此显示，未被注意的声道的信息也一定是被加工过了。这超出了布罗德班特理论做出的预测。莫瑞（Moray，1959）发现，如果在未被注意的声道播放被试的名字，可以引起被试对该声道信息的注意。莫瑞对此的解释为，与另一个声道的信息相比，被试本人的信息具有更高的优先级或更大的相关性，所以就会引起被试的注意。这类研究结果自然挑战了布罗德班特的严格"过滤理论"。显然，在未被注意的

192

---

① 警告：该情境也许不适用于日常多重任务场景。同时完成多重任务是否会导致行为表现下降，取决于各个任务之间的时间要求，以及时间节奏是否可人为控制（Pashler，Kang，& Ip，2013）。

声道中还发生着很多事情，而不仅仅只存有过滤信息这一件事。

安妮·特雷斯曼（Anne Treisman）（Treisman，1960）依据各种挑战布罗德班特理论提出的证据，对双耳倾听的模型进行了修正。她在被试一侧耳旁播放一个连续的故事，在另一侧耳旁播放一系列随机的词汇。然后，两耳声道播放的信息在某一时刻进行互换。这时应该会发生什么现象呢？设 E1 代表连续故事的声道，E2 代表随机无关词汇的声道。根据过滤理论，人们似乎应该做出这样的预测，即一旦信息加工进入分析的第二阶段，过滤器应该选择 E1 通道中播放的连续故事，而当播放故事转换到 E2 通道时，注意不应随之转到 E2 通道，因为过滤器已经将其"关闭"了。但特雷斯曼却发现，被试实际上开始复述 E2 声道中播放的连续故事，而不是继续追踪 E1 通道中的无关词汇。为了进行如此转换，被试必须能够处理加工 E2 声道中"被过滤"的信息。

基于上述这些发现以及其他的研究结果，J. 多伊奇和 D. 多伊奇（Deutsch & Deutsch，1963）总结道，"无论信息是否被注意到，它们都可以通达到相同的知觉和辨识机制，然后再由这些机制将它们分组或者分离开来"（p. 83）。虽然两人并没有解释信息分组及其原理是什么，但他们还是做出了这样的暗示，即所有输入的信息都会被评估，以便比较各个信息的重要性。正是在这个比较的意义上，注意才具有了信息过滤的功能。

这一结论催生了"后期选择"理论。该理论认为，所有通道的信息都先被平行加工至最高、最抽象的水平，然后才会被过滤选择。只在感知输入启动了长时记忆中的语义信息之后，注意的选择功能才会发挥作用（Norman，1968）。早期选择理论和后期选择理论之间的争论之一就在于，在前注意阶段究竟对输入信息进行了多少加工。这个问题的答案决定了那些未被关注的信息会在多大程度上影响后期的认知过程。

7.2.2　有限容量及加工负荷理论

多年以来，研究者们不断得出相互冲突的结论，使得早期选择理论与后期选择理论之争难以定夺。① 上面介绍的研究结果促使研究者们开始摒弃简单的过滤

---

① 请参见德莱沃尔（Driver，2001）和阿尔珀特（Allport，1993）对于各种理论争论背后存在的假设前提的综述。

理论，从而转向了其他各种替代假说，如有限资源理论假说。该假说认为，认知资源对于有意注意来说是有限的；而其他各种理论则对有限资源分配的原则进行了猜测，如在有限资源的框架下，注意早期选择和晚期选择效果的显现都源自不同实验任务的需求(Kahneman & Treisman，1984)。

卡尼曼(Kahneman，1973)最先提出注意的有限资源观。如果对不同来源的信息的加工不是特别复杂的话，人们就可能将这些资源分配到不止一个信息通道上。比如，人们可以毫不费力地一边观看体育比赛，一边阅读屏幕下方的比分栏。然而，如果信息加工需要更多的努力，那就很难同时加工两个不同通道的信息。例如，在体育频道观看一场比赛的同时尝试解决一个逻辑问题，那么这一努力就会变得具有挑战性了。因此，卡尼曼为此在理论中引进了一个更为重要的语义加工过程，而布罗德班特假设的第二过滤阶段则可能会阻碍这类信息的加工过程。

尼尔李·拉威尔(Nilli Lavie)将情境敏感性概念置于选择性注意"负荷理论"的核心位置(Lavie & Tsal，1994；Lavie，1995，2000)。该理论认为，知觉系统本身的信息加工能力是有限的。在加工能力达到上限之前，所有输入信息都被自动加工到可能的最大限度。这一假设与后期选择理论相一致。然而，当任务需求达到或者超过其加工能力的上限时，注意便开始发挥作用，以选择出需要深入加工的信息。这一假设则又符合早期选择理论的预测。在高负荷的条件下(这正是很多早期选择任务的特征)，任务难度要求必须进行信息过滤。而在需求较低的任务中，因为有较多的资源可用于加工多重来源的信息，因此，就像后期选择理论预测的那样，输入信息会得到更为细致的加工。

关于这种理论的效度，可以参见拉威尔和考克斯(Lavie & Cox，1997)所做的研究。他们要求被试将注意聚焦于屏幕的中央，并对目标字母的出现做出反应。在目标字母出现的同时，屏幕边缘会闪现一个干扰字母。干扰字母可能是中性的，也可能与目标字母一致或者不一致。目标字母也有两种条件，其一是很好识别(字母单独出现)，其二是很难识别(被其他容易混淆的字母包围)。很好识别条件下的知觉负荷较轻，当不一致干扰字母出现时，被试报告目标字母的速度较慢。然而，在复杂(高负荷)条件下，无论出现的干扰字母一致还是不一致，被试报告目标字母的速度都是一样的。因此，这一结果表明，当任务的知觉负荷增加时，被试更容易无视干扰字母。该理论对此的解释是，当任务本身需要消耗更多资源时，干扰字母的信息就不会再被加工。然而，当任务本身需要较少资源时，干扰刺激就会闯入，从而减缓加工的速度。该实验的结果与负荷理论做出的预测相一致。[①]

7.2.3 聚光灯理论

正如我们提到的那样，注意有时是可以自主控制的。当我们有意地聚焦注意时，就像往一个方向打出了一束光。于是，就产生了注意聚光灯这样的通俗比喻。当然，注意也可以独立于我们的刻意引导而被某个目标捕获。人们运用空间标记范式，对注意的捕获与定向进行了广泛的研究，其中迈克尔·帕斯纳(Michael Posner)的实验设计曾被广泛引用。实验任务类似于眼科医生在测试患者周边视觉丧失时使用的方法。在实验中，被试盯着屏幕上的一个固定点，一个线索在离固定点不同距离的位置上闪现。线索或者是某个位置的直接标记，或者是指向其他位置的符号标记(如一个箭头)。有些线索是有效的，另一些则是无效的；有效与无效线索的数量比介于30％和70％。当标记线索呈现后，目标就会出现在线索标记的位置(线索有效)，或出现在屏幕的其他位置(线索无效)。被试通过按键记录他们看到的目标刺激。

帕斯纳和他的同事发现，有效线索的呈现能够同时增加反应速度和发现目标的精确性(Posner, Snyder, & Davidson, 1980)。这些研究显示，注意可以被那些与正在加工任务相关的线索悄然引导，而且，注意还可以独立于眼睛的运动而在空间上发生转移(Posner, 1980)。你自己也可以在实验室外做类似的测试。你和朋友一起外出吃饭时，尝试去注意你视野中的某个人的可笑发型，或者悄悄地注意倾听邻桌人们的谈话。当你这样做时，你并不需要移动目光或者将耳朵转向邻桌。当然，出于社交礼貌，我们并不建议你经常这样做。[②]

注意可以独立于肢体定向而转移，这一发现导致了各种各样的"注意聚光灯

---

① 关于不同种类的负荷以及潜在干扰特性影响加工的方式的最新理论，请参见拉威尔(Lavie, 2005)。

② 关于隐藏注意的综述，请参见卡拉斯科(Carrasco, 2011)。

理论"。这些理论都大致声称，注意在选择进一步加工的目标时，依赖于严格限定的空间区域。凡落入聚光灯区域的目标将被优先处理，而落在聚光灯区域之外的信息则最不可能被加工。

还有一些原理也可被加入聚光灯理论的基本框架之中（Cave & Bichot, 1999; Wright & Ward, 1998）。早期的一种普遍观点是，注意从一个目标转移到另一个目标，需要穿过空间中的所有中间点（Shepard, 1975）。但后来的研究对此提出了质疑。如果注意是一束光，那么它应该能够从一个区域直接跳跃到另一个区域（Yantis, 1988）。研究者反复提及的另一个问题与注意究竟是单一光束还是多重光束的争论有关。一些争论支持多重分散的观点，认为不同空间方位的刺激可以被同时注意到（Müller, Malinowski, Gruber, & Hillyard, 2003）；另一些争论则认为，注意只是在这些空间方位之间迅速往复移动，看似是快速转移的分散过程（VanRullen, Carlson, & Cavanagh, 2007）。还有一个涉及聚光灯本身的形状和尺寸的问题：光束是聚焦的还是较为分散的呢？拉博格（LaBerge, 1983）的研究表明，狭窄的聚焦（在单一字母上）和宽泛的聚焦（在一个完整的单词上）同样是可能的。但是，维持宽泛聚焦的注意是否需要付出代价，这个问题目前还没有答案（Castiello & Umiltà, 1990）。

再有一些问题涉及注意目标的性质。聚光灯模型强烈暗示着，注意主要将空间方位或区域作为目标。任何处于注意空间方位中的信息都会被以相同的程度加工。当然，另外两种相对的理论视角提及，注意的主要目标是物体本身，或者是物体的特征。塔萨尔和拉威尔（Tsal & Lavie 1988）的发现支持了第一种关于空间方位的观点：当要求被试寻找目标并报告他们能回想起所有呈现过的刺激时，他们倾向于报告那些离目标较近、非特征类的刺激信息。然而，邓肯（Duncan, 1984）发现了基于物体特征的注意目标的证据：他呈现给被试两个相互重叠的物体，要求被试报告它们的特征。被试的注意在不同物体之间转移时的报告成绩，显著低于报告单一物体多个维度时的成绩。史楚普效应（见第1章）也显示，人们会有选择地注意某一单词的声音色彩或者书写色彩（Polk, Drake, Jonides Smith, & Smith 2008）。这暗示着，注意具有比纯粹空间聚光灯理论所定义的更大的灵活性。

7.2.4 注意的功能

有多种途径可对注意进行理论化定义。可以假设它是信息通道上的过滤器，也可认为它是不同任务需求下被分配的有限资源，或者认为它是选择进一步加工目标的聚光灯。如何理解注意，很大程度上取决于研究者选择了什么样的实验范式来进行研究。上述各种理论模型有一个共同点，就是它们都将注意看作在众多信息来源中进行选择的过程，从而将输入的知觉信息减少到认知能够加工处理的程度。然而，这仍然留下了一丝困惑。大脑具有巨大的平行加工能力，它不停地在同时处理众多的认知任务。那么，为什么还需要注意机制以过滤选择的方式来减少感知到的复杂性呢？

或许该机制的存在是因为有机体有采取恰当行动的需求。环境随时随地为人们提供着可以对之采取行动的众多对象，也提供着如何采取行动的各式各样的方式方法。比如，一个人站在摆满了酒杯和点心的吧台前，他买了一瓶啤酒和一盘小吃。吧台上的这些物品会激活他采取行动(吃或者喝)的倾向。然而，这些倾向却无法同时动作，因为这会让他在试图用双手去拿杯子喝酒的同时，又尝试去吃盘子里的小吃。概括来说，"由于存在着足够多的理由诱使我们企图同时做出所有可能的动作，但这又会造成我们在行为上出现混乱。因而关键的问题就在于，如何避免出现这样的混乱呢？"(Neumann，1987)

哲学家吴(Wayne Wu，2011a)称这样的问题为"许多—许多的问题"(many-many problem)。在每个时刻，每个人对许多行为的输入都可做出反应，而其反应因而也可形成许多种可能的输出。但各种行动的需求都要通过唯一的身体而实现，这就意味着，心智必须对控制行动的通道进行某种限制。通过给其中某个通道赋予优先权这种机制，就可以防止其他自动反应通路获得对行为的控制。选择性注意理论为意识设定了抑制功能，可阻断那些没被选择进入加工过程的信息带来混乱(Shallice，1972；Tipper，1992)。换句话说，有效而成功的行动需要具有选择和抑制的过程。如同我们已经了解的那样，注意本身就是这样的一个过程。因此，我们就不得不得出这样的结论，即注意的功能就是为采取恰当行动而进行的目标选择。

近些年来，"为行动而选择"的注意理论在心理学家(Allport，1987；Hommel，

2010；Hommel，Müsseler，Aschersleben，& Prinz，2001；Neumann，1987；Norman & Shallice，1986；Tipper，Howard，& Houghton，1998)和哲学家(Wu，2011a，2011b，2014)群体中获得了显著的认可。[①] 该理论认为，过滤或者丢弃某些特定的输入信息，并非来自大脑感知或者认知系统与生俱来的有限能力，而是来自有机体对现实的控制需求。注意是确保与情境相关的输入和恰当的行为输出相互匹配的认知过程，以便实现主体的最重要的目的。

在有关选择性注意的文献中，上述观点是对各种被称为标准注意模型的自然延展。尽管如此，也还需要对该理论进行调整(Wu，2014)。例如，有时我们注意到某些东西，但并不会立刻对其采取行动，而仅将其提供给进一步思考之用。这类思考不必有任何外显行为。"为行动而选择"的观点因而需要既包含外显行动，又包括内隐的心理行动。"为思考而选择"就属于一种内在的行动。

为"行动而选择"的观点和其他认同注意是某种功能过程的观点，都受到了摩尔(Mole，2011)的批判。摩尔认为，在这里最为关键之处不是注意本身，而是"集中注意地做某事"。集中注意(或注意力)是做事的一种方式，通常用副词来加以表达，并不存在一个被称为"注意"的独立的行动。摩尔为此发展出了一个复杂的概念——"认知协同"，即"注意地做事"需要协同使用整个认知资源。虽然过程理论和副词理论之间还有很多争论，但鉴于篇幅，我们就先介绍到这里。

7.3 意识的哲学解释

7.3.1 意识的概念

当前意识的研究可细分为一系列问题，这些问题(无论好坏)都带有普遍认同的标签。[②] 意识是整个人的属性，人从睡梦或麻醉中醒来就会获得意识，当其酩酊大醉时会失去意识。在这里，我们谈论的是人的属性，即人们是否清醒、是否能对感官输入做出反应。我们称这种属性为"生物意识"。

[①] 关于交叉原理的近代观点，请见摩尔、史密施思和吴(Mole，Snithies，& Wu，2011)。

[②] 我们最初使用的分类来自戴维·罗森塔尔(David Rosenthal)(Rosenthal，1997)。

我们也许还会问，某个人是否意识到某件事？意识在这里是个及物的概念：她能否觉察到他的背叛？他是否注意到自己的车剐蹭了别人的车？猫能否感觉到金枪鱼罐头被打开了？在这些例子中，我们想知道，人或其他生物身上是否存在一些状态，使他们可以觉察到周围环境中的某些事物。

"意识"这个词也可以是"不及物的"，它并不论及人本身，而是涉及人所处的特殊认知状态。问题在于这种状态本身是否构成了意识。举例来说，在梦游时，梦游者的眼睛可能是睁开的，也许从某种意义上讲他能够"看到"，但是我们并不认为梦游者的"看到"是一种心理上的意识状态。梦游者会对视觉输入做出反应，但这种视觉加工本身并非有意识的。相反，在标准的意识知觉状态中（如在一次轻微的车祸中），人对该事件具有视觉、听觉和触觉的意识（如撞过来的车子的模糊形象、冲撞造成的声响、弹出气囊的碰撞声）。这些感知觉状态不仅仅让人"及物地"意识到车祸事件，而且这些状态本身也算作人的意识状态。经验是"不及物的"意识状态；通过获得经验，人便能够"及物地"意识到车祸意外中各个事件的先后顺序。

根据耐得·布洛克（Ned Block）（Block，1995/1997）的进一步区分，意识可分为通达意识和现象意识。用布洛克的话讲，一些意识状态属于通达意识，如果"它能够用于直接控制思维和行动……如果它可自由地用于推理，还可以对行动和说话进行理性的控制"（p. 382）。人们通常是可以报告出这种状态的，尽管布洛克并不看重可否报告这个条件。通达意识状态广泛地存在于各种应用之中，这使通达意识处于认知结构的中心地位，以便它能够及时地指导推理和计划。

现象意识则有些难以理解，因而哲学家们发展出了一种详尽的方法，尝试对之进行解释。现象意识是"经验"，特别是那种具有"这就像那样"的经验状态（Farrell，1950；Negel，1974）。松脂油闻起来的状态，是不同于水性漆闻起来的状态的。比较两种经验，可揭示它们的不同。并非所有的感觉输入都自动记录为现象意识的。神经末梢的输入可能并不伴随着经验，就像一枚图钉扎进被局部麻醉的手指一样。末梢感受器会记录伤害，但并没有疼痛的感觉。当视觉刺激闪现得十分迅速时，虽然可以被感受器记录，也可能影响到行为，但是，我们可能都来不及对之加以体验。相反，当我们在现象意识中闻到烤面包的气味或品尝到咖啡的味道时，这些意识经验就会呈现出丰富的质的区别。有些患有嗅觉缺失症的人无法闻到烤面包和咖啡两种味道。现象意识的质性特征有时又被称为意识经验的"感受性"。

需要明确的是，现象意识就是"不及物的"意识状态。对于咖啡味道(不及物)的有意知觉就是现象意识。这两种说法指的是同一件事情。令哲学家们最困惑的正是这类意识。这种现象意识的状态来源于哪里？现象意识是否是一种复杂的神经生理学产物？按照信息加工的语言来说，它是功能性的还是表征性的？如何对现象意识加以解释？这些都已经成为意识研究中的"难题"(Chalmers，1996)。[①]

7.3.2 解释间隙与神秘主义

在转向各种更为积极的理论之前，我们需要先澄清一些怀疑论点。它们声称，人们无法回答上述那些问题。"神秘主义者"称，人类没有办法就现象意识与大脑之间的关系，达成一个满意的认知性或者解释性的共识。科林·马克金(Colin McGinn)(McGinn，1989，1999)举例展示了这类神秘主义观点。马克金并非形而上学的二元论者。他相信大脑中的意识是自然属性的，但"我们的认知构造阻断了我们对大脑(或者意识)的自然属性的认识，而这种自然属性才可解释心理物理的连接"(McGinn，1989，p.350)。他称，相对于意识的自然属性，人类的认识是"认知封闭的"。

我们假定连接大脑和现象意识的属性为"M"(中介)。正是"M"将复杂的神经过程与意识经验连接起来。要理解现象意识的来源，就要理解"M"的性质。然而，为什么我们似乎从来都没有获得过这种理解呢？

马克金提出了一个悖论。要了解 M，我们必须：①通过内省反思自己的现象意识；或者②通过神经科学等第三者视角的方法。不利于第一种可能性的事实是，人们无法仅仅通过自我反省去了解连接现象意识和大脑的自然属性是怎样的。内省反思在最好的情况下也只能描述现象意识本身，而不能以任何直接的方式解释其物理基础。

不利于第二种可能性的事实是，马克金认为神经科学也同样无法解释 M。他

---

① 然而，这个词汇是有争议的。对于将问题过于简单地分为"容易"和"复杂"分类的批评意见，请见丘奇兰德(Churchland，1996)和登尼特(Dennett，1996，2001)。

说，神经科学最终只能告诉我们大脑内部各种状态的空间分布，然而，意识并不是具有空间性质的零部件，因此，谈论意识经验的空间区分简直毫无意义。① 故而，神经科学无法帮助我们理解意识，因为两者之间并不存在某种"匹配"。另外，我们也不可能通过最佳解释推理来把握 M 的性质。因为任何在神经科学基础上进行的推理，一定只能靠引入另一个纯粹的神经生物学(物理的、非意识的)属性。然而我们知道，M 从根本上讲是神经生物学与意识之间的一种映射。仅仅通过考查两者中的任何一方，肯定都无助于理解它们之间的关系。

正如很多哲学中的两难困境一样，马克金也没能考虑到所有相关的可能性。例如，他声称意识不具空间结构。尽管我们不知道这是否正确，但就算它是正确的，我们仍然可以将意识状态系统地映射为神经状态。这类映射只要求每个领域的相应结构被保留下来，而并不要求每个领域中所有的元素及其关系都精确对应无异。

如奥斯丁·克拉克(Austen Clark)所示，颜色领域的研究为此提供了一个很好的例子(Clark，2000)。颜色空间是这样组成的，一些色相能够结合在一起，另一些色相则不能；一些色相是暖色调的，另一些则是冷色调的；这些色相之间具有某种关系，如一些色相能够覆盖住另一些色调。所有这些都为颜色感觉的性质提供了丰富的元素关系。解释颜色经验为何具有这样的性质时，就需要找寻到能够展现类似关系的神经状态和过程。但这些生理状态所具有的特性，如神经基础放电频率或区域间连通密度等，都不是颜色空间本身的性质。然而，这种无关性并不影响我们能够成功地获得两者之间的解释性映射关系；在这里起连接作用的只是它们之间共同的结构。

马克金认为，应用最佳的解释推理的通常科学实践在这里并不起作用，因为神经科学提供的是一种意识的第三者视角，而非自我意识视角。仅仅通过观察大脑的神经生理学特性，我们并不能得知什么是意识。然而，没有人会严肃认真地考虑去区分这两种视角。相反，研究者都在尽可能多地收集关于意识和大脑两方面的知识，再通过内在思维把它们的关系固定下来。因此，在颜色空间的例子

① 这种观点具有笛卡儿的传统，因为笛卡儿的二元论的观点之一是，所谓精神状态的不可分割是相对于物质的无限可分性而言的。

中，我们收集所有信息，如内省评估、心理物理学测量以及神经生理学等的研究结果，然后将它们系统地相互关联起来，从而勾画出一个有关中介 M 的图像。马克金提出的两难困境忽视了这样一个事实，即考虑所有的证据会使我们处于一个强认识论的位置。正如我们在第 2 章中讨论的那样，发现跨领域关系的方法只有在为每个单独领域(在此例中分别指颜色意识和神经生理)的内部组织及其相互关系建立起同时性的模型后，才可能出现。

另一种神秘的观点是乔·列文(Joe Levine)(Levine，1983，2001)提出的解释间隙说。莱文的理论显示出科学界对于两种恒等式陈述的差异。如果我们假设现象意识状态只是大脑的状态，那么可以预期，未来有一天我们会按照下面的恒等式去理解大脑是如何产生心理状态及其特性的："疼痛＝在后岛叶皮质层的神经放电"[①]。莱文对比了这类恒等式和另一类著名的恒等式，即"热＝分子平均动能"。他坚持认为，通过了解气体中分子的运动以及它们的运动如何产生了热，人们就可以理解并解释什么是热。在对热现象的解释中由于存在着对微观结构的解释，因此并不存在解释间隙。我们了解热在气体中产生的机理，即分子在气体中的运动：分子动能不断变化，气体的温度也随着发生着变化。我们可以想象，如果气体中没有分子运动，我们自然就会理解，气体一定是不会产生热的。

然而，他认为，在为神经事件找到任何类别的意识状态时，类似热与分子关系的理解是不存在的。因为我们可以"想象"出这样的可能状态，某人感受到疼痛但后岛叶皮层的电活动(PIA)并没有伴随出现(例如)。他认为，如果 PIA 的出现真的能够解释疼痛，那么我们就应该想象不出没有 PIA 的疼痛。一个恰当的解释要能够以某些方式表明，解释者为什么会使解释对象变得不可或缺。然而，正是由于这种不可或缺性的缺失，才使我们在想象中可以将解释者和解释对象分离开来，导致解释间隙的出现。

马克金和莱文所做的辩论最终都会令认知神经科学家感到为难，因为神经科学家们事实上并没能让我们知道，神经活动如何使人类产生了痛觉。相对于人类

---

① 疼痛事实上非常复杂，单一等式无法对之完全解释。传统哲学家的解释将疼痛与"碳纤维触发"关联起来。碳纤维是一种具有伤害性的感觉传入信息，但它们并不是实现痛苦的情感和感官特性的中央"神经网络"的一部分。狭隘的激活本身对于体验痛苦既非必要也非充分条件。更多详细的内容请见艾代德(Aydede，2006)和哈德卡斯特(Hardcastle，1999)。

当前理解的局限性来说，马克金和莱文两人的争论还算是公平的。然而，我们认为，解释间隙本身是可以得到解释的，而且最终也是会被克服的。

近期有一种可能的解释得到了人们的重视。它认为，解释间隙或许来源于人们在思考物理世界中的意识和无意识系统时使用了不同的认知系统(Bloom，2004；Fiala，Arico，& Nichols，2011；Papineau，2011；Robbins & Jack，2006)。将人类作为研究对象时，我们既可将它看作一个类似机械的物理实体，也可以将它看作意识的载体——经验主体所在地。然而，这两种理解分别对应着关于同一个物体的两种不同视角，这两种视角有时还会出现对立的情况。保尔·布鲁姆(Pall Bloom)(Bloom，2004)称这种现象为人类"直觉二元论"，罗宾斯和杰克(Robbins & Jack，2006)则分别站在机械论和现象论的立场上将它们做了区分。①

这里的关键点就在于，人们用来理解物体和简单机械运动的认知系统，也许部分地独立于人们用来描述情感、疼痛和其他意识经验的认知系统。对另外一个人疼痛的主体经验进行理解和归因，需要将我们自己在想象中投射到对方身上，以便去模仿他们的经验。然而在建构疼痛的神经生理状态时，我们则使用了一种不同的因果论证式推理方式。我们在通常情况下解释一个人的行为时，会将他看作经验的主体；而当我们进行科学论证时，则将他看作物理机器。如果机械论的观点与意识的归因可以分离开的话，那么，我们所讨论的解释间隙或许就是下述事实的副产品，即人类不能以任何自然的方式将人类心智中两个部分相互独立的认知系统连接起来。

因此，解释间隙就是我们认知结构中的一个真实的(或许还是偶然的)结果。要消除这种解释间隙，就需要系统地、以事实为依据地建构起现象意识状态与物理状态这两种领域之间的映射关联。我们现在就来讨论如何克服解释间隙的哲学视角。

7.3.3　表征理论

感知是建构意识理论的自然起点。正像第 6 章 6.1 部分所定义的那样，感知

---

① 这一"立场"来自丹尼特(Dennett，1989)具有影响力的意向立场。

系统是具有一系列感受器的表征系统，特别是它具有可以探测不同现象特性的末端感受功能。也就是说，作为一个生物设计之物，它们具有对这个世界的特征进行表征的功能。而这也许就是意识所要求的(或者差不多)全部。这个观点便构成了意识表征理论的核心内容。

佛莱德·德莱斯基(Fred Dretske)的观点是表征理论中的一个很好的例子。德莱斯基(Dretske，1993，1995)称，经验也许可以与感觉状态(能够指征环境特性的系统功能)统一起来。所以，感觉系统的输出就是意识表征。当视觉提供了一个人周围环境中的物体表征，或者嗅觉提供了某种气味传递的信息等，所有这些表征就构成了意识。经验的感觉性质就是我们感觉系统所具有的进行探测的自然功能。如果说对物体 x 的经验就是意识的话，那是"因为作为一类表征，意识让人觉察到(物体 x 的)特性以及物体(x 本身)，而这些又正好等于对物体的(感觉)表征"(Dretske，1993，p. 280)。状态是(不及物的)意识，却具有使人(及物地)意识到事物的功能。

然而，这种完美的统一论也受到了挑战，如人们发现了无意识知觉状态的现象。在阿姆斯特朗(Armstrong，1968)的一个著名研究中，被试在模拟器上"自动驾驶"了很长一段距离之后，才突然意识到自己还不曾关注到路面的情况。但在整个驾驶过程中，被试经历过改变车道，(尽可能地)保持适当速度，躲避其他车辆等经验。上述经验显然没有在被试的记忆中留下任何痕迹，甚至在终于"苏醒"过来并开始关注周围的路况之前，他们偶尔还会出现轻微的懵懂迷茫的状态。我们可以十分自然地将该实验结果描述为，是被试的无意识知觉引导着他们的自动驾驶行为。

驾驶行动当然始终由视觉系统引导，视觉则会产生一连串关于道路的表征。但根据德莱斯基的观点，所有这些表征无疑都属于意识。他认同如下的结论，被试的突然"苏醒"并非由于他们突然获得了关于道路的意识经验，而仅仅是由于他们开始注意到了自己知觉状态中的一些东西。视觉表征让我们觉察(意识)到道路，但这与我们是否觉察到自我知觉状态本身是没有关系的。因此对德莱斯基来说，一个人可以具有"觉察不到的"意识经验，就像自动驾驶汽车的司机那样。

反对表征理论的另一种相似观点来自神经科学研究的损伤现象，如盲视。盲视患者的纹状皮层(V1 区)受到了大面积损伤，这导致他们的视觉区出现大量暗点或盲区。盲视患者自己通常会报告,他们在这个区域看不到任何东西,或者最多只有一些模糊的感觉。他们似乎对盲区的意识经验看起来大部分(或者全部)缺失了。但是,当实验者让他们对盲区的内容进行猜测时,他们却做得相当好。他们可以区分出物体的颜色、方向或形状,可以探测出运动的方向,甚至可以用手指向这些物体(Weiskrantz,1997)。这些盲视被试对自己能够表现得如此准确也感到十分惊奇,因为他们丝毫不知道自己看到了什么。他们的前端视觉通路虽然受到了严重损伤,但与周边的神经通路尚有足够多的连接,可以替代完成上述视觉报告任务。这提示,盲视患者的视觉系统仍然能够产生一些表征输出,从而能够影响到他们的行为。

盲视患者报告不出视野盲区中的任何东西,因而,可以以一种十分清晰明了的术语说,他们对该视野中的内容是没有意识的。然而大量的研究表明,他们仍可以在该区域进行某种视觉加工,从而在适当的条件下可以引导自己的行动。因此盲视现象为将意识经验和知觉系统的输出统一起来的表征理论提出了一个疑问,因为两者在盲视现象中显然是分离开的(Carruthers,2000,2005;Pacherie,2000)。

神经功能完整的个体也可出现同样的现象。我们先来回忆一下有关视觉系统是如何组织架构起来的主导理论。该理论表示,视觉有两个主要通路,分别发挥着不同的功能角色(参见 6.3 部分)。腹部通路专门用于识别环境中的物体,背部通路则专门用来通过视觉指导行动,如伸手指向和抓住物体等。背部视觉通路的操作看起来大部分是无意识的,尽管它们以复杂的方式控制着实时的外显行为,甚至我们每天的行为似乎都受到视觉输入而不是视觉经验的引导,这就十分类似于盲视患者的情况。

表征理论家对上述现象所做的回应是给意识状态规定了功能条件。例如,迈克尔·泰(Michael Tye)(Tye,1995)提出,只有当知觉状态准备好为信念形成系统提供直接输入时,它们才成为意识。当然这并不是说主体一定要在这些知觉状态的基础上实际形成信念,而只是意味着这些状态准备好了,可以向更高级的概念系统传输信息了。德莱斯基(Dretske,1995,pp. 19-20)也认可关于这一条件的另一种说法,即意识知觉就是那些整装待发、随时可以上传给其他认知系统(特别是概念思维系统)的知觉状态。

阿姆斯特朗所做的分心司机知觉实验支持了这个功能条件。司机在给定的视觉输入情况下，任何时候都能形成关于道路状况的信念，就算他实际并没有这样去做。因此可以说，司机的这些视知觉应当算作上述意识。针对上述盲视以及背部视觉通路引导行动的案例，泰和德莱斯基也许会这样解释：这两个例子中的视觉状态还没有适当地准备好，以作为输入信息上传，进而形成信念信息指导动作反应。尽管盲视患者经常能准确地猜出他们看到了什么，但他们并没有以任何直接的方式对所看到的东西形成信念。因此，他们的视觉状态并没有准备好上传，故而也就不构成意识。

7.3.4　高阶理论

然而，人们还可以假设，感觉登录在上升到意识层面之前实际上是发生了的。因而到目前为止的争论都围绕这个问题而展开，即知觉状态(或想法)成为意识时究竟什么发生了改变。高阶理论认为，只有当原初的知觉或想法(水平一阶状态，L1)成为第二阶心理状态(水平二阶状态，L2)①的表征目标时，它才变为意识。"高阶"这一术语指的是，一种状态若要成为意识，它就要被另外一种心理状态所表征。与简单表征理论不同的是，在这一理论中知觉系统的输出并非内在确定一定就是意识，相反，只有当它被适合的高阶心理状态作为表征目标时，它才成为意识。

高阶理论至少有两种形式：高阶思维(higher-order thought，HOT)理论和高阶知觉(higher-order perception，HOP)理论，两者的区别在于产生意识的高阶状态的类型。HOT 理论认为，当另一种想法(L2)指向 L1 时，L1 就变成意识(Rosenthal，2005；Lau & Rosenthal，2011)。想象一下，你坐在椅子上，就会 207 对它施加压力。你的大脑自始至终在知觉系统的某个地方登录着这个压力信息。你不会感觉自己正在向地板跌落，而是觉得自己被椅子非常安全地支撑着。而一旦当你开始思考这个感觉时，它就成为你当前思维的目标。更正式地说，你正在

---

① HOT 理论认为，L1 必须实际上成为 L2 的目标。这与认为 L1 一定从一开始就是 L2 或其他高阶状态目标的理论是不同的。我们在这里不再探讨它们之间的区别。关于 HOT 理论，请详见卡拉瑟斯(Carruthers，2000，2005)。

进行这样的思考：我此刻正在经验着大腿上的压力。对这个经验的思考，就使经验本身成了意识。你现在便觉察到了自己的感觉：压力的大小、座椅的软硬，等等。当一个知觉(或想法)伴随着主体思考自己是如何知觉(或者思考)时，它就成了意识。

HOT 理论捕捉到了关于意识的一个重要观点，即一个状态是否为(不及物的)意识，就在于人是否(及物地)意识到了它。这一点使意识和觉察建立起了关键的连接，而这正是表征理论所缺失的。人的许多持续进行的认知和知觉活动都处于人的觉察范围之外，因此它们是无意识的。然而，对于是否应该依据复杂的认知理论(如高阶思考)将察觉进一步分解和分析的问题，人们还存在着争论。HOT 理论要求，有意识的生物应掌控着全部心智概念，并能够在自我类属的行动中应用这些概念。这些概念就是高阶思维本身的材料。例如，"我正在体验着大腿上的压力"，或者"我正体验着红色矩形物体的视觉"。为使 L1 状态成为 L2 状态的目标，需要将 L1 描述为某种类型的知觉或认知状态；而进行这类描述的前提则是要掌握关于这类心智状态的概念。

然而，这样的要求也许太过分了。我们将会在第 8 章看到，至少相对于基本知觉能力而言，对心智状态的理解(形成概念)也许是在人生发展的较晚阶段才出现的一项技能。例如，对心理状态进行归因或许要等到儿童 3～4 岁时才能出现。如果按 HOT 理论的要求，只有在能够进行自我类属的思考和经验时，人们才具有意识，那么，意识本身在人的发展过程中也许就会出现得很晚。但这是令人不可思议的。

同样，如果意识的出现需要掌握描述某类心智状态的概念，那就意味着，很多非人类的动物将根本不会具有意识。例如，卡拉瑟斯指出，如果认为动物会将自身的经验当作其思维的内容，那就实在是难以令人苟同了。动物不可能将自己的经验作为思考内容，如自己的心理活动，因而，它们不会有意识地经验到疼痛或其他类别的心理状态。尽管卡拉瑟斯(Carruthers，2005)赞同这一结论，但许多人则对此持尖锐的批判态度(Jamieson & Bekoff，1992)。我们还不清楚意识在自然界中究竟扩展到了怎样的程度，但若假设意识只局限出现于智能生物身上，如人类和很少几种灵长类动物等，那么，这无论如何都是难以令人信服的。

HOT 理论过高的要求促使学者们去寻找其他高阶理论，其中最为突出的便是高阶知觉理论 HOP(Armstrong，1968；Lycan，1987，1995)。HOP 与 HOT 大致相似，但 HOP 与后者的区别在于它认为形成意识的高阶状态是知觉而非思维。在阿姆斯特朗(Armstrong，1981，p. 61)的构想中，"内省意识……是人们对心智当前状态和活动的一种类似知觉的觉察"。根据该理论，意识是以一种"内在感受"的形式出现的：当一种状态(L1)成为内在知觉状态(L2)的目标时，它便成了意识。

HOT 理论和 HOP 理论最大的不同也许就在于关键的第二阶段的复杂程度。知觉状态并不需要概念。因此，原则上来说，就算是婴儿也可以对当下的体验具有内部知觉，并能够将它带入意识。如果高阶状态是需要概念的思维，由于婴儿尚不能对自身经验概念化，故而婴儿缺乏对自身经验的概念，因此他们就不能够对"我有着这类或那类的体验进行思考"。HOP 通过降低关于意识状态的理论复杂性，为解决 HOT 理论带来的过高要求问题提供了一种方法。

然而，这并不意味着 HOP 理论本身没有问题。一种反对意见恰好来自高阶理论的提倡者。HOT 原型理论提出者罗森塔尔(Rosenthal，1997)根本不赞同 HOP 理论。他认为，不应该将知觉作为解释意识的高阶状态。他辩护的逻辑基础是，因为知觉状态总会包含着某类感觉性质。而如果理论上假定内在感受模型是知觉的话，那么，当我们对自身心理状态产生二阶知觉时，必定会伴随出现某些特殊类型的感觉。然而，实际上这样的特殊感觉性质并不存在。当你出现被猫舌头舔小臂的意识经验时，你察觉到唯一感觉特性都来自一阶的知觉状态自身。除此之外，并不存在任何来自对一阶知觉状态的内部感知中的感觉性质。而如果这种特殊的感觉特性不存在，也就不存在作为二阶状态的知觉了。因此，HOP 理论也就不成立了。

209

HOP 理论维护者，如莱肯(Lycan，2004)，对此做出了如下的回应。内在感受应可以算作为一种知觉，虽然它与正常的知觉并非完全相类似。他认为："HOP 理论拥护者当然不会说，内在感觉会在每一个方面都类似于反映外在世界的知觉，特别是，我们也不期待内在感觉在其运作过程中总会包含着某些性质的感觉。"(Lycan，2004，p. 100)因此，内在感觉也许仅仅是一种不常见的知觉。但是，他的这种回应却忽视了两者之间的不同之处。我们在 6.1 部分讨论过，感觉系统包括各类专门的感受器。但是，似乎没有任何感受器可以触发内在感觉的运作，大脑中也不存在着任何种类的感受器。另外，感觉系统还要通过一类近端的刺激去追踪某类远端的物体。但上述这两种特性都是内在感觉所不具备的。最后，感觉系统自身还构成了特殊的现象学。莱肯自己也不得不承认，内在感觉缺乏上述所有这些东西。那么，作为高阶知觉的理论还剩下些什么呢？或许所剩无几了。

7.4 注意是意识的守门员

上述综述清晰地告诉我们，各种意识理论之间存在争论是十分正常的。尽管如此，也许我们还是可以达成某种一致的。事实上，在前面的讨论中，我们可以找到共同点的种子。例如，尽管泰的正式立场认为，意识的产生取决于一个表征是否准备好了去影响我们的信念，但他也指出，注意在这里也会发挥重要的作用。如果"注意聚焦好了，合适的概念也准备好了。那么，知觉就可以成为信念的输入了。所以，注意缺失会阻止信念的形成，就像概念的缺乏也可阻碍信念的形成一样"（Tye，1995，p138）。对于泰来说，信念是重要的，但是，也许进入信念王国的钥匙正是由注意保管着呢。莱肯（Lycan，2004，p.700）关于 HOP 的正式立场认为，"意识是内在注意机制指向低阶心理状态和事件的功能"。简单表征主义和高阶理论看起来都喜欢这样的观点，即注意是产生现象意识的内在光源。

注意是现象意识守门员的观点构成了以下几种主流模型的核心，其中包括由伯纳德·巴尔斯（Bernard Baars）和他的同事们发展出来的全局工作空间（the global workapace theory，GWT）理论（Baars，1998，1997，2002；Baas & Franklin，2003；Dehaene & Naccache，2001），以及杰斯·普林兹（Jesse Prinz）关于注意的中级表征（attended intermediate representation，AIR）理论（Prinz，2012）。这两种理论在某种程度上都受到了威廉·詹姆斯（William James）的启发，他说道"我经验到的是我同意给予注意的。只有那些我注意到的事物才形成了我的心智。没有选择性的关注，经验就完全是混乱的"（James，1890，p.402）。

首先来看 GWT 搭建的框架。我们在（第 3 章）中看到，心智是一个巨大的认知系统，包括了感觉和其他许多进行推理和问题解决等的装置。但所有这些装置都需要有一种途径去协调彼此的活动，并建立一个关于世界至少大致是一致的整体表征。为了达成这一目标，所有系统的输出都会被运送到工作记忆，一种临时的工作场所。与正在进行的思考和行动相关(或可能相关)的信息都在这里被汇集起来。工作记忆在任何时候都存有来自各种感觉通道的各类表征、心理表象、观点和思维碎片、待加工的言语，等等。有关工作记忆的近期理论模型认为工作记忆是由各种可分离的部件组成的，这些组件的功用是排演内部言语、保管视觉空间信息，等等(Baddeley，2007)。

依据 GWT 理论，工作记忆中的所有内容对于意识都是潜在可用的。但是，表征仅仅进入工作记忆还不足成为意识：只有当工作记忆中的一系列表征被共同注意到时，它们才能成为意识。巴尔斯借用聚光灯隐喻提出，注意选择是将工作记忆中的某些表征在大脑中进行广泛传播的一种机制，它使这些表征更能够通达到其他认知系统，并对其他系统进行控制；这也加强了它们在引导当下行为、进一步做出推理加工和从事更复杂学习活动时的作用。选择注意促进了信息在这个循环中的流动，使得这些表征在当下目标情境中具有更大的可用性。所以，意识表征正是那些被注意到并进而被广泛传播到其他认知系统的表征，它们被用于固化信念、管理目标和产生行动等。这个模型涵盖了意识状态的一些核心特征，如前面提到过的事实，某些表征总可以被报告出来，或者总可以被用于推理。因而当我们意识到某事时，我们总能依据这些表征做出周到而详尽的相关行动。

普林兹也认为，注意是意识的中心。但不同于巴尔斯，他将一些略有差别的 ₂₁₁ 角色赋予注意。他的理论更新和拓展了由心理学家和语言学家瑞·杰肯豪夫(Ray Jackendoff)(Jackendoff，1987，2007)首创的意识理论。杰肯豪夫的理论认为，意识产生于知觉系统中某个特殊功能层进行的加工。依据戴维·玛尔(David Marr)的观点，我们可以区分低级、中级和高级的知觉加工。以视觉为例，低级加工仅处理视觉阵列中的"位图"，它表征的是视觉场景中由像素呈现的平面照度分布。在中级加工过程中，视觉阵列被进一步加工，表征的是线条和边缘，从而确定了物体的最初边界。这些物体同时还被赋予其他的视觉特征，如颜色、质地和位移等；物体之间的距离及它们与被知觉到物体的距离也被进行编码。最后，在高级水平，视觉加工将知觉到的物体再编码为一个抽象的、全景的三维模型，并将该模型与记忆中存储的具有相同几何和空间特征的物体信息进行比较，以便为对物体归类进行的推理提供支持。

杰肯豪夫坚持认为，意识产生于中级水平的表征过程(Prinz, 2007)。他为此收集了大量证据。他特别注意到，中级知觉加工水平所表征的那类感觉特征，与我们自己现象意识中的突出内容有很高的相关。这些表征精确地捕捉到意识所具有的细节层次。[①] 但中级加工本身并不产生意识。普林兹再一次暗示，需要在这里加入注意。当我们将注意转向视觉场景中的某个部分时，中级加工中的相应部分表征就被优先激活，并被选择出来做进一步加工。因此他的理论就被命名为"注意的中级表征理论"。

与 GWT 理论类似，AIR 理论在注意和工作记忆之间建立起了联系。然而，普林兹否认意识表征就是记忆中被编码了的表征，相反，注意所起的作用是让表征进入工作记忆。他认为，注意使信息流发生了改变，它使信息变得"可用于被控制并被精心设置的加工过程之中"(Prinz, 2012, p.92)。根据 GWT 理论，只有那些已经存储在记忆中的信息，才可以被注意并被传播；但在 AIR 理论中，是注意将尚未进入记忆的信息变为可通达的信息；一旦它们进入了记忆，它们从而也可以被广泛传播。尽管存在这些细微的差别，但两种观点都认为：注意是现象意识所必需的。下面我们来看看支持和反对注意守门员理论的证据。

7.5 守门员理论的评估

7.5.1 注意瞬脱和眼盲现象

我们在前面讨论经验错觉(6.2 部分)时，曾简单介绍过漫不经心和变盲两种现象。典型的变盲研究是给被试呈现一系列图片，开始呈现的图片包括所有内容(如大型客机的正面照)，接下来呈现的照片可能会缺失某些东西(如缺少左边的发动机或者不很明显地缺少了某个机窗)。之后，实验者就不再给被试提供第一张图片，而是询问被试后来呈现的图片与第一张图片有何不同，或者它缺少了哪些部分。在多数情况下，被试都没有注意到图片内容的变化，他们无法辨识出有

---

① 我们在 7.3.2 部分讨论过避免神秘主义和解释间隙的策略，由此来说，这一观点就非常重要了。

哪些不同或什么发生了变化。尽管若将前后两张照片摆放在一起时，他们大多可以指出两者之间的不同。在这类实验中，研究人员不给被试提供线索，以提示他们哪些地方发生了改变(Rensink，2000a，2000b；Rensink，O'Regan，& Clark，1997，2000)。在常规变化的信号被抑制后，被试的注意就不会被引向变化之处，其结果就是，变化因此就进入不了他们的意识。

不知何因，有少数被试可以立刻找到变化之处。很显然，他们既看到了变化，又有意识地将变化进行了登录。而且，当人们用语言提示发生变化的可能方位时，他们会迅速地察觉到变化的部位，就好像他们已经在注意定势中为此做好了准备。但那些没能指出变化的被试又是怎样呢？好像其中有些人没能把目光停留到正确的图片位置上。然而即使给它们足够长的探索时间，他们也没有找到变化，其中的原因就不太可能是因为眼睛没有去看正确的位置了。事实上，希尔费曼和马克(Silverman & Mack，2011)发现，变化了的刺激可以提高被试在后来完成再认任务时的成绩：该实验给被试呈现字母排列的变化，被试对这些变化字母的察觉会帮助他们很好地完成之后呈现的变化图形的任务。这表明，关于变化的信息已经传达至知觉系统，但还没有被传达至任何更高级的对比认知机制。其中一种可能的原因是，两次刺激呈现之间的闪烁干扰了被试选择性地注意部分视觉情景的能力。而提示注意变化内容的线索似乎减少了上述现象的发生。因此看来，在这些例子中，被试对变化缺乏有意识的察觉，最终还是要归结于注意。

无意视盲是指当某人的注意被其他任务吸引住时，他就无法有意识地察觉意外出现的刺激(Mack & Kock，1998)。许多实验结果比前述的变化视盲实验的结果更加令人吃惊，它们揭示出的非注意视盲现象进一步支持了下述观点，没有注意，意识知觉就不会出现(Most，2010；Most et al，2001；Most，Scholl，Simons，& Clifford，2005a；Simons & Chabris，1999)。在经典的"我们中间的大猩猩"实验中，让被试看一段视频。视频中的学生们围成圈互相传递着一个篮球；研究人员要求被试数出学生们传球的次数，至少要数出 20 次以上。在这个过程中，一个穿着猩猩服装的人穿过那群学生，拍了拍胸脯然后离开。结果是绝大多数被试都报告说没有看到大猩猩出现。直到研究人员给被试重新播放录像，也不再要求他们计算传球次数时，他们才惊讶无比地看到了大猩猩。这一令人印象深刻的实验结果说明，聚焦后的注意能阻止视野中的物体进入意识。

又该如何解释这一结果呢？有人会认为，这是由于被试的注意聚焦在篮球传递上，而不在大猩猩身上，因此，那些注意到大猩猩的人与没有注意到大猩猩的人相比，他们的视觉点一定会有所不同。然而，眼动实验研究表明，两类被试的眼动轨迹具有很强的相似性，这让上述解释不攻自破(Mast，2010)。如果一个刺激通过注意而被知觉登录进来，但被试又不能将其报告出来，那么注意的守门员理论对此的替代解释就是：该刺激还没有被注意到，就被阻挡在进入意识可能性之外了。

最后，还有一种被称为注意瞬脱的现象。虽然无意视盲(inattentional blindness，IB)和注意瞬脱(attentional blink，AB)也许相关，但它们仍是不同的现象。[①] 与 IB 实验不同，AB 实验不要求被试完成某种会分散其注意的认知任务。在典型的 AB 实验范式中，研究人员给被试快速呈现一系列刺激，如一连串图片。图片中至少有两张目标图片，它们与其他刺激图片有所不同。通过系统地改变目标图片 T1 和目标图片 T2 之间的呈现时间，就可以测量出两者的时间距离，又被称为时间"延迟"。在呈现 T1 后，如果第二个目标的呈现时间延迟了几百毫秒，那么"瞬脱"现象就会发生，即被试无法报告或探测到第二个目标图片 T2。虽然瞬脱的出现是基于被试的自我报告，但被试确实无法识别或探测到 T2 的存在。当然有一些研究者认为，即便 T2 没有被报告出来，它也可能被完全知觉到了。这暗示着瞬脱现象发生在后知觉阶段(Vogel & Luck，2002)。

一些证据表明，AB 与注意选择机制相关。在综述神经科学对 AB 研究的相关文献时，马腾斯和崴波尔(Martens & Wyble，2010)报告说，目标 T2 在前 150 毫秒的加工期间，已经引发了与知觉加工相关的正常神经活动，但它未能引起注意选择反应。后一种反应通常发生在 200 毫秒左右。而且，它也未能引发通常都与工作记忆相联系的事件相关电位(ERP)，尽管所谓"瞬脱"T2 目标的出现会激活一些与语义表征相关的神经区域。

此外，注意瞬脱还可能会出现在 T2 目标之前，可被含有情绪成分的刺激所引发 (McHugo, Olatunji, & Zald, 2013；Most, Chun, Widders, & Zald

---

① 一些研究者(Beanland & Pammer，2012)发现，对于 AB 敏感的个体，也会更容易变得对 IB 敏感。

2005b)。史提夫·牟斯特(Steve Most)和同事让被试在实验中寻找一些目标。目标或者是旋转的地图，或者是建筑物照片。每张照片呈现 1 秒。在视觉刺激变换之中，研究人员会插入一个情绪刺激，如带有可怕的伤口或者一个人用刀威胁另一个人的照片。该刺激在第二延迟时间(情绪刺激后的第三张照片为目标 T2 时)中引起了瞬脱现象，而情绪刺激出现 800 毫秒后，瞬脱现象消失。随后的研究使用了非厌恶刺激(如色情图片)、代替图片刺激的文字、反转的厌恶条件刺激等，也都发现了类似的结果。这说明该现象具有普遍性。瞬脱现象与情绪唤起有关，*215* 而与刺激呈现的感觉通路无关。看起来强度大的情绪刺激会吸引注意，从而暂时性地阻挡了后续刺激内容进入意识。

7.5.2 反对的声音及尚待回答的问题

综上所述，所有这些现象都表明，注意与意识有密切的联系，这似乎与类似 GWT 和 AIR 这些注意守门员理论所做出的预测一样。我们接下来再来考察一下这些理论所面对的各种实证和理论的挑战。

首先来看有关改变盲视现象。我们前面提及的标准观点认为，人们确实看到了那些被改变的东西，但却没有意识到这些改变。一个替代性的观点则认为，人们看到并且也意识到了改变，但缺少了另外一些被称为信念的东西，因而他们没有形成视觉场景已发生了改变的信念(Dretske，2004，2007)。只要缺乏了任何可能会长久记录改变已发生的信念，人们就拒绝看到变化。德莱斯基(Dretske，2004)将这个现象进一步称为"差异视盲"。因为他认为，被试意识到了场景的改变，但由于没能将这个场景与其他场景比较，所以他们注意不到场景之间的差异。德莱斯基坚持认为，盲视是因为缺乏看的能力，但差异视盲则并非如此。导致差异视盲的不是缺乏看到场景差异的能力，而是缺乏形成变化已发生的信念的能力，缺乏将所发生的改变记录为变化的能力。

德莱斯基依据的原理是，一个人或许可以看到什么构成了变化，但仍无视它就是已经发生了的改变。也就是说，某人看到了 a 现在变成了 F，但却无视 a 现在就是 F。[①] 在许多情况下，人可以看到甚至有意识地注意到了某事，但仍然注意不到变化和差异。假设你好久没有见过某人，他现在已经长出了胡子。在和他聊了几分钟后，你一定看到了(并且有意识地看到了)他的新胡子，但你就是没有注意到他的胡子是新出现的，也没有形成这个人已发生改变的信念。

无意视盲理论也遇到了类似的挑战。沃尔夫(Wolfe，1999)提出，将无意视盲称为"非注意失忆"或许更为恰当。所有的相关研究都包括了快速呈现刺激然后将刺激移开的程序，只是有的实验采用其他刺激互相替代的程序。"盲视"理论对此的解释是：被试在这些实验中未能报告改变的原因在于，他们只是没有意识到这些刺激。然而，也可能是因为被试不仅意识到了前后两个刺激，而且(潜在地)意识到了它们之间的差异，只是他们没能在记忆中保存这个差异信息。沃尔夫认为，"视觉表征不具有记忆"(Wolfe，1999，p.74)，因此，对此也可以做这样的解释：被试非常暂短地意识到了改变，但即刻就忘记了。沃尔夫以一种敏锐的方式提出了下面的核心问题："如果一个人不能即刻记住他所看到的东西，我们是否还可以说，他有意识地看到了该物？我认为，没有理由不去做这样的推论。"[②](p.89)

布洛克(Block，2007，2011)进一步强化了这个挑战。他争辩道，现象意识的内容要比人们在任何时刻所能注意和通达到的内容都要丰富得多。他称此为现象意识的"溢出"。布洛克的观点引出了乔治·斯柏林(George Sperling)(Sperling，1960)的著名研究结果。斯柏林告诉被试，他们要看一个 3×4 表格中的数字和字母。格子先闪现 50 毫秒，然后出现一个视觉遮蔽，再呈现一行(上、中、下)线索符号。被试的任务是报告出该行中线索符号的内容。斯柏林发现，尽管刺激呈现的时间很短，被试一般都能准确地报告线索行中的所有字母。然而，当格子闪现后不再呈现线索时，被试最多只能回忆出某行格子中 3 个左右的字母。斯柏林总结道，这是由于呈现线索提示行之后，即刻要求被试进行回忆的结果。因此，视觉表象会在一个极短的时间间隔之内衰减；而在此期间，即便是消失了的刺激仍可被报告出来。

最有意思的是，被试也自称能够看到呈现在表格中的所有元素，尽管他们后

---

① 德莱斯基(Dretske，1993)将前者称为"事物觉察"，将后者称为"事实觉察"。前者(看见作为 F 的 a 时)并不需要调动对 F 的概念，而后者(看见 a 就是现在的 F)则需要动用 F 的概念。

② 然而，参见牟斯特等人(Most et al.，2005b)引述的可以否定这个解释的研究，也可参见西蒙斯的研究(Simons，2000)，他使用"非注意失能"进行了解释。

来只能回忆出其中的若干元素。这就意味着，他们的现象意识在刺激呈现时似乎可以覆盖表格中的所有内容。他们并非只看到了单独的某一行，尽管他们被要求只报告某一行的内容。被试可以回忆任意一组刺激的事实似乎支持了现象意识在短时内具有丰富性的假说。但另一方面，通达意识则是一个受到极大限制的能力。注意也许可以将一些内容信息从短期视觉缓冲中挽救出来，并将它们保存到工作记忆中，但是根据溢出论，这些内容在被选择出来之前，已经全部进入到了意识。按照布洛克早期做出的区分，注意对于通达意识是必须的，但对于现象意识则不一定如此。 *217*

7.6 结论

本章的讨论试图将现象意识的一些研究放在心理学领域中加以解读，用以填补解释间隙。注意被证明也许是达成统一解释的关键。同时，注意研究的学者们也一直强调注意在产生认知—行为反应中的核心作用。一种有趣但尚未被深入探索的可能性是，若将有关意识和注意的观点放在一起考虑，或许能够为解决意识在心理生活中的基本角色问题带来启发。如果注意在解决行为选择的问题上具有重要功能，并且意识是由注意这个守门员启动的，那么，对现象意识本身的解释就可以先从考虑注意在产生理性行动中的功能作用开始。但我们现在还是把这些有趣的猜测暂且搁置一旁吧。

关于注意和意识的关系问题，我们还有很多事情要做。现象意识溢出问题的存在显示出这项工作有多么困难，因为我们还不完全清楚如何正确地描述被试在各种实验(如斯柏林的实验)中表现出的反应现象。尽管可以讲出很多故事，但即便最好的研究结果目前也还是十分难以解读的。更令人困惑难堪的一种可能性在于，上述困难也许就源于我们人类缺乏认识自己意识状态的一般能力。哲学家埃里克·茨戈贝尔(Eric Schwitzgebel)这样说道，"就算是在最有利的情境下，我们在反思自身情绪、视觉和认知现象时，也很容易犯下严重的错误"(Schwittgebel，2011，p.129)。如果我们的经验真的与生俱来就拒绝被一种一致而稳定的理论加以解释的话，那么，有关意识的研究就可能会因此面临比目前遇到的困难更为艰巨的挑战。

8.1 他人的心智

"大众心理学"这个术语最早是由哲学家使用的，用以指代我们日常生活中预测和解释他人行为的能力，以及理解彼此都是具有意识和思维的社会个体的能力。这些能力也被称作"常识心理学""读心术"或者"日常行为心理化"。"大众"一词虽然有些哗众取宠的意思，但它只是用来指称这样一些人——他们努力探索我们的社会生活，但又不求助于科学心理学研究的手段。大众心理学至少涉及将他人看作有心智的人，并为他们赋予特定心理状态和过程等。缺少这些能力的人被称为"心智盲"。心智盲者常用动物和生物来诠释这个世界，他们不明白，生物的行为是由理性推动的，而理性又包括人们的知觉、动机和信念等(Cohen，1995)；他们甚至不认为，这个世界是由众多有着自己内心生活的人组成的。

很显然，人们从很小时就拥有了一些大众心理学的技能。但是，大众心理学是一个不透明的工具，它不能令人信服地展现出自己的内部工作过程。虽然，人们对自己心智的运作经常会构想出精心论证的理论观点，但就其准确性而言，它们最多只算是初步的猜测。我们日常的观点并不能解决大众心理本身是如何操作的问题。例如，它具有哪些能力？它获得了哪些知识？它与其他认知系统具有怎样的关系？下面我们就来试着去探讨这些问题。

8.2 作为一种理论的大众心理学

对大众心理学的近代研究大致起源于存有争论的弗里茨·海德(Fritz Heider)的作品，尤其是他 1958 年出版的《人际关系心理学》(*The Psychology of Interpersonal Relations*)一书。海德开创了对归因(人们对环境和社会中可观察事件做出的解释)现象背后的心理过程的研究，并且第一次将常识心理学的内容作为重要的研究对象。社会心理学家仍在继续这类研究，并在有关归因理论的研究方面也取得了不少成果。

威尔·塞拉斯(Wiltrid Sellar)那篇有影响力的论文《经验主义和哲学思想》(Empiricism and the Philosophy of Mind)(Sellar，1956)也对此做出了早期的哲学贡献。塞拉斯提出了一个关于心理语言和概念起源的神话学说。在他的想象中，人类祖先拥有一种原始语言，使他们能够一起讨论和描述那些可观察到的物理对象，以及可观察到的他人行为和谈话。但是，这种语言还不能用于谈论信念、愿望、心理表象和思想等。因此，人类祖先就不得不进一步去发掘思想和用来指代思想的语言。对于塞拉斯来说，这种发现采取了一种理论直觉的形式，也就是人们假定，每一种行为后面都隐藏着某种不能被观察到的原因，而这些原因可由片段的内部言语所表征。内部言语类似外部言语，常伴随着行为而出现。但它们的不同之处在于，内部言语出现在行为之前，可为行为做出解释。人们因而就推断，那些不能被观察到的思想是外显行为原因的最好解释。虽然该归因学说具有神秘的一面，但除此之外，塞拉斯还是清楚地表明了，大众心理学的讨论也可以具有理论的目标和结构。

大众心理学的第三个源头来自大卫·普雷马克(Darid Premack)和盖伊·伍德拉夫(Gtuy Woodruff)发表于 1978 年的文章《黑猩猩是否有心理理论》(Does the Chimpanzee Have a Theory of Mind?)(Premack & Gtuy，1978)。正如标题显示的那样，该文探讨非人类灵长类动物在多大程度上能像人类一样理解和归因心理状态。他们第一次明确地为这种能力创造出了"心理理论"这一专有名词。这一决定不单纯是词汇上的取舍，更是为大众心理学提供了一种相当特殊的理论框架，一个十分类似于塞拉斯学说的学说。这就是为什么心理理论最终被称为大众心理学中"关于理论的理论"(TT)的缘由。①

一个理论的核心构念需要被加以详尽的阐述。科学理论为大众心理学提供了一种进行阐述的可能模型。这似乎正是塞拉斯在脑海中所设想的：精心编制大众心理主义解释的活动十分类似于对复杂系统行为做出的各类科学解释的过程。普通人具有的人类行为的信息体系在形式和内容上应该与科学理论相似；而获取和应用大众理论的过程也应该类似于相关的科学研究活动。

当然，很少人会相信，在对行为原因进行理论探讨时，普通人进行的日常心理活动与科学家们的研究等量齐观(Faucher et al.，2002)。科学是一种以技术为中介的、集体合作进行的探索活动。科学家们实施严谨而有控的实验，进行结构化的观察；他们使用记录和测量装置获取和分析数据；他们从一堆杂乱无章的普通事件中提取出现象，再与他人分享研究结果。这些复杂的活动形式在普通人的日常生活实践中是很少见到的。

纯粹的大众理论从细节上说也是不可能与科学理论相比较的。但是，在一个更为宽泛的层面上它们又确有相似之处。根据科学哲学的主流传统，科学理论由定律构成(详见第 1 章)，而大众理论的核心也是一组类似于定律的推论。这些类定律能够组织起来用于对日常行为的心理学理解，如进行具有因果观念的解释和预测等。一个单纯的大众理论，无论是物理学的还是心理学的，至少应该是一个具有类似定律因果推论形式的心理表征体系，能够被广泛用于解释或预测的情境之中。这套推论还应与行为证据(动作和他人的运动，如面部表情、演讲模式和身体姿势等)结合起来，以便于人们对他人的行为进行归因，描述他人的内部心理动态，并将他人的心理动态与其未来的行为关联起来。

可惜的是，试图为大众心理学阐明这些理论原理的努力，一直以来都没能为大众心理学定律找出适当的候选者。卡拉瑟斯(Carruthers，1996，p. 24)曾尽可能地列出了一些候选定律。例如，"有人想让 q 状态出现。他相信，如果 p 那么 q，并相信自己有能力使 p 出现；因此，在其他条件相同的情况下，他就会形成一个促使 p 出

---

① 术语"理论的理论"取自亚当·莫顿(Adam Morton)(Morton，1980)。尽管他给出了这个广受欢迎的名字，但莫顿自己却持反对态度。我们用大写字母标出这个有些拗口的名字，以便提醒读者这并非印刷错误。

现的意图。若有人已经形成了意图，促使'R出现，p就出现'得以实现，且他相信R会出现，因此，他就会采取能够促使p出现的行动"。大众心理学中只有屈指可数的几个类似于定律的推论。这就使人怀疑，大众心理学是否能够明确地解释哪怕是最简单的社会互动过程。但是，大众心理学的解释能力显然还是十分世故练达的，只是我们对它的描述还十分有限而不足。这就凸显了大众单纯理论的一个典型特征——内隐性，即它们的中心原理似乎只可意会而不可言传，不可通达到意识层面。虽然内隐的原理可由某些心理系统表征出来，并被人们在无意识中熟练地加以应用，但是我们无法对之进行内省，并用语言表述出来。

这些大众理论不仅是内隐的，而且它们在许多方面还常常是不明确的。这可以从它们进行表述时附带的众多条件句(如"所有情形都是相等的条件下""在其他条件不变的情况下"等)看出来。这些理论对于所描述状态产生的条件无法给出精确定义，也无法对背后的动态机制给出明确而无例外的描述，它们只能对知觉、思维和行动之间可能存在的相互作用给出一般性描述。这就是韦尔曼(Henry Wellman)(Wellman, 1990)指出的所谓"框架理论"。"框架理论"只能对相关研究领域的实体因果机制给出一般性的定义，而不能由推论得出具体的、局部的、个性化的因果关系。而更为具体的理论一定是在个案基础上，由框架理论指导而产生来的。框架理论的一个例子便是韦尔曼(Wellman, 1990, p. 100)提出的关于信念—愿望关系推理的简化假说。它假定信念来源于知觉，愿望来源于情绪和生理状态；信念和欲望产生行动；而行动则带出情感反应。更复杂的假说还包括了高级的思维过程、意图、各种情感和性格特征等。所有这些心理状态都可能成为人们建构的行动因果模型的组成部分。因此，如果大众心理学能建构出理论原理的话，那么它们很可能是用这些高层面的泛泛描述来加以表述的。

总之，出于本书的目的，我们将大众理论定义为一种由类定律因果推论构成的默认体系，这些因果推论为人们提供了一个一般性的框架，以便他们能够进行特殊的归因、解释和预测，并完成需要心理构念参与的其他任务等。

我们从理论的理论可以做出如下几种预期。第一个预期是，大众心理学可建构出一个抽象的解释性架构，它做出的归因和预测等都具有因果假设的形式。读心过程本质上是一种理论。要验证这种推理，就要在人们的推理过程中寻找出适当的模式。第二个预期是，推理模式在发展过程中应该存在各种不同的变化类型。科学理论也会随着新证据的积累不断发生改变,它既要挑战先前的理论信念,又要说服人们接受新的理论。我们可以设想,大众心理学理论在做出各种解释的同时,也会经历类似的发展改变过程。第三个预期来自这样的事实,理论(特别是大众理论)不一定能十分精确地描述其领域现象。因此,对于那些从理论推论出来的认知描述,应当有一些特殊的检验正误的实证方法和途径(关于在理论推理过程中错误模式作为证据作用的问题,请参见本书8.5部分)。

下面我们简单介绍一些支持前两个预期的证据。首先,儿童会使用有关态度、情绪和其他心理状态的因果关系理论吗?一项探究人们产生行动解释能力的研究显示,儿童是可以进行此类因果推论的(Bartsch & Wellman,1989)。该研究的被试既有3岁和4岁的孩子,也有成年人。研究人员先向被试描述一个正在做着简单动作的人物,再问他们这个人物为什么要做这个动作。动作设计得非常简单(简正在寻找钢琴下面的小猫);行动或者与信念相反(简在寻找他的小猫。小猫躲在一把椅子下面,但是简却到钢琴下寻找小猫);又或者与愿望相反(简讨厌青蛙,但是简却在钢琴下寻找青蛙)。控制组被试没有得到任何有关动作人物的信念或者愿望的信息。所有被试在回答完问题之后,才会得到一个描述目标人物做动作时的想法或者愿望的提示。

研究结果显示,在解释人物的自然行动时,所有年龄组中的大部分被试都使用了关于心理状态的词汇。绝大部分的心理学解释都指向了人物的信念或者愿望,而几乎所有基于信念或者愿望的解释又都与人物的行动本身相关联。37%的3岁儿童被试、45%的4岁儿童被试以及53%的成人被试都给出了与信念—愿望相关的解释;而在问题回答完毕得到提示时,相应的比例又分别增加到了67%,75%和93%。虽然随着被试年龄的增长,与信念—愿望相关解释的比例也相应增加,但总体来说,所有年龄组的被试都可以使用信念—愿望等对行为加以解释。在人物动作与其信念或愿望相反的实验组,被试给出的心理学解释的比例也大致如此。其中,在动作与信念相反的实验组,被试使用了"不知道"或者无关信念来解释行动者的行为。所有组的被试对于目标人物的矛盾行为做出信念解释的比例分别为:74%的3岁儿童、91%的4岁儿童和100%的成人。除一人外,所有被试都至少给出了一次与信念相关的解释。

223　　上述结果表明,3岁的儿童就可以在正常或者非正常情况下使用心理状态(如信念或者愿望)来解释行为。这些心理状态同样也可被用于预测行为。在韦尔曼和巴奇(Wellman & Bartsch, 1988)进行的另一项研究中，研究者给 3 岁和 4 岁儿童被试提供一个有关某人的愿望和信念的简短描述，再让他们去预测该人物的行为。研究人员根据儿童如何理解自己在行动中的角色，来设计不同的信念描述。比如，故事人物名叫山姆，他想要寻找自己的小狗。在标准信念的实验条件下，儿童被告知，山姆相信小狗在车库里，然后让儿童回答山姆是去车库还是去走廊寻找小狗。在非标准信念的条件下，儿童被告知，山姆不认为小狗正在车库里，然后问儿童山姆会去哪里寻找小狗。这样的设计可以消除在前述实验中不同地点可能引起的简单反应偏差。也就是说，在非自己参照的信念条件下，首先要问儿童，他们认为小狗现在在哪里，然后再告诉他们，山姆认为小狗正在另外一个地方，这样就可迫使儿童被试在做行为归因时放弃自己的信念。最后，在改变信念的条件下，先让儿童预测山姆将要去哪儿寻找小狗，再告诉儿童山姆得到了新信息，他现在认为小狗正待在另外一个地方，然后问儿童山姆会到哪里找小狗。这一设计会抑制儿童先前的信念归因，并使儿童明白，信念是会随时间而变化的。此类实验的条件后来被设计出了一系列越来越复杂的任务。

平均而言，85％的 3 岁儿童和 89％的 4 岁儿童都能正确地完成上述所有任务。这表明，儿童不仅能在简单的情境下，也可以在信念改变和行动与信念相冲突等复杂情况下，使用信念的概念对行为做出正确的归因和预测。他们似乎能够理解，信念—愿望会以多种方式引起行为。如同先前研究结果显示的那样，儿童也能在自然的行为解释中表达出自己的理解。所有这些结果暗示着，人们对心理状态进行的因果推理模式与大众理论做出的预测相一致。[①] 成年人也会自然而然地做出类似的行为阐释，即他们使用信念—愿望的概念来对人物对象的目标指向行为进行合理化推论(Wertz & German, 2007)。

而且，这种推论模式也会随时间的变化而不断发展。各种理论都要依据这些变化来发展自己的观点，尽管在解释变化的各个发展阶段的显著特征时，它们会表现出差异(Copnik, 1993; Copnik & Wellman, 1992)。威尔曼和伍利

224

---

① 当然，这些都是具体的因果解释。这里的调查证据和其他文献证据并没有直接呈现儿童和成人了解的一般性因果定律或原则。但它们与其他领域(如语言和知觉)的内隐理论也是相符合的；我们最多只可能用实验的手段去考察这些理论在实际应用中的结果，而对其内部结构我们则必须进行推论。

(Wellman & Wooley，1992)的理论认为，相对于 3 岁儿童，2 岁儿童的心理理论较为贫乏。他们更多地从愿望、情感以及知觉等角度去理解行为，而很少涉及对信念的完整认知。举例来说，一个 2 岁的儿童认为，吉尔(Jill)想要吃苹果，并意识到厨房里有一个苹果，因此儿童会预测吉尔要去厨房找苹果。这一个"简单愿望心理学"并不包含将信念或知识等归因到吉尔本人身上，而是直接从吉尔的愿望出发，再参照儿童被试自己对苹果位置的了解，从而对吉尔的行为做出预测。在这样简单的推理中，"吃苹果"的愿望被设想为是吉尔对外界现状做出的直接回应；推动吉尔行动的是其欲望，而与其信念等表征状态没有任何关系。

正如威尔曼和伍利所发现的，2 岁左右的儿童对愿望就有了一些理解。他们能够判断，那些有欲望的人在得到目标物后就会停止寻找行为，而那些没有找到目标物或者找到不同物体的人将会继续寻找行为；找到目标物会令人高兴，找不到则会令人难过。但是，这些儿童不能在如前所述的"非自身参照信念"任务中，完成需要理解他人信念的归因任务，虽然他们可以完成"行动与欲望相反"的任务。这说明，比起年龄大一些的儿童，2 岁的儿童还缺乏概念或者理论上的资源：他们或者还不具有信念的概念，或者还不能将其整合到对他人行为的解释理论之中，以帮助自己预测出他人行为。①

儿童在成长过程中完成相关任务时会出现很多类似的变化。当然，对于这些变化发生的准确时间以及变化的恰当方式等问题，研究者还存在着争议。学者们还不清楚，儿童不能完成某些特定的推理任务，究竟是因为他们缺乏理解他人的知识(或者大众心理学的能力)，还是由于存在着某些让他们自己难以完成该类任务的外在因素。在完成"理解错误信念"的因果关系任务中，这一问题表现得特别明显。我们在第 1 章已经注意到，许多学者都认为，年幼儿童不能完成包含着各种错误信念的任务，这表明人们最早也要到 4 岁时才能理解错误信念的概念(Wimmer & Perner，1983)。然而，我们前面也了解到，已有证据显示 3 岁的儿童表现出对信念的某种理解，而且，儿童难以完成许多种类的错误信念任务的主

---

① 我们需要进一步说明的是，我们不能特别肯定儿童完全缺乏这类观念。在这些研究中，儿童被试对非自我信念故事的正确反应率为 73%，而对非自我欲望故事的正确反应率则为 93%，对全部三个非自我信念故事的正确反应率为 45%，对全部非自我欲望故事的正确反应率则达到了 85%。这暗示着儿童完成信念相关任务的绩效很差，但并非完全不具有信念推理能力。

要原因或许在于任务本身的设计(Bloom & German, 2000)。任务的难度可能掩盖了儿童本已具有的对信念的理解。

下面一项研究发现支持了实验任务难度影响儿童解释的假说(Onishi & Baillargeon, 2005)。该研究结果显示,如果任务允许儿童使用非言语的方式做行为预测(如隐蔽地记录幼儿的注视时间),那么15个月大的幼儿就表现出了理解错误信念的反应能力。因此,要解释儿童是否对信念或其他心理状态有所理解,还需要考虑使用很多不同类型的任务和实验材料(Wellman, Cross, & Watson, 2001)。我们不再深究任务设计的复杂性,但要指出的是,心理理论学者要将上述事实作为支持自己理论的潜在证据。因为变化的证据显示出信息结构正处于渐进调整过程中,以改进儿童心理理论。改进后的理论会比之前的理论更能成功地解释和预测人类心智的后期发展。

8.3 模拟理论

模拟理论认为,无须假设人们在解释日常行为的心理原因时,使用了由内隐理论驱动的推理机制。相反,该理论提出,人们可以起用那些产生态度、计划和决策的认知机制来解释日常行为。希尔(Jane Heal)(Heal, 1986)、戈登(Robert Gordon)(Gordon, 1986)和戈德曼(Alvin Goldman)(Goldman, 1989)几乎同时以不同的方式表述了这一基本观点。他们的观点大同小异。例如,希尔把她感兴趣的过程称为"协同认知",戈登则称其立场为"激进的模拟主义"。我们在这里只对这些观点做概括性介绍。

要了解模拟理论的工作原理,首先就要考虑态度和行动从何而来的问题。看见熊的影子,会让人相信附近有熊出没(只要我还能注意到熊,并能形成关于熊的想法);看见蛇或者在昏暗的房间里听到奇怪的声音,会让人产生恐惧;牙医钻头的声音也会让人想要逃走。态度也可导致其他事情:想要喝咖啡并看到那里有杯子,就会使人产生泡杯咖啡的想法;想到附近有一只熊,会令人产生逃到安全地方的想法,并做接下来怎样逃走的计划;害怕房间内有闯入者,会让人产生躲藏或者进行自卫的念头。这些意图和计划最终会导致某种行为的出现,如屏声静气、蹑手蹑脚地摆脱熊,或者从橱柜里拿出一只杯子并倒入一些咖啡等。

上面几个例子展现的因果推理路径均为我们所熟悉：知觉导致态度和情绪，从而进一步引起更深层的态度、计划和意图，并最终导致各种行动。它们都借用了有关态度形成的概念和在决策过程背后存在复杂认知系统的概念。模拟理论的最基本点就是：既然人具有了这样复杂的认知系统，那么该系统就不仅会让人产生出自己的心理状态，而且会使人对他人的行为进行心理归因并做出预测和解释。

　　我们来看看相应的系统是如何运作的。假定我们可以断开该认知系统与其正常输入和输出之间的耦合，然后"离线"使用它。这样，我们就可任意为该系统输入新的内容，并使其转化出新的输出，以服务于新的目的。比如，我们可替换掉知觉中的一般线索，而代之以一种想象的知觉情境，然后考察该系统在新知觉情境输入下会给我们带来怎样的信念和愿望。例如，想象中你遇到了一条蛇，或者你正处于很响的噪声之中。当你将这一想象图景输入态度形成认知系统后，该系统或许就会为你产生出相关的恐惧、信念和愿望，就像它们在接收到正常知觉信息后进行的认知加工一样。然后，再将这些产生的态度输入实际的推理和决策系统之中，那么，这些系统也会像真输入这些态度的通常情况一样，产生令你要做出某种行动的意图。上述过程就是所谓的认知机制"离线"使用。

　　然而，这些离线产生的态度在系统的输入端和输出端的作用是不同的。当信念、愿望和情感是由这些想象的知觉输入产生的，我们自然不希望它们真的"侵染"我们原有的态度。在任何情况下，我们都不会相信这些以想象为基础而形成的东西。同样，通过这种想象程序产生的行为意图，也可能不会令我们做出实际的行动。因此，"离线"态度在输出端的功能会被延迟和减弱。我们可用下述方式解释"离线"态度和真实态度的作用差异："离线"态度是被隔离在一个独立的工作记忆空间之中的。该空间像是一个暂时性的存储记录仪，使"离线"态度与人们原有的信念、情感和意图等不会发生混淆。

　　不难看出，或许能用上述机制来服务大众心理学。为了确定某人当下正在想些什么，我们可以在想象中为其输入某种知觉信息，该输入信息要与我们主观设想中这个人自己知觉到的情境保持一致，也就是说，我们会试图想象他人眼中看到的世界是怎样的。然后，我们让他本人的态度生成机制"离线"运行，将产生的结果隔离在一个记忆空间中，并认为被隔离起来的内容就是这个人的态度。之后再让这些态度产生出进一步动作的意图，并用该意图预测这个人在当前情境中会采取什么样的行动。最后，再对这个人实际被观察到的行动进行解释。这就构成了一种分析—综合的整个过程：先想象出某种恰当的输入条件，令其导致某种态度，再依次进一步产生相关的行为意图等。上述过程的完成因而被认为是对目标人物的行为做出了心理学的解释。

完成上述模拟过程的主体需满足三个条件：①具有将态度形成系统和决策系统"断线"并重新设置其输入和输出路径的能力；②具有将上述"离线"过程产生的结果进行恰当隔离的能力；③具有将这些隔离结果赋予目标人物的能力。这三者就构成了模拟理论可以用来解释大众心理能力的一个基本模型。

模拟理论与心理理论使用的归因方法的差异，就在于两者所需信息的丰富性不同(Nichols & Stich，2003，pp.102-103)。心理理论是一套关于其目标领域的复杂表征信息结构；而模拟过程则不需要借助这些信息丰富的结构，相反，它只需要一种以创意的方式使用某种心理机制的能力。当然，这并不是说模拟过程根本不需要信息就可以发生。实际上，为了能够形成可用于归因和预测的信念与愿望，模拟过程也需要大量的信息。但这些信息并不涉及目标人物的心理状态及其过程，而只涉及现实世界中的那些非主观的日常内容。模拟理论的重要意义就在于，它认为心理学归因并不需要大量关于心理状态的信息。

戈德曼(Groldman，2006)相当细致地描述了心理模拟的观点。人们有两种心理过程，一种是模拟过程(S)，它能对另一种目标过程(T)进行模拟。当S在任何关键方面复制、重复或者像极了T，那么执行复制的过程就成为S的部分功能(Goldman，2006，p.37)。该定义中的"像极了"一词抓住了一个过程模拟另一个过程的核心。例如，计算机风暴模拟系统在抽象的形式上像极了它所模拟的气象过程。飞机模型可能像极了真正的飞机，从而具有了同样的空气动力学特征。这些相像之处并非偶然出现的，而是人类有意识设计的结果。当然，相似性还不是模拟的充分条件。比如，任何批量生产的产品在某种程度上都十分相像。两台相同型号下棋计算机的内部计算过程一定是同一的。但即便如此，两台计算机下象棋的过程也不可相互模拟。即使计算机可以复制对方的下棋过程，它也不能用来解释过程模拟的相似性。然而，如果计算机下棋时很像棋手卡斯帕罗夫(Gary Kasparov)或者费舍尔(Bobby Fischer)，而且如果这也是其设计功能的一部分(而若它也做到了），那么计算机就是在进行真正的模拟。

支持模拟理论的证据主要不是来自彼此独立的理论思考，而是出自包含了此类复制心理任务的案例研究。其中一组证据来自所谓配对缺失的案例。案例显示那些缺乏进行某种心理状态归因能力的人，也几乎不能同时经验到该种心理状态。它暗示着两者之间存在着某种共同的机制，就像"离线"模拟模型预测的那样。还有一些神经心理学案例的证据（Goldman，2006，pp.115-116）。一位名叫SM 的病人，患有神经退行性疾病，该病导致她的大脑双侧杏仁核损伤。杏仁核在恐惧性学习和记忆中发挥着重要的功能。因为杏核仁受到损伤，SM 感觉不到恐惧，所以她不惧怕任何令正常人感到害怕的情境（如恐怖电影）。同时，给她呈现一系列含有不同情绪的面孔图片时，她也不能再认出恐惧的面孔，而且她对愤怒和惊奇面孔的再认成绩也会受到影响。但她能够再认其他的情绪面孔。相同的症状也出现在病人 NM 身上，他的双侧杏仁核都存在病变。NM 在从事危险和冒险活动时没有恐惧，他在回答主观恐惧感问卷时所得的分数也很低，他也难以完成再认恐惧面孔和再认恐惧躯体姿势的任务。

这种配对缺失模式，既无法经验某种情绪，也无法再认由面孔或者躯体姿势表现出的该种情绪，在许多病人身上都可以见到，特别是那些恐惧、愤怒和厌恶情绪受损的病人。神经影像学研究也支持了这种共同机制说。此类研究结果显示，被试在观看其他人表现出厌恶情绪时的激活脑区，与他们自己经验厌恶情绪时的激活脑区有一定的重叠。神经层面和认知层面都存在着启用心理认知系统的证据，这显然是某些版本的模拟理论获得支持的标志。①

更进一步的证据则来自如下事实，即人们进行归因时会出现系统归因错误或者归因偏差。社会心理学中的一个普遍性发现是，人们常常倾向于将自己的心理状态归属于他人，并且很难做出违背自己的想法、喜好和感受的归因。这种现象被研究者赋予了好几种名称。它有时候被称为"隔离破坏"，含义是人们很难在心理上将自己的思想"断线"，并使其与归因对象的想法隔离开来。它也被称为"知

---

① 然而这个预测并没有自动地遵循心理模拟过程的一般观点。模拟过程的定义要求一种过程与另一个过程"像极了"或者进行复制，这与要求目标和模拟拥有共同的物理基础的观点是一致的，计算机模拟物理的过程就提供了这样的例子。只有在相同的物理基础上出现的重复才可用于预测配对缺失现象。

识咒语",表示人很难将自己从固有知识中脱离出来而去采用他人的观点(Birch, 2005; Camerer, Loewenstein, & Weber, 1989)。它有时还被视为一种"透明错觉",即人们习惯上倾向于认为,其他人实际上要比主体更容易探查到自己内部的想法、情绪和一般心理状态。

知识咒语现象在儿童身上很容易被证明。伯齐和布鲁姆(Birch & Bloom, 2003)的实验给3岁和4岁的儿童被试一个空心玩具,并向其中一部分儿童展示玩具中的内容物。见过内容物的儿童要比那些不知道内容物的儿童,更倾向于做出其他人也都知道玩具里装有什么东西的预测。也就是说,他们更愿意假设别人也拥有相同的信息。成人在估计别人如何评价自己时,常常不是依据公开讨论的信息,而是自己私下里得到的信息。比如,让成人被试判断陌生人是如何评估自己完成任务的情况时,这些被试常常使用自己私下对过去工作表现的自我评估结果,但是这种自我评估结果是只有他们自己才知道的信息(Chamber, Epley, Savisky, & Windschitl, 2008)。模拟理论对此的解释是,人们在归因过程中使用了自己的信念形成和记忆储存系统,所以他们在进行归因时就难以摆脱自己已经拥有的知识,而且还默认他人也拥有与自己差不多相同的信念。

模拟理论中的透明错觉说也来源于系列研究发现,即人们进行归因的默认初始设置等同于归因者自己的想法。在一个系列研究中(Gilovich & Medvec, 1998),实验者让被试品尝一种难喝的饮料,然后再让被试评估他人察觉被试自己说谎或者真的感觉恶心的可能性。结果显示,这些被试都会高估别人的判断。这是因为他们担心自己说谎倾向或者强烈不舒服的感受已经"透露"给了观察者。但数据证据表明,观察者实际上并没有注意到被试的相关线索。教师和其他公众演说家都很熟悉上台讲演前感受到的巨大焦虑。但直到他们上台以后,他们才会发现观众在很大程度上是看不到自己的焦虑表现的,这才会使他们降低自己的焦虑程度(Savitsky & Gilovich, 2003)。人们在观看录像带中自己的形象时,会很惊讶地发现自己看起来面无表情(Barr & Kleck, 1995)。十分有趣的是,这个透明错觉现象具有认知渗透性:社会地位或经济地位更高的人感觉自己没有那么透明,然而下级或是权力、权威和声誉较低的人则会感觉自己更透明一些(Garcia, 1995);假若在讲演者上台之前告诉他们有关透明错觉的知识,那他们上台之后就会更倾向于判断,观众认为他们是不焦虑的(Savitsky & Gilovich, 2003)。

价值观和愿望也受到隔离破坏现象的影响。捐助效应是指人们给自己拥有的东西赋予更高价值的倾向。然而，即使人们意识到这一效应的影响，他们在评估这一效应对人们价值判断的影响程度时，仍然会犯系统性的估计错误。万博文、邓宁和勒文施泰因(Van Boven，Duning，& Loewenstein，2000)的研究显示，收到礼品杯子的人倾向于认为，有意购买者会出高价购买该杯子，而没收到礼品杯子却有意购买者则倾向于认为，杯子拥有者将会以很低的价格卖出他们的杯子。出现这种配对错误归属的原因就在于，杯子拥有者将他们自己的捐助效应投射到了购买者身上，而购买者则没有考虑捐助效应对杯子拥有者的影响。同样，让被试进行中等强度的体育锻炼之后，他们会觉得口渴。这时如果让他们判断一组在森林中迷路，而且没有带够补给的登山者的感受，他们更可能会预测迷路者正在遭受口渴的极度困扰，并且十分后悔出发时没带足够的饮用水(van Boven & Loewen-Stein，2003)。同样的结果一再出现，即人们将自我经验到的感觉、愿望和信息等都归因到了他人身上，即使没有什么特别的证据能够支持他们做出这样的归因。这些结果支持了模拟理论的假说，即心理状态的信息能够渗透进人们的工作记忆储存器(原本是为模拟他人心理状态而设置的)。

8.4　镜像神经元、刺激和行为理解

过去的 15 年间积累的大量有关猴子与人类的研究证据显示，大脑中存在着专门用于"镜像"反映他人可被观察行为的神经系统。这些镜像神经元和镜像神经系统已经被用来作为模拟理论的主要支持证据，甚至有时也被用来支持那些更为大胆的解释。例如，使用镜像神经元解释他人行为、动词语义、言语加工和理解、非语言交流、共情和移情等。神经学家拉马钱德拉(Ramachandran，2000)在这方面做出的假说最为大胆和宽泛。他说"镜像神经元对心理学的作用就如同 DNA 对生物学的作用：它们将会为我们提供一个统一的架构，以帮助解释那些迄今为止仍然保持着神秘感并难以进行严格实验的心理能力"。当然我们不指望在有限的篇幅中详述如此宏大的假说，我们会重点解释大脑中的镜像核心现象，以及镜像在心理归因中的作用等。

恒河猴大脑中有一个被称为 F5 的脑区。该区一般被认为是"运动前区"，专

门用于产生特殊的协同动作。当猴子准备进行各种特殊的动作时，F5区的神经元就会被激活。的确，其中许多细胞似乎会对某类运动，如用两个手指精准地抓取某个物体进行编码，而对一把抓的粗略运动则不反应。然而，将F5区作为纯粹运动区的假设也被质疑了，因为人们发现F5区的神经元也能应答视觉刺激（Rizzolatti & Cantilucci，1988）。在穆拉塔等人（Murata et al.，1997）所做的一项研究中，一只猴子面前放置一个盒子，盒子里装着各种简单而形状各异的物体，每次只给猴子展示一个物体，猴子的任务是抓取这个物体，或者是看这个物体。结果发现，无论这个猴子是伸手抓物体，还是用眼睛注视物体，大脑中的大量神经元都会被激活。这显示神经元并非仅专门针对抓取物体的运动进行编码，也对注视物体的运动无论是否有实际的抓取动作进行编码。这种视觉—运动神经元后来被称为典型神经元。

镜像神经元最初就是在F5区被发现的一种典型神经元。人们观察到，当一只猴子观看他人运动或者自己做这个动作时，这类神经细胞就会优先放电。因此，它们被认为是视觉—运动神经元。它们既对某类特殊的动作敏感，也对做同样的动作放电（di Pellegrino，Fogassi，Gallese，& Rizzdatti，1992；Gallese Fadiga，Fogassi，& Rizzolatti，1996；Rizzolatti，Fadiga，Gallese，& Fogassi，1996）。比如，当猴子观看他人捡起物品的精细动作和猴子自己做捡拾动作时，这些神经元都会激活。同样，无论物体是被搬动、被举起或者被把弄时，这些神经元也都是激活的。观察的动作和执行的行动之间的匹配一致程度也会影响神经元放电：大约70%的镜像神经元对两者不严格的匹配做出激活反应，而余下30%的神经元则只对严格一致的动作做出反应。与手部动作相关的神经元主要位于F5背部区域，而与嘴部动作相关的神经元主要位于F5背侧区域。总体而言，镜像神经元给予放电反应的最常见动作是摄食动作，如将食物放入嘴中、咀嚼食物等，大约有85%的镜像神经元对这类动作都有激活反应。

激活反应的这些特征具有很强的提示性，但是这些特征本身并未告诉我们镜像神经元在更大的系统中具有怎样的功用。一个具有广泛影响的观点提出，这些神经元"主要涉及理解'运动事件'的意义，如他人动作的含义"（Rizzolatti & Sinigaglia，2008，p.97）。该观点就是镜像神经元行为理解的功能假说。"理解"在这里是指识别出某一动作，将之与其他动作区别开，并利用这个区分信息引导适当的反应的能力。基于动作观察来辨别不同类型的动作的能力，与下述两种能力存在着明确联系，即解释他人行为的能力和为这些行为进行心理归因的能力。因此，按照这一动作理解假说，镜像神经元的发现为揭开大众心理学的神经基础，迈出了具有重要意义的一步。

研究还发现，一些镜像神经元对视觉上有相同指向目标的完整动作和不完整动作也可以做出区别反应。这一结果支持了动作理解假说。当猴子执行和注视用手抓取物体的动作时，乌密尔塔等人（Umiltà et al.，2001）在它们的 F5 区细胞中记录到了激活反应。而当猴子看见一只手伸向物体，但又看不到被屏幕挡住的手最后一部分动作时，乌密尔塔等人同样记录到了这类细胞的激活反应。尽管后一部分动作在视觉上是不完整的，但神经元做出的反应与对完整动作做出的反应完全一样。在这里目标物体是否存在十分关键：因为神经元对那些在视觉上相同但没有指向具体物体的模仿动作则不做激活反应。这种将在视觉上不完整的动作加以完整化的现象表明，这些神经元在动作从开始到目标的整个过程中，都在发挥着作用。

动作理解假设与心理模拟理论的视角十分契合。存在着对动作观察和动作执行都做反应的神经元的事实至少暗示着，运动系统和解读他人行为的系统有着部分交叠。不需要做过多的推理就可以看到，动作理解包括了对行动进行模拟的过程：当被试观察到目标人物的动作时，就会在自己的大脑中产生运动神经模式，就好像被试自己正在执行目标人物的动作一样。动作模拟过程指令与目标人物执行动作时的运动指令看起来十分类似，这就使我们能够理解目标人物行为背后的组织机制和意图。里佐拉蒂和塞尼加利亚（Rizzolatti & Sinigaglia，2008，p. 106）用以下最为肯定的语言形容道："我们对于自己行为的运动知识，是即刻理解他人行为的必要且充分条件。"

迦利赛和戈德曼（Gauese & Goldman，1998）对上述假说在细节上进行了补充。他们认为，内部产生的镜像神经元活动表征了一种行动的计划，即要通过特定的动作步骤去完成某种行动。当同样的活动在外部呈现出来（如看到目标人物在做动作）时，这些镜像神经元虽然也会做出同样的激活反应，但它们这时表征的是目标人物的动作，而不是被试自身的动作。同时，神经元也受到某种抑制，因而不会对自身的运动行为产生通常情况下的那种影响，所以，被试就不会自动地模仿观察到的行为。而且，由于镜像神经元产生的行动计划表征可被用来作为模拟过程的输入，用以产生可导致特殊动作的恰当信念和愿望等，从而使人们对目标人物的动作进行了心理归因。用最简单的例子加以说明，这就好像是你从冰箱里拿出李子的动作，可以被归因为你相信冰箱里有李子，并且你有吃李子的愿望。所以，镜像神经元在依据动作(或至少是行动计划)来理解他人的躯体行为的过程中扮演了主要角色，而这些动作或者行动计划都可进一步被用来对动作背后的心理状态进行归因推理。

但是，目前的研究结果大多局限于非人灵长类动物。人们普遍认为非人类灵长类动物对心理状态的理解能力是欠缺的(Cau & Tomasello，2008)。因此，现在还需要更多令人信服的证据来表明，上述机制在人类身上也存在着，并且执行着恰当的功能。一些证据指出，镜像神经元系统确实存在于人脑之中(Tacoboni，2008)。在一项研究①中，人类被试被要求观察实验者用手抓取各种物体，同时接受对他们的大脑运动皮层实施的经颅磁刺激(Fadiga, Fogassi, Pavese, & Rizzolatti, 1995)。在这个过程中，实验者会记录下被试手指的动作电位。实验者发现，在观察实验者操作物体的过程中，被试的手部产生了动作电位，就像他们自己正在用相同的手做着同样的操作。简单的物体观察不会使肌肉产生动作电位，但观察他人手臂的无指向运动则会使肌肉产生一定的动作电位。这正是观察动作与执行动作相匹配的镜像效应的行为学证据。

功能成像研究也佐证了镜像系统的存在。布其诺(Bucicino，2001)进行的一项实验让被试观看手、嘴和脚等部位的运动视频。有些视频中包括了物体，有些则没有。只做动作观察也可导致大脑前运动区和顶下小叶区的激活，而且这些激活模式随观察动作的不同而出现变化。变化的模式显示，躯体动作确实投射到了这些脑区。

更多的功能成像研究显示，在变化的场景中观察动作都会激活大脑网络。但脑网络激活不仅针对所观察的特殊的动作模式，也针对该动作背后的行动意图。在一个被广为引述的功能磁共振成像研究中，亚科波尼等人(Lacoboni，2005)给

235

①　在这个研究中，经颅磁刺激的作用在于"放大"运动系统的电活动，以便使得脑电活动对肌肉作用的效果(如果产生了的话)能够被测量出来。

被试呈现了三种不同的场景。在语境条件下，被试会在以下两种情境中看到一个
目标物(如一套茶杯)：一套井然有序的茶具和一个很脏乱的茶具。在动作条件
下，他们会看到茶杯正被某人用以下两种动作方式之一操作着：一整只手握住茶
杯并拿起，或者用两根手指轻轻地握住茶杯柄并拿起。最后，在意图条件下，被
试会看到茶杯在喝茶前被拿起，或者在喝完茶后被拿起。该实验的目的在于，让
动作发生的环境来提示动作指向不同的目的，这样，拿起杯子这个简单动作就有
可能被不同的原因解释了。例如，从脏乱的茶具中拿起杯子意味着要将杯子拿走
去洗，从干净的茶具中拿起杯子则意味着要拿杯子喝茶。如果被试能够在不同的
情况下做出意图归因，那么，它们也应该在神经激活模式中显露出来。

与此预测相一致，意图条件下的神经激活模式的确不同于语境条件和运动条
件下的反应。对语境条件而言，这个结果并不令人惊讶，因为在该条件下实际的
动作并没有发生。但是，动作条件和意图条件下的差异则表明，随着动作观察时
出现的不同情境，视觉上同样的手臂运动、同样的运动指令和同样的物体移动轨
迹在大脑中都被进行了不同的加工处理。在意图条件下(相对于动作条件)，不仅
右脑前额叶皮层更加活跃，而且那里的激活模式还因拿起杯子的方式不同而发生
变化。这显示，神经激活模式对杯子可能的使用目的也十分敏感。

镜像神经元的各种证据似乎都为模拟理论提供了重要支持。比如，它们可能
构成了将行动计划自动归因于他人的潜在神经机制；这种神经机制不仅存在于非
人类灵长动物身上，也存在于人类身上；而镜像机制的存在是其他竞争性理论
(如心理理论)预测不到的，等等。当然，对镜像神经元研究本身及其解释仍然存
在着许多争论。

针对动作理解假设，希科克(Greg Hickock)(Hickock，2008)提出了如下几
个难题。首先他注意到，有关文献倾向于把从猴子那里获得的神经生理学和行为
学研究结果，与人类研究的相应结果杂糅在一起讨论。但他警告说，从这些结果
进行推论要十分小心。如果我们将镜像神经元限定为那些具有反应模式的特殊神
经细胞(如同最初的研究结果)，那么同样的镜像神经元在猴子和人身上的确都是
存在的。但这仍然不能确保它们在两类生物中都具有相同的功能。人和猴子在心
理归因能力存在巨大的差异：人对行为有更深入和更复杂的理解，这些理解还能
被迁移到其他的能力上，如行为模仿能力。但更深层的能力(尤其是模仿能力)在

猴子身上并不存在。如果镜像神经元的存在是产生这些能力的充分条件，那么这些心理能力应该在猴子和人类身上都可以观察到。一般形式的"行为理解"在多大程度上可以真正从猴子推广到人类身上，还有待于进一步研究的回答。更何况，人和猴子两者之间动作理解的相似性是否能由共同的镜像系统来加以解释，目前也还是一个有待回答的问题。如果镜像神经元不是行为理解的充分条件，就像在人类被试身上观察到的那样，那么它们就不能成为这种心理推理能力的神经基础，尽管它们对该能力的产生发挥着一定的作用(Spaulding，2012)。

其次，那些被用来展示镜像系统活动的行为指标可能并不包含行为理解的过程。卡特默、沃尔什和海斯(Catmur，Walsh，& Heyes，2007)设计了一个研究，类似于法蒂嘎等人(Fadiga et al.，1995)所做的研究。它要求被试看手部的录像，其中或者是食指在运动，或者是小拇指在运动。然后，训练被试按照所看的手指运动做相反的动作。比如，看见食指运动就活动自己的小拇指，或者相反。当要求被试只看录像而不做运动时，研究人员在被试训练过的手指上记录到了较大的运动诱发电位，要高于他们观看手指运动时在对应手指上出现的诱发电位。运动诱发电位的存在被认为是镜像系统活动的证据，因此也是动作理解的证据。但是，这个研究结果清楚地显示，虽然被试能够非常好地理解他们观看的手指运动，但诱发电位却指向了不同的手指运动。因此，"镜像活动"看起来并非一定与行为理解一致。大脑在理解一根手指运动的同时，却在模拟另一根手指的运动，这又意味着什么呢？

再次，还有证据显示，镜像系统的活动与行为理解之间是分离的。三个独立的神经心理学研究显示，产生行为的能力和理解行为的能力会分离开来。帕扎格利亚、斯美尼亚、科拉托和阿廖蒂 (Pazzaglia，Smania，Corato，& Aglioti，2008)检查了21位患有肢体失用症(一种中枢性运动障碍)的病人，发现其中有7人虽然自己不能摆出某种姿势，但可以再认他人展现的姿势。而且，再认行为的能力与使用物体的能力也可分离，反之亦然。泰瑟瑞、卡尼沙、尤科莫和茹米埃提(Tessari，Canessa，Ukmar，& Rumiati，2007)在两位左半球大脑损伤的病人那里也发现了这种双重分离。通过研究这些神经心理学的案例(例如，Negri et al.，2007)，我们可以发现，行为产生和行为再认之间不存在必然的相关，这与模拟理论观点所做出的预测——两者具有共同的神经机制——正好相反。

希科克(Hickock，2008)提出了对镜像神经活动的另一种解释，即感觉运动连接假设。他认为，镜像神经元的功能是将知觉与可能的运动活动连接起来。总之，它们两者之间存在连接是不可否认的，因为镜像神经元伴随着知觉和运动而出现是已被证明了的事实。但希科克指出，两者之间的这种映像关系可以快速发生改变的情况，正好可以用来支持感觉运动连接假设。比如，亚科波尼等人(Iacoboni et al.，1999)的研究表明，在人类被试观看非运动场景时，如让他们看一个带有视觉线索的长方形(该线索曾被用来训练被试做出运动反应)，被试的大脑中也存在着镜像系统的活动。如果镜像系统在非运动场景中也处于激活状态，那么它所反映的只可能是场景知觉与动作之间存在着先前训练时建立的连接。

当然，这些证据还都不足以说明镜像神经元不会以某种方式促进行为理解，因为感觉运动连接假说在这方面还是有助益的。但镜像神经元自身或许并不是行为理解的原因或组成部分。人们需要提出更为精细的假说，以便更好说明镜像神经元在产生完整的行为理解的过程中所扮演的角色。但我们若继续在这个方向做更多的介绍，就可能会使本章内容走得太远了(参见 Brog，2007；spaulding，2012)。我们当下只关注于，虽然镜像神经元就是一个令人鼓舞的实证发现，而且它在许多方面都显示出与读心过程存在着关联，但是，我们还没有足够的证据去证明镜像神经元就是行为理解的结构基础，或者它们能为模拟理论提供决定性的支持。[1]

8.5 混合的研究

心理理论和模拟理论的发展过程显示，它们都是大一统化的理论观点，试图用单一的机制来解释日常生活中我们所有(或几乎所有)的读心能力。因此，支持某个理论的证据必然是反对另一种理论的证据。然而，随后不断涌现的假说都尝试将这两种理论观点及其机制整合到一个统合的架构之中。与前述两种一统化的理论相反，新的假说都是心理理论和模拟理论的某种混合体(Adams，2001；Stone &

---

① 无独有偶，这些研究与我们先前讨论具象认知时引述的分离现象十分类似(见第 5 章，5.3.2 部分)。

Davies，1996)。最为著名的一个混合体模型是由尼科尔斯和斯蒂奇(Nichols &
Stich，2003)经长时间思考提出来的。为了理解这些混合模型的特点，我们现在就
来总结一下它们是如何利用心理理论和模拟理论的不足各自而发展出来的。

首先，人们不仅能预测他人的行为，也能预测他人会做出的推理。在心理理
论中，要做出这些预测需要假设人们是如何权衡各种信息证据，如何由此得出结
论，以及如何在不同信念之间进行转换的。但是这种关于推理的心理理论就要与
那些推动我们进行推理的认知机制共存一处了。然而这看上去太过麻烦了。为什
么在假设了一个推理机制的同时，还需要假设另外一个关于推理机制如何运行的
内部模型呢？在做出预测时，只要他人的推理与我们的推理充分相像就达到预测
的目的了，似乎没有必要再建构一个人类如何进行推理的理论。因此，尼科尔斯
和斯蒂克建议，只要用好我们自己的推理机制——模拟过程，我们就可以预测他
人的推理了。

模拟理论也许还可以解释在实际推理过程中存在的一些问题。人们在完成一
个目标任务时，如做一道特色菜，通常要先完成若干子目标，如准备好材料和烹
饪器具，把它们放在合适的位置(有时要事先做好)，然后按食谱的正确顺序一步
步去做。我们要想完成总目标(做出一道菜)，就必须先完成好所有的子目标。在
有些情况下，我们便会使用自己的这种计划目标系统，将他人行动归因于他们自
身的欲望，因为我们假设对方也有特定的总目标以及可以合理分割的子目标。

然而，尼科尔斯和斯蒂克也指出，愿望归因和目标归因的过程要比模拟过程
更为复杂。人们通常极不擅长预测他人的愿望，也不擅长预测未来的自己。前面
提到的有关捐助效应的研究中(8.3部分)，那些在想象中接收了一个礼品杯子的
被试并"不能正确地预测他们自己想要的杯子的价格"(Lowenstein & Adler，
1995)。也就是说，他们无法预测到捐助效应也会发生在自己身上。这一现象不
能被简单地解释为，这些被试缺乏对适当输入信息的想象能力。难道想象出一个
收到礼品杯子的情境很难吗？尼科尔斯和斯蒂克认为，这显然是因为被试对这样
一个简单情境想象出来的反应不能被用于预测未来的愿望。愿望预测似乎并不依
照模拟理论，而是采用了一个(大致上类似于)心理理论的推理过程。

信念归因也展现出了某些与模拟理论不相符的偏差。我们来考虑一个关于信
念固执现象的研究(Nichols & Stichs，2003，pp. 140-114)。通常，心理学家在这

类实验中会首先操纵被试建立起一个特定的自我信念。例如，被试会收到反馈这类说，他们在区分虚假自杀笔记和真实自杀笔记方面做得非常好。然而，被试一旦建立了这种信念，该信念就变得很难改变了，即便被试后来明确得知他们获得的反馈信息是完全虚构的，其结果也是如此。研究人员发现这一现象时感到很惊讶，这个结果似乎也会令大多数人感到惊讶。因为我们绝大多数人都会（或者至少愿意）做出这样的预测：一旦我们证明了某种信念是建立在虚假证据的基础之上，那么我们将会放弃这种信念，或者至少是在信念固执效应出现之前就会放弃该信念了。然而，如果我们使用模拟理论，那么信念固执效果的出现就不会显得那么令人惊讶了，因为对相应的输入情境进行模拟后，就自然会引导我们自己又去模拟固执的信念了。

在混合观（如尼克尔斯和斯蒂奇的观点）看来，读心过程采用了一系列混杂的过程。揣测他人推论的过程以及他人在更高层面的计划和目标时，人们可以"离线"地使用自己进行推论和计划背后的认知机制，就如同模拟理论假设的那样。人们在这些情境中，似乎会不费力地做出正确的预测。而在另外的情境中（如预测变化了的信念和愿望），人们则需要富于信息的加工过程，而不能单靠模拟过程。因为当我们不能系统地将自己持有的态度归因于他人的时候，该理论所假设的过程可能都是无效的。这当然不是说理论假设的归因过程始终都是不准确的，一般而言，理论既可以造成错误，也可以被用于纠正错误。在许多种归因情境中，仅仅使用模拟理论来进行行为解释，通常是不太可能或不切实际的。例如，当他人的品位和喜好与我们自己差异很大时，我们在模拟他们的态度和行为时就常常会犯错误。①

除上述优点之外，尼克尔斯和斯蒂克的模型也为与大众心理学密切相关的现象提供了一个统一的解释框架，如虚伪行为和孩子们的假装游戏（Nichols & Stich，2000）等。根据他们的观点，人们在一些假装行为中使用的认知机制，同样也可被用于心理状态的归因中，特别是可以用来解释为何人们具有能力去操作某些他们并不信以为真的议题。他们两人将这一功能赋予了一个被称为"可能世

---

① 在反对高尔顿（Gordon）的激进模拟理论过程中，有学者（Weiskopf，2005）提出了对不同品位者进行归因的相似观点。

界的盒子"的心智系统。该系统将归因者自己的信念和被归因到他人身上的信念隔离开来，从而使人们可以对并不信以为真的信念进行装假操作。这一共同的认知机制还有助于解释，为什么患有自闭症等发育障碍的儿童在进行心理归因和假装游戏两个方面同时存在缺陷。

8.6 极简主义、叙事分析和心理塑造

人们普遍认为，大众社会心理学的研究主要依赖于诸如心理理论和模拟理论等解释力较强的认知机制。这种假定也存在于混合观点的理论之中。但上述假定同样也受到了挑战。一些极简主义者认为，大部分社会生活都是人们沟通和协商的结果，根本不需要借助复杂的心理概念。例如，人们在其中扮演稳定角色的日常互动关系就是这样的例子(Bermúdez，2003)。食客们在餐厅买咖啡厅或点餐时一定知道，咖啡师或服务生的工作职责就是以某种方式满足他们的点餐需求。社会文化规则已经告诉人们此时应该如何做，而如果人们按照此类规则行为的话，那么他们之间的这种互动就会进行下去。在这种情境中懂得如何行为的人们，只需要在心里有一个固定的"点咖啡"的腹稿就可以了。该腹稿就可用于指导人们接下来要做什么，所以根本不需要人们进行复杂的读心过程。按照腹稿和社会角色进行推理时，人们需要将当下情境与记忆中的相应情境进行匹配，在这一过程也需要探查两者之间微妙的差异(比如，当身处国外的餐厅时，一个人就要想象如何使用在国内形成的订餐腹稿与异国服务生打交道)。然而，这个过程只涉及如 *241* 何匹配角色与行为，并不涉及如何理解服务生的心理。当然，腹稿式交往模型只适合于那些大家都遵循着彼此熟悉的和拥有常规模式的社会情境。但是，这类情境的数量毕竟比我们认为的要多得多。

心理理论和模拟理论都有存在着一个众所周知的问题，即它们都没有对解释行为的可能范围进行限制(Hutto，2008，第 1 章；Zawidzki，2013，第 3 章)。在观察到一个人做出某个行为时，解释者所能想到的且最具可能性的心理解释是什么呢？任何行动从来都没有单一的、独一无二和确定无疑的解释。人们可以使用很多不确定的信念或愿望来解释任何动作，哪怕是最为寻常的动作。猫追老鼠，或许它是想吃掉老鼠；也可能它并不饿，只是想通过吓唬

老鼠来取乐；或者它只是想通过除去有害的老鼠来取悦主人，等等。而人追老鼠，就不太可能是想去吃它，更可能是想把它赶出房间而已。追老鼠的行为本身并没有支持其中任何一种假设，甚至还可能存在其他一些异乎寻常的假设（例如，这个人可能想捕捉一只老鼠，献给啮齿动物马戏团）。若对其他可能的解释没有任何约束的话，如此的解释范围就会无限扩大。原则上讲，任何这样一种解释假设都可作为行将模拟的心理状态，用以解释观察到的他人行为。因此，这些抽象的理论模型对于我们选择接受哪种行为解释时，似乎并没有太大的帮助作用。

诸如此类的争论促使哈托等理论家提出，大众社会心理学的解释根本不需要依赖于心理理论或者模拟理论。根据哈托构建的叙事实践假设(NPH)理论，人们应该将大众社会心理学理解为一种主体间产生并解释彼此叙事的互动过程。叙事是指片段的文本或者对话。在叙事过程中，文本就成为人们共同讨论和关注的对象。叙事可以是对话的一部分，也可以是发言者对听众讲述的内容，如家长给孩子们讲述的故事等。这些叙事描述了由主体随机和暂时性地联结起来的各种想法与行为。最为重要的是，一段叙事呈现了特殊个体心理生活的多个片段。比如，他们如何进行反应、争论、推理以及尝试各种计划等。叙事的各个组成部分包括了参与其中的各色人物的心理状态，故事本身的发展不仅与外部事件紧密相连，还依赖人物自身的动机和愿望。这些心理状态在被建构成为人物叙事更大生活的组成部分之后，还会进一步变成叙事的场景融合起来。

至少在西方社会中，讲故事行为在抚养孩子的过程中普遍存在。根据叙事实践假设，讲故事和解释故事的生活实践在人们发展读心能力的过程中扮演了重要的角色。一个故事可以被理解为一个生活例证，它展现出可作为解释人们行为理由的各种各样的事物，以及将这些理由关联和组装到一起的模板结构。通过倾听故事，孩子们学会了各种关于信念和动机的知识，懂得了正是信念和欲望驱动着人们的行为，他们还学会了人们在信念和动机影响下做出行动的可能方式。家长经常会问孩子问题，促使他们学会做出推理解释，也会使孩子们变得对心理推理更加敏感，如问题"你认为她为什么会做这个？"孩子的回答会帮助家长了解到应该朝什么方向引导孩子的注意，以便使孩子做出正确的归因。因此叙事实践为孩子们给出理由和做出解释阐明"形式和规范"。

那么，就像赫顿（Huto，2001，p. 63）指出的那样，故事并非"只是对理想化的理性人物在当下的信念和愿望进行的直白描画——它们还是对处于环境之中的各种人物行为拍下的快照，而人物所处的各种环境则为理解人物行为原因展现出的重要因素进行了描述"。通过倾听监护人讲述的各种故事，孩子们开始懂得哪些动机是司空见惯的，还有哪些原因是可以被接受的行为解释，等等。在不同的文化中，促使人们做出各种行为的事物千差万别，因而各种叙事就成为一种积极的过程，它推动孩子们将自己的预期向主流的社会文化规范看齐。

叙事实践不仅在塑造儿童对他人可能行为的预期中有着重要作用，它在儿童形成关于自己行为的预期中也发挥着作用。讲故事和其他种类的大众社会心理学实践似乎不仅能训练我们每个人成为更好的读心者，还能帮助我们更好地塑造各自的心理（Mameli，2001；Zawidzki，2013）。例如，使儿童熟悉应该遵从的理性行为模式的唯一有效方式，就是让他们能够预测，某种行为模式是否符合了社会理性行为模式的典范。也许正是这些强调典范榜样的行为及其他社会文化的实践活动，才能不断塑造儿童在发展之中的认知和行为素质，将他们切实地带入到社会主流规范之中。

关于心理塑造机制的核心要点是："其目的就在于使目标人物的行为特征在诸多方面都与模范人物保持一致。"（Zawidzki，2013，p. 23）模范人物既可以是社区中的某个成员，也可以是故事中的某个虚构人物。可能的心理塑造机制有许多种。比如，关于人类的无意识模仿和保持行为一致的习惯（如"变色龙效应"）的研究显示，人们倾向于与交往对象在哪怕是偶然的行为上也自然地保持协调一致。但是，还可能存在着更为深层的塑造机制，如自然教育等。自然教育是一种在儿童成长早期发生的、有助于成人将自己的知识传递给儿童的过程（Csibra & Gergely，2006，2009；Gergely & Csibra，2013）。

教育过程的出现，是非常重要的，因为儿童在早年需要获得知识和技能。但仅靠儿童自身的观察学习很难完成早期的学习。知识和技能通常都具有三个特征。第一，它们有认知不透明性。这意味着它们的目的、功能以及因果结构等，对于那些不成熟的观察者来说都是不明显的。比如，复杂工具的使用包括了一系列工具性的动作，而每个动作指向的目标都很难被察觉到；再如，社会规范和规则等也都具有这类特征。第二，它们包含的知识内容都超越了具体情境、个别人物和不同用途的物体与事件。第三，它们还包含了文化共享知识，这些知识是群体成员必须学会的，也是成员获得群体认可的标准。

自然教育过程开始时，教授者要明确地说明，自己正在演示的知识是学习者必须掌握的。传授信号有许多种形式，其中最强烈的一种形式是眼神交流。婴儿从很小开始就可以察觉到正立的人脸，并试图捕捉教授者的潜在眼神。这种眼神交流可作为表示教育过程开始的信号。其他标志教育过程进展的信号还可包括双方对交流转折点的敏感性反应。例如，婴儿正在做着某个动作，家长不说话了，这是要婴儿停止动作的信号。婴儿的眼光追随也是信号之一。眼光追随表明婴儿与教授者正在一起共同关注着物体传授或者事件信息。一旦物体的特征凸显出来，婴儿的目光就会停留在特征之上不动了。最后，双方在教育过程中取得共同关注点之后，婴儿还需要能够识别出哪些是传授中最为重要的信息。自然教育过程是婴儿学会使用不熟悉物体的恰当方式，是他们学会与他人交往的正确途径，也是他们学会为某物正确命名的时机，等等。

在进入自然教育情景时，要给婴幼儿提供线索使他们开始变得专注起来，这样他们才会准确地模仿出一些不常见的行为(例如，用前额去碰触一个盒子，使灯亮起来)；而如果没有提示线索使他们专注起来的话，他们以后就只会去追踪行为的目标物(如偶尔用手碰触盒子)，而很少会再次利用教育过程中使用的特殊方法。同样，当教育线索出现时，孩子们会将老师面对某物表现出的情绪态度扩展到其他人身上；而如果没有教育线索提示的话，他们就只会对某个具体人物表达情绪。儿童对教育线索的追踪似乎可以使所教授的行为获得更为广泛的意义，行为的精细化结构也变得更加重要起来。儿童能否发展出利用这类线索信息的能力，十分有赖于主体双方之间形成的紧密教育联系。

教育过程和其他心理塑造机制或许可以促使在同一个群体内成长的个体都具有相似的行为特征以及类似的推理思维模式。因为彼此具有这样的认知同质性，群体成员便能更多地相互理解，他们的想法也可更方便而清晰地展现给其他成员。这样的社会互动甚至还会带来更广泛的认知效果。例如，自传体记忆研究便提供了一个令人印象深刻的范例，它显示出认知技能的发展如何与包括叙事在内的社会文化互动等对应关联起来的(Nelson & Fivush, 2004)。某些社会文化互动对自传体记忆的发展有着重要的建构作用(Reese, Haden, & Fivush, 1993)。一些母亲用十分细致入微的方式对孩子说话，鼓励他们去回忆更多的细节，去精心构筑叙事的结构，并将记忆也作为一个社会事件来讲述。在后来进行自传体记忆测验时，由母亲们精心养育的孩子能轻易地回忆出更多信息内容。这种能力会随年龄增长而发展，所以母亲早期的教养风格能够预测多年以后孩子回忆个人生活事件的成绩。相反，粗心母亲所养育的孩子能回忆出的生活细节就会很少。细心养育互动风格的影响作用会一直保留到孩子非言语记忆技能与言语技能分化之后(Harle & Reese，1999)。这种影响效果可能会持续很久，且具有跨文化普适性。儿童在个人成长过程中报告的自传体记忆的精细度差异，与他们成年后回忆出来的早期生活事件的数量之间存在着相关关系(Mullen & Yi，1995)。这暗示着，叙事实践等不仅有利于把行为解释的可能范围划定出来，还有助于塑造个人的记忆结构。

8.7　结论

我们对社会认知的介绍肯定是简短和择要式的。我们主要讨论了人们如何对他人的行为做心理状态归因，但并没有讨论那些涉及人们如何了解自己心理状态的各种理论(Carruthers，2011；Gertler，2011；Wilson，2002)。我们也没有讨论读心能力与语言的关系(Astington & Baird，2005)，以及心理疾病(如自闭症)的研究证据对于了解正常读心功能的贡献(Frith & Hill，2004)。我们亦忽略了对非人类动物读心能力的范畴及其系统发生学根源的讨论。

然而，就我们已经讨论的内容来看，它们已经十分复杂了。对读心过程的全面讨论必定要涉及心理理论和模拟理论，其篇幅也一定会比介绍其中任何单一理论都更加冗长。因为从更广泛的意义上讲，大众心理学研究的现象本身就非常庞杂。人的社会性包括了合作与竞争、符号沟通、文化传递、辩护与规范行为、性格特征和他人个性特质，以及道德赞同和谴责等。本章所强调的解释与预测功能只是大众心理学中的组成部分，远不能完整而全面地解释大众心理学的实践。最后，未来对社会认知现象做出更为精细的分解或许会揭示出大众心理学实践绝非一件单一的事情，而是需要使用多种不同的机制加以解释的现象(Andrews，2012；Morton，2007)。

9.1 无言的心智

思维和语言究竟哪一个最先出现？是思维中的世界首先形成，然后再由语言将其表达出来，还是先获取了语言，之后，再自然而然地运用语言工具，获得思考世界的能力？众所周知，笛卡儿选择了一条最为困难的解释路径。他声称，不说话的动物根本不会思考。他也许甚至想要以此来暗示，没有语言，动物们就不存在任何经验。在笛卡儿看来，生产和创造性地使用语言的能力，是心智存在的唯一确定的迹象，因为这种属性是不能够被物理机器简单复制的。语言具有一种无穷的资源，能够不断适应新的语境。相反，猪的呼噜声或者狼捕羊时狡诈的生死之舞，都只是在"无心"的神经机制作用下产生的纯粹物质性行为。

这种观点在现代人听起来可能显得有些奇怪。语言本身是进化晚期才出现的创新，它建立在复杂而广泛的行为与认知过程基础之上。如果我们采用进化论的视角，那么认知系统的发展史就是心智不断增加其精细程度的系列过程；而笛卡儿学派在自发的思维和语言之间划出一条清晰界线的尝试，对于解释这一过程则没有帮助作用(Dennett，1997)。

关于如何画出以及在何处画出这样一条线，历史上曾有过很多相关的记载、思考和更系统的数据。海伦·凯勒(Helen Keller)在其自传中讲述，她在学习手语之前并不能思考，也无法意识到世界——尽管她的老师安妮·苏利文(Annie Sullivan)否认这一点。我们或许都能感受到，经验告诉我们思想先于语言而存在。每个人都知道舌尖现象，也就是当想法冒出来后却找不到词语加以表达的尴尬(Schwartz & Metcalfe, 2011)。如果想法是用语言表达的，又怎么会找不到词语呢？很多心理语言学数据表明，我们记住的是话语的主题，而不是听到或看到的每个单词(Bransford & Franks, 1971; Gernsbacher, 1985)。通常来讲，人们很难精确地记住他们听到或看到的每句话，然而，这并不妨碍人们对句子内容的理解。这让人们更加认同如下的观点，人们是在某种超出了自然语言的抽象水平上记住了句子的内容。

然而，我们将会看到，大量的哲学争论却偏向"语言在先"的观点。这种观点坚持认为，在语言发展之前，心智还没有提供文字或概念，因此也就没有用来思考世界的工具。即便某些形式的思维出现在语言之前，语言仍然是形成思维的主要动力。也许早期存在一些基本、普遍的概念，它们构成了思维启动的必要条件。然而，学习语言的过程会使人形成新的能力，重塑人们的概念系统、思维方式以及总体世界观。人类语言和文化的多样性使得语言人类学家多倾向于支持上述这种观点。如果"语言在先"这个观点正确的话，那么理应有证据表明，单一语言学习者会随着时间的推移出现认知能力上的变化，而且不同语言学习者之间也会出现认知能力的差异。我们在本章将介绍对这些证据进行探索研究的部分内容。

9.2 语言—思维的关系

就目前讨论的目的而言，凡是将命题作为自己内容的心理状态就构成了思维。命题是一个具有结构的实体，由主语(如乔治·华盛顿)和谓语(如是第一任美国总统)组成。思维永远是"什么和什么"这般的形式。例如，华盛顿是第一任美国总统。同样的形式也存在于希望(全球核裁军将会发生)或恐惧(经济衰退将会再次发生)等心理状态中。因此，虽然思维的种类繁多，但都具有共同的形式，即它们都将主体的心理状态 M 与某个命题的内容 p 联系起来。从这个意义上讲，思维在这种情况下主要体现为概念化的思维。

那么语言呢？这里我们主要探讨公共语言或自然语言，如英语、俄语、印地语、威尔士语或普通话。语言具有特殊的属性，它可以与其他信号系统区分开。我们会说狗也有语言，因为它们会叫，会咆哮，会呜咽。或者也可将海豚、鲸鱼的叫声看作语言。长尾黑颚猴的吼叫声是提醒捕食者就出现在附近的信号，它可以随着捕食者出现在树上、地面上或天空中而发生改变(Seyfarth，Cheney，& Marler，1980)。这些动物能够通过一系列不同的声音和信号传达关于世界与自身的信息。然而，尽管这些信号包含了信息，但并不具备使自己成为语言的属性。

语言在形成句子的过程中受到一系列结构化规则的支配。这些规则是生成式的，也就是说，任何一种自然语言都能组成无穷无尽的句子。因此，在英语里，仅仅"The man kicked the table"(那个人踢了桌子)一句话，就有很多很多种组合：

"The man kicked the wooden table."(那个人踢了木头桌子。)

"The man in the bowler hat kicked the cheap wooden table."(那个戴着圆顶礼帽的人踢了那张廉价的木头桌子。)

"The recently divorced man in the bowler hat kicked the cheap wooden table，scattering peanut and scaring the children."(最近刚刚离婚的那个戴着圆顶礼帽的人踢了那张廉价的木头桌子，打翻了花生糖，吓到了孩子们。)

诸如此类。通过不断增加新的短语，或者与结合其他句子，我们可以写出无穷多的新句子。之所以会有这种生成性，是因为语言具有音韵(声音系统)、语法(标准结构系统)和语义(意义系统)，这些系统运用有限的词汇(词语和词缀)，生成了无穷多的具有完整结构的句子。

对于语言生成性的标准解释是，它由组合而成。合成性意味着，复杂词组的属性是按照某种规则由词的特性及其组合方式的特性共同决定的。因此，"红色粮仓"的意义是由"红色"和"粮仓"两个词以及它们组合在一起的方式共同决定的。然而，单纯的信号系统不具有这种合成性。一种自然语言要能表达出这样的思想：捕食者已经从树上到了地面，并朝着这个方向走过来了。长尾黑颚猴会发出一种叫声，先让同伴知道捕食者在树上，然后再发声告诉同伴捕食者现在在地面上。然而，由于这些信号不能分解成可重复的部分，所以猴子无法表达在地面上的是否是同一个捕食者。这些信号在音韵、语法或语义上都不具有合成性。它们或多或少是一个不可分解的整个单元。我们尚未可知，或许海豚或鲸鱼也具有合成式或生成式的沟通系统。然而，除非它们真的具备了这些特性，否则它们的声音也不能被视为我们在此讨论的语言。

最后，语言具有多种功能。语言规则允许它表达复杂的主题。有时，我们只是想与人沟通这些主题。然而，语言却并不仅仅有沟通的功能，它们还可以被用来进行指挥、哄骗或说服以及探索等，也可以传达非字面的信息(如隐喻、讽刺或挖苦)，或只是用于娱乐(如小说、诗和歌曲)。语言可在同时发挥多种功能。蜜蜂的舞蹈有时也被称作是语言，因为它具有复杂的结构，并用来传达信息。然而这些信号就像其他动物王国中的信号一样，并没有受到蜜蜂的沟通意图的支配。就算有些动物的信号带有沟通的意图，它们也几乎不能以开放的方式加以利用。倘若动物能够自主控制它们的叫声，那么，它们的叫声就可以表达它们的目的了(Adams & Beighley, 2013)。这些叫声也就具有了与语言相关的功能属性。

世界上的各种语言为执行上述多种功能提供了数量惊人的资源，它们在音韵、结构、语法、词汇和语义等属性上有很大的差异。语言多样性显示了后巴比伦通天塔时代人类的生存条件。人类学家弗朗茨·博厄斯(Franz Boas)在他具有里程碑意义的、关于美国本土语言研究的调查中写道："令我们十分信服的结果显示，各种各样思想中的任何单个想法都可既由一个单独的英文词来表达，也可以由从同一个词汇衍生出来的其他词语言表达。"(Boas, 1911, p. 21)。因此，他继续写道，"在一种语言中一个看似简单而独立的思想，在另一种语言中则可能是由一串清晰分开的语音组来表达的"(Boas, 1911, p. 22)。

对于这些差异是深层次的问题还是表面的问题，语言学家进行着争论。然而，他们大都承认语言具有不同的模式。学过几种语言的人都知道，这些不同的模式有时看起来极为怪异。语言不仅在被基本词汇表命名的事物上存在差异，而且从母语的角度看，外语所描述的特殊性或者所标志的特性有时很难被理解。例如，对于讲英语的人来说，他可以有选择性地关注某个信息证据的来源；而对讲土耳其语的人来说，他则有义务必须要指出，他是否目击了过去发生的某个事件。这似乎难以理解，为什么这样的信息要成为某种语言的语法组成部分。

语言的这种多样性很容易让人支持如下的设想，其他语言的使用者不仅仅是在使用一种不同的表达媒介来传递相同的内部思想，其实他们是在用一种不同的方式来思考世界(也许甚至是感知世界)。持这种观点的哲学家、语言学家威廉·冯·洪堡(Wilhelm von Humboldt)有一段名言：

语言是思想的形成器官。它完全是心理的，完全是在内部进行的，而且在某种程度上，它就是流动无痕的心智活动，通过声音外化成话语并被感官所感知。因此，思维和语言是彼此不可分离的一体。（Von Humboldt，1836/1988，p. 54）

　　这是"语言决定论"的主题：规范化的语言会带来系统性的心理结果。语言不仅仅是思维的附属品或侍者，它实际上塑造了思维本身的形式和内容。语言决定论清楚地指明了两者的因果关系方向。语言的属性以各种方式对思维进行着塑造。

　　语言多样性理论和语言决定论相结合后，引出了"语言相对论"的主题：说不同语言的人们因为语言的不同而在心理上也表现出差异。正如语言学家爱德华·萨丕尔（Edward Sapir）指出的："这表现为概念的相对性，也可称为思维形式的相对性。"（Sapir，1924，p. 159）然而，语言决定论和语言相对论仅仅设想了语言属性与思维属性之间的因果关系，但仍留下了如下的问题：因果关系公式的两边究竟包括了语言和思维的哪些属性？它们的影响程度到底有多大？

　　超强决定论声称每一个思维的存在都需要语言的支持。没有语言，被称为思维的东西就不存在。这是因为语言要么是思维生长的种子，要么是构成思维的内在媒介。强决定论认为，某些类型的思维只有在具备了某些类型的语言之后才是可能的。在这里，我们应当对思维形式和内容的决定论与思维过程的决定论做出区分。思维形式和内容的决定论与某类概念相关，我们可以接纳这些概念，并使用这些概念形成所要表达的主题。而思维过程的决定论则与思考运行的机制有关。按照强决定论，语言的影响导致某些思维内容变成可通达的，或者使这些思维模式变成为强制性的，而使其他的思维内容和模式变得无法通达或者无法实现。

　　萨丕尔看似非常坚持这种观点："语言和我们的思维习惯具有密切的内在联系，它们在某种意义上是同一个整体。"（Sapir，1921，p. 218）萨丕尔的学生本杰明·李·沃尔夫（Benjamin Lee Whorf）补充道：语言的语法"不仅仅是说出思想的再生工具，它本身更是各种观念的塑造者，是个体进行心理活动的程序和方向，以帮助个体进行感知分析以及整合心理内部的交易"（Worf，1940，p. 212）。在获得语言之前，所谓被概念刻画出来的世界这样的东西并不存在。因此，语言决定论（特别是强决定论）的主题有时也被称作为萨丕尔—沃尔夫假说（Sapir-Whorf hypothessi）。①

最后，还存在各种形式的弱决定论。（超）强决定论认为，从某些方面来说语言是思维存在所必需的，而弱决定论则只认为，语言在某种程度上影响了思维。弱决定论最常见的说法是，语言会通过误导注意、记忆或喜好等来影响"习惯性思维"（沃尔夫用语）。我们将在 9.4 部分讨论几种形式的弱决定论。

9.3　强语言决定论

显然，只有掌握一种语言后才能接纳、欣赏某些思想。例如，关于语言本身的思想："red 意味着红色"，或者（英文单词拼写规则要求）"字母 i 要出现在字母 e 之前，除非它前面有个字母 c"。强决定论成立的相关领域还包括了某些技术语言或数学、逻辑推理等。如果根本没有数字系统，人们就不可能进行复杂的数学运算。同样确定的是，如果没有人造的形式符号系统使证明推理成为可能，那么哥德尔（Gödel）就不可能发现数学上的不完备定理，康托尔（Cantor）也不会发现无穷数序列的对角线论证法。② 然而，强决定论通常不会特别关注这些。它一般更为关注那些使用自然语言的普通人及其所具有的枯燥乏味的思维，而并非那些特殊符号系统的使用者。

赞同强决定论和超强决定论的哲学家中的主要代表人物有奎因（Quine，1960）、乔纳森·本奈特（Jonathan Bennett）（Bennett，1988）和唐纳德·戴维森（Donald Davidson）（Davidson，1975/1984，1982/2001）。奎因认为，无论如何我

252

---

① 关于语言相对论和决定论方面的人类学、语言学和实验文学的历史与近期研究综述，请参考希尔和曼海姆（Hill & Mannheim，1992）、亨特和阿格内利（Hunt & Agnoli，1991）、柯纳（Koerner，1992）和鲁斯（Lucy，1997）。

② 我们这里的讨论仍然是试验性和局限的，对于形式科学中的高级推理（并非初等几何、代数或基本演绎逻辑）来说，更是如此。就像我们将在 9.5 部分看到的，我们有理由相信，就算语言功能受损，这些能力仍然是完整的。

们都不可能把思维赋予不具语言能力的动物。如果非要做此归属的话，他认为，人们就是陶醉在一种在本质上为"戏剧式的语言"之中，他们会把自己降至动物的地位。想象一下，人们因此会怎样思考和说话吧（Quine，1960，p. 219）。当然，做这样的归属仅仅是某种投射行为，从某种意义上讲，这只不过是某种娱乐行为而已。

奎因在研究前语言时期婴幼儿的认知发展过程之中引入了上述思想。他有一个很著名的论点：儿童在掌握可数名词与不可数名词之间的区别之前，是无法对事物做出某些本体论的区分的。了解这两类名词的差别有赖于对这些名词本身的掌握。

> 我们长大成熟后，会把孩子的母亲看作一个在不规则封闭轨道上运行的整体，她来回往复地探望自己的孩子；我们还会以相当不同的方式看待红色，它散布得到处可见。在成熟的我们看起来，水很像红色，但又不太像；水被染成红色，但其质料还是水。但是在婴幼儿的眼中，母亲、红色和水看起来是混沌一类的，每样东西都只不过是一段偶然相遇的经历，是正在进行中事情的一个零散部分。当他第一次学到母亲、红色和水三个词时，只相当于他均等地了解到发生在他周围的事物有多少次被当成了母亲、红色或者水。婴幼儿遇到母亲时不会说："你好！妈妈又来了"，在看到红色物体时也不会说"哈，又一个红色的东西"，或者在面对水时也不会说"要更多的水"。对于他们来说，三个对象都是等同的，他们只会说：你好，更多的妈妈，更多的红色，更多的水。（Quine，1960，p. 92）

因此，对于奎因来说，开始儿童没有将"妈妈"当作可数名词，而是当作一个不可数名词。因此，在他们的脑海中，不同的个体、属性和物质等都不能被区分开来。在奎因看来，思维无法先于可数名词出现，或者说，在儿童理解了他所说的"分类指代"的意义之前，思维是不可能出现的。

奎因坚持主张思维显现能力的原则，即进行思维的能力需要先具有能够显现出这些思想的能力（Glock，2003）。该原则并没有认为，只有具备了某些能够公开识别出思想的手段时，思维本身才变得有意义。对于奎因来说，辨识出思维需要行为或话语的手段。当然，该原则并没有限制生物体实际可以具备哪些类型的思维，而只是限制了我们可以辨识出哪些类型的思维。这也意味着，有些思维并不需要在语言中显现出来，非语言的行为对于辨识出某些思维的归属已经足够了。因此，奎因的思维显现能力原则将那些不具备语言能力的生物限定于简单思维的类型中，而没有说它们完全不具有思维。

相似地，乔纳森·本奈特(Jonathan Bennett) (Bennett, 1964/1989；1988)也认为，事实上并非没有语言就不存在任何思维，而是没有语言就不会存在某些类型的思维。他特别指出，因为没有语言，动物的思维就被限定在了当下和具体之中。只有语言，才可以让思维走向遥远的过去和未来；只有量化的词语，才可以让人们思考许多、大多数，甚至全部或者没有某类事件和物体。他说，动物也许拥有已被过去事件塑造过了的信念，然而，它们并不具备对这些过去事件本身的信念。即使它们对某类物体做出了相似的反应，它们也不具有对所有这类物体的概括性思维。没有语言，也就没有了用以显示动物可能具有这样信念的决定性证据。[①]

动物或无语言生物能否在没有语言的条件下具有特定形式的思维问题，本奈特对此持怀疑态度，而唐纳德·戴维森则质疑说，它们根本就没有思维。尽管戴维森的结论与笛卡儿相近，但他论证的方式则与笛卡儿确有不同。戴维森的论证依据有如下观点：思维具有意向性，思维具有整体性，并且思维需要对信念本身形成概念。

首先是意向性。如果一只狗在想"一只猫爬上了一棵树，这棵树是镇上最古老的橡树"，那么这只狗一定会想"这只猫爬上了镇上最古老的橡树吗？"这几乎是不会的。即便是 $a=b$，但相信 a 是 F，也不意味着，必定要相信 b 也是 F。这就是思维的意向性：只要人们没能真正掌握某个事物与其相同事物之间的相同之处，他们就会对两者持不同的态度。戴维森将这种现象归因于语言："当言语不存在时，我们再怎样努力将意向性作为思维的属性，也很难做到。我们会说，狗知道它的主人在家里。然而，它能够知道史密斯(Smith)先生(它的主人)在家吗？

---

① 然而，在本奈特后期的研究中，他着重批判并调整了自己早期关于无语言的动物可以具备哪种思维的立场(参见 Bennett，1976/1990，pp. 96-123)。

我们真的不知道如何解决这些问题，或者如何使这些问题变得有意义。"
(Davidson，1975/1984，p. 163)

与奎因类似，戴维森坚持认为，我们只能依靠复杂行为模式这个背景，才能判断他人(或者动物)是否具有思维。这并不是说一定要通过行为或行为能力来辨识思维，而是说在判断思维归属时，确实需要能够在行为上找到适当的证据基础。正如他所指出的：

> 因而，我的论点并不是：思维依赖于描述思维的语句而存在。相反，我认为，除非具有了语言，否则生物就不会有思维。想成为一个能够思考、理性的生物，它必须能够表达出大量的思想，而最重要的是，它要能够理解他人的言语和思维(1982/2001，p. 100)。

对于戴维森来说，理性、思维和语言(包括解读他人语言的能力)是互相依存且同时发生的。他为什么会这样认为呢？原因之一在于，他是一个整体论者。因此，他认为，人不可能只具有一种能力。回到前一个例子，狗想要理解猫爬上了一棵橡树，它就需要具有树、橡树以及所有与橡树有关的概念。然而这可能需要无穷多的概念。狗知道什么是猫，什么是树？它知道树是活的吗？它知道树需要水才能活吗？它是否知道关于树和猫的常识？戴维森认为，狗并不知道这些，因而它也不具备对树、猫或其他任何事情的思维，它不具备进行这些思维所需要的合适的一般性概念。个体只有在语言中才能够获得这些一般性概念。

戴维森意识到，从动物缺乏关于事物一般性概念的结论，到动物不具备任何思维的推论，他还需要做进一步的论证。因此，他转向研究语言有哪些能力使自身成为思维的根本要素的问题。他的论证分为两步：①若要具备某种信念的前提是，就必须具有关于信念的概念；并且②若要具备关于信念的概念，就必须要有语言。

如果这种论证是正确的，那么，戴维森的理论就具有了很强的说服力。戴维森以人们感到吃惊的状态为例为前提①进行辩护。他认为，人们感到吃惊时，必须要拥有关于信念的概念。如果我对于 a 不是 F 感到吃惊，那是因为我一定正期待着 a 应该是 F。我一定觉察到了所见世界与所期世界不符的信念状态。因此，我需要具有"世界符合于我"的概念——这就是一种关于信念的概念。感到吃惊就相当于你体察到世界并不像是你所相信的那个样子。戴维森在结束这一推论时指出，人们获得主体—客体(我看到的世界与世界的本来面貌)对比概念的唯一途径是，产生必须获得语言以及人际语言沟通的能力。"我们对客观性的体察是另一类三角关系产生的结果，即它需要两个个体之间的沟通互动。"(Davidson，1982/2001，p. 105)

但是，戴维森的观点甚至可能会导致人们认为，狗这类生物也具有意向性。例如，机场的嗅探犬相信自己闻到的气味就是它一直被训练去寻找的目标——可卡因。但是同样的物质在真空包装的情况下，也许无法引起嗅探犬做出相同的反应。这是因为，引起狗警觉反应的是气味，而非毒品的外观。狗相信，闻起来是这个样子的物质就是目标物(可卡因)；而真空包装里的目标物看起来是那个样子，狗并不相信目标物看起来就是那个样子。所以，狗无法将这种闻起来有特殊气味的物质，与那种看起来是那个样子的物质联系在一起。这或许就是无语言生物显示出意向性的一个可能例子。

关于一般概念的本质，戴维森的整体论要求十分苛刻，甚至会出现这样的推论结果：如果婴儿还没有掌握众多关于母亲的生物和文化功能一般信念的话，他就不会相信自己正被母亲抱在怀里。但他没有交代清楚，是否能够找到某种途径用以确定下面的推论，婴幼儿必须在掌握了前一类功能信念之后，才能拥有被母亲抱在怀里的概念。但在很多人看来，这个例子恰好成为反对思维的强语言决定论的一个例证(Fordor & Lepore，1992)。

戴维森还认为，个体只有具备了关于信念的概念后才能具有信念，也才能感到惊讶。我们有很多理由可以证明他是错的。就像婴儿并不需要具备关于信念的概念(或者相关的成熟概念)，也可以持有信念一样，婴儿也会在不需要掌握惊讶的概念之前就表现出惊讶的样子。这正是发展心理学家使用去习惯化范式进行研究的前提。举例来说，某个地方应该有两个物体，但却只出现了一个；或者一个物体似乎是穿过了另一个物体而出现在某个地方，婴幼儿在上述这些情况下都会表现出惊讶的样子(盯着看得时间更长，也更为专注)(Baillargeen，1995；Spelke，1990)。

人们感到惊讶之际，也是世界看起来不符合他们的预期之时。然而，这并不需要人们具备关于期待(或信念)的概念,它仅需要人们拥有期待(或信念)就足够了。如果戴维森所做的推论指的是如何将思维归因于他人,那么他也许是正确的。然而,他的论点看起来只涉及思维本身产生的必要条件,因而它就显得不那么正确了。人就算没有关于癌症的概念,也有可能患上癌症。思维也是同样的道理。从人们进行思维归因的认识论条件无法推论得出关于思维本质的很强结论。[①]

9.4 从强决定论到弱决定论

强语言决定论的哲学观点极具争议。然而在近 20 年里,心理学界又出现了一股巨大的"新沃尔夫派"复兴浪潮,其核心是要在许多认知研究领域(如色彩、数字和心理理论等)中寻找语言对思维影响的证据。这里我们仅关注其中三个活跃的领域:基础本体论、空间和语法的性别。

9.4.1 本体论

前文提到过,奎因认为,掌握"物体"和"物质"之间的本体论差别,取决于能否在语言上掌握"可数名词"和"不可数名词区别"的差别。索加、凯莉和斯派尔克(Soja, Carey, & Spelke, 1991)依据这一观点设计出一套行为测试。他们向还没有掌握可数名词和不可数名词区别的两岁儿童展示一些他们不熟悉的物品,如一根弯曲的铜管或一段弯曲的粉色发胶。这些物品会与一句话同时配对出现。例如,呈现铜管时告诉儿童,"这是我的 tulver"。随后,他们再向孩子展示两个测试物品,一个形状相同但材料不同,另一个材料相同但形状不同。他们要求孩子指出两个物品中哪一个是"tulver"。如果之前"tulver"这个词是与铜管配对出现的,孩子就会指向那个形状相同但材料不同的物品,如一根弯曲的塑料管。而如果之前"tulver"这个词是与发胶配对出现的,则孩子会指向那个材料相同的物品,而无论它是什么形状。也就是说,孩子在掌握可数名词与不可数名词之前,是通过材料的种类(而不是不同的个体)分辨个别物品的。这些结果提示,儿童是先有

---

①　当然,我们需要补充说明,戴维森的论点非常复杂,我们这里仅概略地介绍。更多讨论和批判分析请参考莱波雷和路德维格(Lepore & Ludwig,2005,第 22 章)。

了概念能力后才能够区分可数名词和不可数名词的。

随后进行的跨语言研究支持了这一观点。通过一系列严谨的调查，约翰·鲁斯(John Lucy)和他的合作者们比较了说英语者和说玛雅语的尤卡坦语者。两种语言有一些显著的差别(Lucy，1992)。第一，英语区分了大量可数/不可数名词，这意味着很多名词务必使用复数标识。因此有"two cats(两只猫)"和"two sands(两片沙漠)"以及"a badger"(一只獾)和"a mud"(一块泥)的区别。但在尤卡坦语中，复数形式是可选择的，只应用于很少的名词。第二，英语的量词可直接修饰复数名词，如"one candle"(一根蜡烛)，而尤卡坦语的数词一定要与一个独立的"数词分类词"(numeral classifier)相连接。这些分类词通常指示了名词代表的事物的形状或成分，因此，要想描述"两根蜡烛"(two candles)，就必须要组成一个这样的词组结构，即"两根又长又细的蜡烛"(two *long thin* candles)(斜体词为形状分类词)。事实上，露西认为，在尤卡坦语中不做数量标记的光杆名词，更像是描述"不具形式的物质"的词汇，所以上述词组最好被译成"两个长又细的蜡状物"(two long thin waxes)(Lucy & Gaskins，2001，p. 261)。

从语言层面上存在的这些差异出发，我们可以得出一种认知层面的预测：由于英语名词的正确使用习惯要求使用者关注物体的形状，因此说英语的人倾向于更多地注意形状，而说尤卡坦语的人则倾向于注意组成物体的材料，因为这与尤卡坦语的名词使用密切相关。在实验中，鲁斯(Lucy，1992)给说这两种语言的成年人呈现一个参照物和两个对照物，其中一个对照物与参照物的形状相同，另一个则与参照物的材料相同，要求被试指出哪一个对照物与参照物最为相似。绝大多数说英语的人会根据形状做出判断，而绝大多数尤卡坦人则根据材料进行判断。这一结果印证了之前做出的预测，即每种语言都会侧重于不同的特性。

儿童早期使用的词语模式因特定语言的差异而有所不同。今井和根特纳(Imai & Gentner，1993，1997)的研究对比了说英语和说日语的儿童(2岁组和4岁组)以及成人被试。日语和尤卡坦语类似，是需要数词分类词的语言。每位被试会看到三个参照物：一个简单物体、一个复杂物体和一个材料样品。主试给每个参照物贴上命名标签后，再给被试呈现一个目标物。目标物或者在形状上符合某一参照物，或者在材料上与参照物相同。这时主试要求被试将命名标签贴到新出现的物体之上。对于新出现的复杂物体，使用各自语言的所有年龄组被试都根据其形状

258

进行命名。对于新的材料样品，说日语的所有年龄组被试更倾向于根据材料来命名，说英语的低龄组被试也是如此，而说英语的成人被试的倾向性则不是很明显。然而，对于新的简单物体，说不同语言的被试之间的分歧就变得十分显著。说英语的被试总是通过形状来命名，说日语的儿童被试没有明显的差异，而说日语的成年被试则略微倾向于根据材料来命名。

从这些研究结果中得出了两个结论。第一，与奎因相反，物体/物质的区分在儿童早期就形成了，而无论他们处于何种语言环境之中。第二，语言在后期的发展中会影响特定的分类习惯。但是，一些物体被赋予名称时，它们之所以被这样命名，原因仍不清楚。命名是基于其构成的材料呢，还是依据其完整而可数的实体类型？正是在这种含糊不清的情况下，语言就具有将物体/物质的分类界线移向这个或者那个方向的灵活性。说英语会鼓励人们将模糊实体概念化为物体，而讲日语则会让人将模糊实体概念化为物质。这种语言对思维的影响观便是一种弱语言决定论。

9.4.2　空间

语言的差异不仅仅在本体论偏好上有所体现，还在人对空间的划分和指向上有所体现(Bowerman，1996；Choi & Bowerman，1991)。在英语中，介词"on"和"in"被用来指定一系列空间关系：①The apple is *in* the bowl（苹果在碗里），②The cassette tape is in its case(磁带在盒子里)，③The lid is on the bowl(盖子盖在碗上)，④The cup is on the table(杯子放在桌子上)。①和②表示方位包含关系，③和④表示方位支撑关系。然而在韩语中，没有完全等同的词来描述这些关系。相反，韩语使用方位动词将这类关系分成不同的维度。韩语中没有英语的"in"和"on"介词区分的包含关系，但对包含关系的"紧"的程度(如笔帽扣在钢笔上)或者"松"的程度(如苹果放在一个敞口碗中)十分关注。因此，将一个苹果放进碗里（松的包含关系），会说"nehta"；将磁带放进盒子里或将盖子扣在碗上(紧的包含关系)，则会说"kkita"；而对于将杯子放在桌面上(松的支撑关系)，则使用"nohta"。

如果语言对空间的交叉分类使用了不同的空间特性，那么语言上的这些差别就会直接影响儿童空间注意的发展。1岁半至2岁的孩子刚刚开始掌握语言对空间的表征。在给他们呈现一些说明空间中的包含与支撑关系区别的视觉场景时，他们并未表现出更偏好哪一种关系。然而，若这些场景与语言标志一同出现，这些儿童就会对语言特别描述的空间关系场景注视更长的时间(Choi，McDonough，Bowerman，& Mandler，1999；Casasola，2005)。这些似乎是由语言导致的视觉倾向很快就会出现，但它却出现在了没有任何一种空间关系占主导地位的前语言期。无论是生养在英语环境还是韩语环境下，9个月大的婴儿似乎都能够辨别"紧的"和"松的"空间关系。在语言形成之前，这两种关系对他们来说是相同的。然而，说英语的成年人比说韩语的成年人更难理解两种空间场景的区别(McDonough，Choi，& Mandler，2003)。在一些研究中，甚至5个月大的婴儿就可以对区分"紧"和"松"了(Hespos & Spelke，2004)。语言初学者或许在开始学习时并不关注语言对空间分类的不同方式，直到熟练地掌握了某种语言之后，他们才会形成对某种空间关系的偏好。

　　语言的差异还体现在内在空间参照系统上。参照系统是用来描述场景或指示方向的。英语通常以人体为中心(或自我参照)来描述物体之间的关系。例如，杯子在你左边，或人在树的左边。左和右的定义依赖于一个参照体，它或者是讲话者本人，或者是某个目标体。然而，有些语言没有区分左—右的词汇，而是使用某种地理参照系统。例如，在策尔塔尔语(Tzeltal)中，物体会被描述为"向山上"(uphill)或"向山下"(downhill)。这种区别起源于说策尔塔尔语的 Tenejapa 居民多居住在地势倾斜、南高北低的山坡地。地势的倾斜提供了一个明显的方位标志。因此，运用地理参照系统在该社群中就成了通用的方式(Levinson & Brown，1994)。地理中心方位参照系统也存在于其他语言中，如在所罗门群岛的 Longgu 语中，描述物体的方位会说"指向内陆"(inland)或"朝向大海"(toward the sea)。

　　如果语言具有了地理中心和自我中心的不同参照系，它们就会约束人们谈论空间的方式。如果语言也因此而导致认知出现差异，那么似乎应该可以预测，在完成需要空间推理，而自己的母语又没有相关推理词汇的认知任务时，人们就会表现出明显的差异，甚至缺陷。皮德森(Pederson)及其同事们通过非语言的实验任务发现，完成跨语言任务的成绩差异就在于人们的空间方位参照系存在差别(Pederson et al.，1998)。他们让被试面对一堆横向放在桌子上的玩具物体，并要求被试记住这些物体的排放顺序，然后让被试转过身来，在另一张空桌子上面重新排列这些玩具(指示语中特别强调顺序要摆放得"完全相同")。语言决定论者会预测,地理参照系统语言使用者和自我中心系统语言使用者的摆放方式将会完全相反,因为,即便是在非语言实验中,物体的方位仍然是以语言偏好的参照系进行编码和记忆的。

然而,上述结果讨论受到了李和格雷特曼(Li & Gleitman, 2002)的挑战。他们使用只讲英语的被试重复了上述桌子方位记忆任务,但改变了被试可见的环境条件。第一组被试被安排在一间毫无特点的房间,第二组被试在一个打开窗户的房间,第三组被试则在建筑物环绕的开放空间中。这些不同场景的设计目的是要模拟自然环境条件,用以测试那些地理中心参照的被试;或者模拟相对严肃的实验室,用以测试那些自我中心参照的被试。实验结果表明,在提供了明显自然地标的条件下,被试倾向于使用地理位置参照法来摆放物体;而在没有这些线索的条件下,他们则会使用自我中心参照法摆放玩具。由于这个实验本身具有开放性和不确定性,因而被试完成任务的过程就像是在进行一个"实用主义的感官猜想"(Li & Gleitman, 2003, p.286),他们采用哪一种适当的猜想,取决于所处的环境,而非所使用的语言。

事实上,当任务情境发生改变,正确的选择也变得清晰起来时,地理中心参照的语言使用者也能够很好地运用自我中心参照策略(Li, Abarbanell, Gleitman, & Papafragou, 2011)。让策尔塔尔语使用者完成一系列空间定向障碍的任务时,他们既可以使用地理中心参照策略,也可使用自我中心参照策略。其中一个任务要求他们坐在一个旋转的办公椅上,看着一枚硬币被放在两个盒子之一中。在自我中心条件下,盒子和椅子粘连在一起;而在地理中心条件下,盒子则被放在地面上。然后蒙上被试的眼睛,转动座椅,再让他们指出放着硬币的盒子。在自我中心条件下,无论椅子如何转动,被试总能轻松地指出盒子的位置,因为盒子随着椅子一同转动,这是一个毫不费力的任务。然而,在地理中心条件下,被试距开始的位置越远,任务表现就越糟糕。这个结果不符合"语言让他们习惯性地编码地理中心地图"的观点,而是更倾向于支持"任务条件的敏感性让人们采取了自我中心参照系统"的观点。

当然这些结果和其他一些结果都是建议性而非决定性的证据,它们本身也被人质疑(参见 Kita, Haun, & Rasch, 2002; Majid, Bowerman, Kita, Haun, &

Levinson，2004）。但这些结果还是可以用于支持下述观点，语言会对很多不同的空间关系和参照框架进行编码，但这些编码后的空间认知并不产生很强的决定作用。婴儿的空间分类能力似乎十分灵活，而成人则倾向于采用空间推理策略来使其环境变得有意义，即便这样做可能违背了其语言提供的习惯线索。因此，空间知觉和思维看起来仅仅归属于弱沃尔夫理论。

9.4.3　性别

很多语言都有性别系统，它们在表面上看起来很奇怪。钢笔真的是阴性的吗？也许它在羽毛笔年代是阴性的——法语词是"la plume"。现代的缤乐美圆珠笔就并非阴性的(la stylo à bille)。但语法词性规定仍然可能影响思维。性别可用来标注名词分类，以使名词和其他词类(如代词、形容词等)能够相互匹配。尽管"阳性"和"阴性"这种术语是语言学理论家们使用的武断标签，但它们符合人们对男性和女性的社会文化刻板印象。这种性别词汇标记实际上会影响该语言的使用者对物体的理解，于是一些东西就可能有了性别属性。

在一项探测性别名词的影响的研究中，波罗迪斯基、施密特和菲利普斯(Boroditsky，Schmidt，& Phillips，2003)发现，用阳性名词命名的物体在被试眼中要比用阴性词命名的物体更为"强而有力"，尽管这些被命名的物体(非生物物体、地点、事件或抽象存在物等)并没有生物学上的性别。他们让被试将男性名字或女性名字与一些在西班牙语或德语中用阴性词命名的物体进行配对(例如，apple-Patricia vs. apple-Patrick)，然后再进行回忆。研究结果显示，匹配的词对会更容易被回忆出来，否则就会更难(苹果在德语中是阳性词，而在西班牙语中是阴性词)。当一个人的名字的性别与在其母语中某物词语的语法性别一致时，被试对该词对的记忆成绩就很好。

他们让被试选择英语词汇来描述一些物体，而这些物体在他们的母语(德语或者西班牙语)中有不同的性别词性。实验结果发现了类似的效应。若母语中的描述词带有性别的话，被试就会选择那些阴性或阳性的英文词来描述和归类物体。这提示，如果物体名词是阳性的，讲话者就会将男性刻板印象中的某些特性赋予物体；而当名词是阴性时，他们则会寻找阴性的特性。"钥匙"(key)一词在德语中为阳性，在西班牙语中为阴性。德语使用者将钥匙描述为"坚硬的、沉重

262

的；锯齿状的；金属的、有用的"，而西班牙语使用者则将其描述为"金色的、复杂的、小巧的、可爱的、闪亮的、微小的"。另外，"桥"(bridge)一词在德语中为阴性，在西班牙语中为阳性。德语使用者普遍将桥描述为"美丽的、优雅的、易损坏的、平静的、漂亮的、细长的"，而西班牙语使用者则将其描述为"大的、危险的、长的、坚固的、高耸的"。即便物体呈现时没有性别标签，被试也会做出类似的性别属性归类(Sera, Berge, & Pintado, 1994)。

这些结论的确令人十分吃惊。然而，它们可进一步推论的范围和深度却并不清晰。例如，某些研究发现，性别对物体刻板印象的影响在德语中要弱于在法语和西班牙语中的影响，这或许是因为德语有三种词性，而非阴阳两种。因而，或许上述研究结论在推论范围上是有限的(Sera et al., 2002)。事实上，大多数关于词性的研究仅使用了很少一部分语言。迪尔巴尔语(Dyirbal)有四种词性，而原始班图语(Proto-Bantu)则有 14 种词性。在泰米尔语(Tamil)中，性别词分类近似于对理性和非理性实体的区分；在迪尔巴尔语中，有一种性别词用来描述"非肉类食物"(Dixon, 1972)。那么，我们又应该如何对这些语言中的性别刻板印象做出属性推论呢？当我们试图对于一般特性(如性别)影响思维的效果得出更为广泛的结论时，这一问题就会经常出现。语言的多样性远远超过了实验中使用的语言样本，而语言决定论假说对这些多样性的语言还不能形成清晰的预测。

9.5 语言与思维的分离

已经回顾的研究争论表明，语言对思维的影响方式是很微妙的：语言会将人们的注意引导到环境中的某些特性而非另一些特性之上；另外，它还设定了一种解决问题或记忆编码的默认推理方式。然而，尽管这些习惯性思维模式存在着，但人们在适当的环境中仍可跳出这些模式。这些模式本身在儿童发展的前语言阶段就已形成了。实际上在这个发展阶段，儿童对世界进行表征和推理就已经有了很多可能的方式了。因此，语言既没有创造，也没有强势地决定思维的内容或过程，它仅仅是很多信息来源的一种。

让我们以卡萨森妥、法塔科帕罗、皮塔和波罗迪斯基(Casasanto, Fotakopoulou, Pita, & Boroditsky, 未发表)的一项研究为例，说明受语言影响的思维过程是很容易被重新塑造的。该研究比较了英语和希腊语使用者的量词使用情况。在英语中，个体通常会使用距离词汇（"long"）来表示时间量，而希腊语则使用数量词汇（"more"）。语言上的这种差异在认知层面也有所体现：英语使用者在距离和时间评估任务中会受到很大干扰，而希腊语使用者则在数量和时间评估任务中受到干扰。至此，证据似乎依然还在支持沃尔夫流派的观点。然而，英语使用者在完成同样的评估任务时，可以很轻易地被实验者诱导，从而表现得像希腊语使用者一样。他们接受一个简短的训练，练习用数量词而非距离词来描述时间。之后，英语使用者在数量和时间评估任务中，也会表现出希腊语使用者出现的相互干扰效应。这种快速诱导造成的可塑性表明，语言对思维的驱动效应看起来并不十分稳固。

来自中风或外伤病人的证据显示，即便有语言缺陷，患者仍然可以保持正常的智力。罗斯玛丽·瓦利（Rosemary Varley）和她的同事在对深度失语症患者进行的一系列研究中对此进行了验证。失语症患者的大脑左半球额叶受到损伤，导致他们的造句和理解能力受损，他们讲话不流利，用词困难。如果语言是完成认知任务的关键成分，那么这样严重的语言障碍应当会造成大范围的智力损伤。

然而，尽管这些失语症患者语法功能受到损伤，但他们仍然能够成功完成许多认知任务。他们能够解答基本的算术题（甚至那些需要分组运算的问题），显示他们处理精确数字和近似数值的完整能力没有损伤（Varley, Klessinger, Romanowski, & Siegal, 2005）。[①] 他们还可以解决初级的心理理论任务。例如，在完成简单错误信念任务时，表现出对心理状态及其因果关系的正常理解（Siegal, Varley, & Want, 2001）。他们的心理解读能力在下述任务中也得到证明：在非语言的发送—接收任务中，他们能够顺利地互相传递信息。这说明他们对于沟通意识也具有基本的常识（Willems, Benn, Hagoort, & Toni, 2011）。

264

---

① 其他证据也表明，基本数学能力，无论是几何还是代数，都独立于语言能力的。语言和数字推理似乎具有不同的神经基础（Monti, Parsons & Osherson, 2012）。蒙杜鲁库（Munduruké）的亚马孙河土著的儿童和成年人可以识别方形、梯形和其他几何图形，尽管他们的语言中没有这些术语（Dehaene, Izard, Pica, & Spelke, 2006）。而巴西的毗拉哈（Pirahã）人没有精确的数字单词，但他们仍然能够将大的数集与基数配对。这表明他们掌握数量相等的概念（Frank, Everett, Fedorenko, & Gibson, 2008）。

一些患者甚至能够解决需要进行多阶段演绎推理的问题，尽管他们不具有使用文字形成前提条件的能力（Varley，2010）。上述结果与另一项研究的结果也相符，即语言和演绎推理并不共享实质的神经基础（Monti & Osherson，2012）。总体来看，这些研究结果都提示，患者大面积的语言神经系统损伤与他们在许多领域仍然保留着认知功能，是并行不悖的。尽管失语症患者要忍受严峻的（同时也是非常令人沮丧的）社交和沟通方面的挑战，但他们内部的心理状态或许并没有发生实质性改变。

类似的相互独立性在裂脑患者中也有所体现。这些患者都经历了大脑两半球联合体的切开手术。两半球在正常情况下是通过胼胝体连接的，手术则将大脑左右半球分离。胼胝体的功能是在两个半球之间传递和整合神经信息。联合体切开手术只有在患者患有严重且无法治疗的癫痫时才会采用。胼胝体被切断后，癫痫发作就不易在大脑中扩散，患者的症状因而会减轻。然而，这个手术也会断开在两个脑半球中发生的正常的认知活动。这也就产生了一系列让神经科学家颇为感兴趣的现象，我们在这里只关注手术对语言和思维带来影响的几个案例。

前面提到失语症患者的案例时，我们可以看到语言加工通常（尽管并非总是如此）在大脑左半球进行。然而，我们在检验割裂脑患者右脑的认知功能时，其认知表现会完全独立于语言的影响。病人最主要的表现模式为，与大脑右半球活动相关的非语言空间和视觉推理能力非常突出。加扎尼加（Gazzaniga，1988）曾报告一个案例：一位 38 岁女性 DR，接受了胼胝体全切除手术。术后她就可以用右半球进行图片配对，即将图片与日常生活中的物体（如苹果、书、自行车等）进行匹配，以及进行其他认知活动。在另一个案例中，研究者给患者 JW 的大脑右半球发送一个刺激（某州的名字）时，他不能够说出该州的名字（当刺激其左半球时，他可以说出州的名字），但他可以在地图上指出该州的位置，并正确画出其形状。在给这些患者无语言的右脑呈现宠物和家人或者著名人物的面孔（如丘吉尔、斯大林）的图片刺激时，他们可以用拇指朝上和朝下的手势表达自己的观点（Sperry，Zaidel，& Zaidel，1979）。记忆、分类和情感反应等功能似乎都可以在没有语言参与的情况下存在。

最后，在那些神经系统完整的普通人身上我们也可观察到语言和思维的分离现象。在一项跨语言的研究中，研究人员要求讲英语、汉语和西班牙语的被试做两组分类任务(Malt, Sloman, Gennari, Shi, & Wang, 1999)。第一组任务是给一些日常生活中的容器起一个恰当的名字。正如所预料的，语言使这些物品的归类出现很大的差别。汉语被试将多数物品归在一个大类中，剩下的则并入一个小类；英语被试使用了三个常见名词来概括绝大部分物品；而阿根廷西班牙语被试则用了15种不同的名词对物品进行分类。第二组任务要求被试(从物理、功能和总体印象方面)判断各种物品之间的相似性。尽管相似性评价(特别是对物品整体印象的相似性评价)在所有语言被试群体中都存在着很高的相关，但相似性与语言命名的模式之间却没有出现显著的相关。这提示我们，尽管语言本身影响了对这些物品的分类，但这些物品在不同的语言群体中看起来还是相似的。

物体是如何被语言命名的，它当然不只是对前语言期感知到的物体相似性所做出的一个简单反射。某些关于命名的简单理论都会遇到类似的困惑。它们假设，那些通过感知相似性组合在一起的物体就会获得相对应的词语。由此推论，命名本身并没有对感知相似性产生强大的"下行"影响。因此，判断物体相似性和决定如何命名物体，看起来是两种完全独立的认知过程。这也正是我们所预料的，因为这两个过程满足了不同的需求。命名服从于社会文化和沟通的限制条件，而相似性判断和分类则对人们感知到的物体特性，以及人们关于世界整体结构的本体论信念十分敏感。

丹·斯洛宾(Dan Slobin)(Slobin, 1996)曾提出过一个著名观点，即我们应当用讲话和思考两个词汇来替代抽象的词汇语言和思维。这会使我们将关注点从模糊抽象的存在物转移到具体的活动和过程之上。特别地，新的词汇能让我们更加关注被斯洛宾称作"为说话而思考"的现象。这是一个将人的思维组织起来，以便用语言表述出来的过程，如讲故事、发出命令、进行争论或者表达情感等。为说话而思考是一种特殊的混合活动。准备发言的思考者一定要将词汇组织起来，并且在使用某些语言时还会担心词序、主谓语搭配、主语性别等是否恰当等问题。注意、记忆和分类等资源都会被调动起来，通过特殊的语言途径帮助完成发言任务。这或许反映出了某种特定语言进行交流时的局限性本质，而并没有涉及因为思维本身潜在的认知过程。

9.6 关于思维先于语言的争论

至此，我们对语言与思维相关联的很多实验证据的讨论，最多是倾向于支持弱语言决定论。经常性地使用某些语言的"规则模式"，会引导我们集中注意世界的某些特征，并塑造我们对事物进行某些归类和回忆的习惯。事实上，很难想象语言的使用不会带来这样的影响。长期而言，所有工具的使用都会再塑它们的使用者。"为思考而说话"的假说认为，被用于进行及时言语沟通的思维形式常常会依据语言对认知资源的需求而变化。然而，语言塑造思维的过程仍然没有触及非主动性参与语言活动的认知部分。语言与思维分离的研究表明，这两部分的认知是分离的，尽管它们在某些层面上一定会互相影响。我们现在来看看那些认为思维先于语言的观点。

9.6.1 学习理论的观点

学习理论通常会非常坚持思维先于语言的观点，它构成了福多著名论点的基础。福多认为，存在着一种"思维的语言"，或称"心理语言"(mentalese)，人们的概念性思维正是通过这种语言进行的(Fodor，1975)。学习理论的观点大致如下：为了获得语言，婴幼儿在学习过程中必定已经能够辨别并思考语言标签以及与语言标签相匹配的事物。学习"猫"这个词所代表的猫类动物，就要学会将它的叫声归为"猫"类。想要成功地与他人交流恰当的含义，儿童要能够表征被联系在一起的各个元素。儿童要想掌握语言本身做出的任何区分，他们就必须先在自己的思维中能够做出这种区分，这样他们才能够成功地学会语言。从某种意义上讲，学习语言就是学习这种差别系统的过程。由此出发我们就可以进一步推论：因为婴幼儿并不具备在任何语言群体中使用语言的先验知识，所以，婴幼儿语言学习者必定在认知机制上先达到了某个阶段时，才能区别出任何可以用人类语言表达出来的差别。

强学习理论会得出这样的结论：儿童在学习语言之前已经预备好了其母语(甚至每一种人类的语言)能够表达的每一个概念。这自然会导致该理论成为激进的先天论。事实上，这也是福多最初论点实际的应用归宿(见 4.2.2 部分)。当然，我们在这里会谨慎地介绍有关学习论的争论。我们没有说，儿童在前语言期已经掌握了最终要由其语言表达出来的概念；而只是这样说的，儿童已经准备好去获得这些概念，或者一定还存在着某种认知机制，使儿童可以区别事物。

这种认知的准备具有多种形式，激进的先天论只是其中一种。先天论者会争辩道，儿童一定是在有了"猫"的概念后，才能顺利地将"猫"这个词汇与参照动物匹配起来。而立场弱一些的先天论者则认为，儿童先具有的某些概念可以使他构建出"猫"的概念。例如，他会从已有的概念中组合出猫这个新的概念。这当然仍然需要假设儿童具备了某些概念。最弱的先天论观点是，儿童在学习语言之前不需要具备任何概念，只需要具备某种前概念或非概念的机制。一旦该机制与感知输入和语言输入相结合，就会产生出概念，用以捕捉将要学习的词汇本身的意义。

对此持怀疑态度的学者则认为，在获得语言之前，无论个体的认知是怎样的，它都不会具有产生命题概念式思维的完整认知装置。只有在产生式和组合式的语言装置出现之后，人们才能把握和操作命题。所以，语言学习者最初具备的能力是非概念性的。然而，已有一些证据表明，前语言期的思维已经很好地组织起来了。例如，苏珊·戈丁-梅多（Susan Goldin-Meadow）（Goldin-Meadow, 2003）就追踪研究过若干未曾暴露在任何传统语言环境中的个体。有一种观点认为，思维脱离了传统语言就不存在，那么如此推论，这些被追踪的个体就应该根本不具有思想。然而戈丁-麦兜的研究表明，这些个体之间能够运用一些常规的模式进行沟通，这些模式与语言沟通使用的模式十分类似。

该研究中的被试都是失聪儿童。他们的父母听力健全。直到成年，这些儿童的周围也没有人会使用手语。因此，这些儿童有时会发明一些具有句法、形态学和词汇功能的姿势来进行交流。在这些发明出来的肢体符号系统中，他们能区分主宾角色(约翰打了山姆)，并使用代词(他打了山姆)。但他们具有稳定的肢体表达结构偏好吗？在英语中，及物和不及物动词的主语多放在句子的前面。比如，"约翰打了卡尔"(John hit Carl)或"约翰跑了"(John ran)。尽管这会使格位系统显得僵硬，但这却说明，英语遵循着宾格序位的句法。而其他语言的结构则会有所不同。例如，在巴斯克语(Basque)中，不及物动词的主语占据了及物动词直接宾语的位置，因此，上述词语组合就变成"跑约翰"(Ran John)。这类语言遵循着

268

"动格"序位的句法。

戈丁-麦兜想知道，这些失聪儿童对于上述两种句法是否存在偏好。她发现，无语言的失聪儿童们在通常情况下都强烈地倾向于把不及物动词的行动者(主语)完全等同于及物动词的对象(宾语)。这种模式不仅仅出现在美国失聪儿童身上，也出现于中国失聪儿童身上。令人吃惊的是，当要求说英语的成年人创造一种无声的符号系统来表达自己时，他们最终也使用了与失聪儿童相似的动格模式，而不是英语句法的模式。动格结构句法在许多孤立人群中普遍存在的事实显示，自然非语言的思维具有动格的特征，即便在那些母语使用宾格句法的人群中也是如此。

这些非语言的模式也许不仅仅先于语言而存在，或许还能解释一些令人困惑的语言现象。斯蒂芬·平克(Steven Pinker)(Pinker，2007)认为，对某些句法事实的解释有赖于已存在的概念结构。很多方位动词允许颠倒位置。例如，"Jason sprayed water on the roses(杰森把水浇在玫瑰上)"和"Jason sprayed the roses with water (杰森用水浇了玫瑰)"，这两个句子的含义是相似的。又如，"Betsy splashed paint on the wall(贝茜把颜料喷在了墙上)"与"Betsy splashed the wall with paint (贝茜用颜料喷了墙)"。这些句子表达了对同一事件略微不同的视角。但有些句子的动词位置是不能够颠倒的。我们可以说"Amy poured water into the glass (艾米把水倒进了玻璃杯)"，但不能说"Amy poured glass with water (艾米用水倒了玻璃杯)"。在每组句子中前者叫作内容方位，后者叫作包含方位。这两种结构明显相关。但就像最后一组句子表明的那样，我们永远不能随意变换内容和包含的意义。那又如何解释这种区别呢?

根据平克的理论，内容方位的意思是"A 导致 B 变成了 C"。包含方位的意思是"A 通过将 B 变成 C 的方式，使 C 改变了状态。把干草装到马车上，是你对干草做的动作;用干草装满马车，则是你对马车做的事情(因为马车被干草装满了)。第一个动作只要在干草叉插满干草就算完成了，而第二个动作则只有在马车装满之后才算完成。然而并非所有动词都能够进行这种形式的转换:

> 以"装满(fill)"这个动词为例。装满某个东西的意思是让它变"满"[英语中的 full("满的")和 fill("装满")发音相近，这似乎并不是巧合]。这完全取

决于容器的状态。容器浸满前，就是没装满。然而，装满这个动作并不关心容器是怎样变满的。你可以把水倒进玻璃杯来让它装满水……也就是说"装满"是"倒"这个词的句法镜像；通过说明容器状态的改变(the change of state)，这一句法就与另一种说明"状态变化"(state-change)的构词句法相融相通了，因此我们就可以说把玻璃杯倒满水(fill the glass with water)。但由于它并没有说明容器状态改变的原因或方式，故而它就不能与说明动作的构词句法相兼容，因此我们就不能说用水倒满玻璃杯。(fill water into the glass)(Pinker，2007，p.50)。

平克区分出了可颠倒词序的动词(brush, dab, daub, plaster, rub, slather, smear, smudge, spread, streak, swab)和不能够颠倒的动词(dribble, drip, drop, dump, funnel, ladle, pour, shake, siphon, slop, slosh, spill, spoon)。这两组动词的区别就在于，我们的概念对所描述场景的物理特性具有敏感性。使用第一组动词时，行动者会直接给物质及其表面施加作用力；而使用第二组动词，行动者是让重力来施加作用力。这两组词对引起(causing)和让其发生(letting happen)之间的差异进行了编码。这意味着，在掌握语言模式背后存在着一个更为一般而抽象的概念，它已经区分出了这些场景的差异。

学习理论研究对怀疑论者做出的回应是，它们能够解释人们在没有任何概念认知装置(哪怕是极少的构件)时也可以获得语言。上面讨论的例证意味着这些概念资源是存在的。因此，争论的皮球就又被踢回给了那些倡导语言先于思维的学者们的脚下，他们需要解释非概念性认知是如何导致人们出现上述语言行为模式的。

9.6.2　思维—语言不匹配的争论

对思维在先的观点进行思考的更深层理由还在于，人们使用的语言从许多方面说都没能很好地扮演思维媒介的角色。语言包含的信息量有时很大，有时很小。口语句子只有在与听众沟通的场景中才有意义，因为它的词序、语调、语速和节奏及其重点强调的方式都旨在满足听者，而不是其背后的真正含义。公共语言的句子通常也是模棱两可的。例如，由词构成的词串"Flying planes can be dangerous"(航行中的飞机可能会有危险)在句法上可以有很多种解析,从而会导致几种不同的读法。句子有时包含多义词,从而映射出很多种潜在的含义。然而,目前还不清楚思维是否也同样模棱两可(Pinker,1994,pp.78-80)。由此得出的结论是,语言和思维并非系统匹配的,因此它们不应该被看作同一现象。

对这一观点做进一步的思考就会使之变成思维先于语言的观点。杰瑞·福多(Ford,2001)依据下述事实表示赞同这样的观点,即句子本身表达的内容通常要比字面意思更为丰富。特别地,某人在某个特定语境下说出来的一句话,常常超越了词句给予编码的内容。我们在9.2部分曾谈到,语义的组合性是这样一种属性,一个复杂词组的语义内容是从其各个组成部分的语义内容获得的。因而福多提出,决定语言和思维在解释上谁先谁后的方法,就是要看两者之中谁具有完全的组合性:

> 在思维和语言之间,如果其中只有一个被公认为具有组合性,那么,按照对内容解释的顺序,它事实上就是第一位的;另一个只能排在第二位,它的内容"源自"第一位者。然而,从经验的事实来看,语言很显然不具有组合性,因此它就不可能具有第一位者的内容。(Fodor,2001,pp.10-11)

这种观点认为,人们说话时表达的内容要多于语句本身组合出来的内容;那么多出来的内容一定有其他的源头。唯一看似合理的源头只能是思维本身,所以思维一定是先于语言而存在的。

福多关于语言内容的经验论前提是否有支持的证据呢?他自己提供了两个例子,表明语言出现"明显省略并模糊了它所表达的思维"(Fodor,2001,p.11)。由于过于省略和模糊,语言有时无法被严格地分解成它们各个组成部分。① 第一个例子是:如果你问我时间,我回答"现在是3点"。此时你肯定就不会再问是上午3点,还是下午3点。因为这会浪费口舌。无论如何,尽管有这种省略,但我说话真实与否的条件则是明确的。如果现在是下午3点,那我所说的就是真实的;

---

① 我们需要指出,这是一个非常奇怪的历史事实,这个花费了很多年说服大家相信语言合成性理论的哲学家,却同时否认语言具有合成性。然而,我们在这里不考虑福多观点的一致性,仅仅关注其论点本身。

而如果现在是上午 3 点，则我的表达就不真实。换句话说，我说出的句子并没有表达出我讲它时的所有含义。

第二个例子是，如果你问我"书在哪里"，我可能会回答"书在桌子上"。根据罗素关于精确描述的著名分析，我的回应相当于是说，桌子上有一本书，而且只有一本书。自然，你和我的说法中都没有这样的含义——世上只有一本书，它就在那张桌子上。相反，对话双方通过语境指标，都聚焦到了所谈论的那本特定的书上。这些语境指标在对话中已被双方所默认，故而在谈论这本书时不必反复、详尽而明确地描述出这些指标。

我们还可以做很多类似的分析，但是福多的主要观点至此已经足够清晰了。[①]在口语中，我们表达的意思通常比说出的词语的含义要更多些。若是如此，多出的内容一定会在某些地方被表达出来，而唯一可能的地方就是讲话者和听话者的思维。一些语言优先的提倡者对此做出的回应就是，尝试去缩小语言和思维之间的差距。比如，针对模糊性和多义词的问题，他们指出，这里的错误就在于把说出的单词串当作了内在思维的载体。实际上，人们是以更为复杂、带有注释的结构进行思维的。例如，人们不是用干巴巴、没有标志的单词串来思考"Hitchhikers may be escaping convicts"（搭车者可能是逃跑的罪犯）。相反，人们会使用下面已经消除了歧义且被括号分隔的两个句子之一来进行思考（Gauker，2011，p. 262）：

[[Hitchhikers] [may [be [[escaping] [convicts]]]]]

[[Hitchhikers] [may [[be escaping] [convicts]]]]

因此，这些句子在思维层面是被恰当地做了标记的，所以人们不会用与口语同构的内部语言"带有歧义地思考"，而是会使用表征更为丰富的形式。类似的策略也可以用于解决多义词问题。人们不是使用简单的、未标记的词语，如"bank"（银行、河岸），而是用一些不发音的标记来区分词汇，如"$bank_1$"（银行）和

---

① 福多关于语言学论点价值的探讨，可参考爱留嘎多（Elugardo，2005），帕金（Pagin，2005）和萨伯（Szabo，2010）。

"bank₂"（河岸）。这种策略也可应用于福多提到的语境依赖发言的案例分析中。

在所有这些例子中，外显的语言都是由内在语句支撑的，而内部语句比外显语句能更完整地反映和表达思维。

如果这个回复假说正确，那么，我们每一次讲出模糊句或者省略句时，其背后应该都会有一个清晰、确定和完整的内在语句支撑着。内在语言与充满瑕疵、用于沟通的外在语言相比，更为稳定、完美和精确。这是一种很强的假设。我们不准备在这里对其加以完整的介绍。该观点也受到了广泛的批判（Stainton，2005，2006）。我们仅仅做下面两点回应。

第一，该回复意见有效地支持了语言先于高级思维的观点。但是，正像我们回顾的那样，有极为丰富的实验证据让我们相信，人们在没有语言存在的情况下也是可以进行许多思考的。

第二，该回复意见将语言优先理论恰好推向了相反的方向。相信概念思维的存在的理论家们认为，思维发生在一个内部表征系统中，该表征系统要比口语更为抽象，更能区分出口头语言不能表达出的差异，其内容也更为丰富。虽然我们承认"丰富化"的语言具有上述所有的功能，但那些令我们相信口头语言具有各种抽象丰富化手段的实验证据，恰恰同样也会令我们相信，非语言的概念表征系统也具有如此手段。换句话说，如果被丰富化的内在语言假说具有吸引力的话，也是因为它重复了思维先于语言的假说。这可真是一场得不偿失的胜利：它让语言表征说完成了概念表征说原本希望完成的因果和解释的任务。

9.7 结论

本章讨论的内容十分微妙。争论双方的所有观点都还可以加入更多的内容。我们尝试降低萨丕尔-沃尔夫假说的理论吸引力，力促读者相信如下观点：相当丰富的思维形式会先于语言的发生而存在。尽管语言反过来会影响某些思维的习惯模式，但它并不能决定思维。尽管语言具有惊人的认知和社会效益，但语言不过是一种工具。我们创造并使用着语言，但也与它保持着某种程度的分离。

贯穿整本书，我们都在聆听着哲学家和科学家们的各种长篇高论。我们引用现代小说家大卫·福斯特·华莱士的一段话，为本书做最后的总结：

这是另一个悖论：一个人生命中许多极为重要的看法和思想都只是脑海中飞闪而过的东西，它们速度之快，甚至都无法用"快"这个词来加以形容。它们好像完全不同于或者超越了我们所有人生活于其中的循序渐进的钟表时间，它们与我们在彼此交流中使用的线性式的、一个单词接着另一个单词的英语似乎毫无关联。如果使用这种串联的英语，人们或许要花上一生的时间，才能拼凑出脑海中瞬间闪现的思想及其联结的内容。……脑海里所发生的事情如此迅速、如此巨大，而又如此联系紧密，语言最多不过也只能勉强素描出它们在某个特定时刻闪现的极其微小部分的轮廓而已。

/参考文献/

Adams,F. (2001). Empathy, neural imaging, and the theory versus simulation debate. Mind and *Language*, *16*, 368-392.

Adams,F. , & Aizawa, K. (2001). The bounds of cognition. *Philosophical Psychology*, *14*, 43-64.

Adams,F. , & Aizawa,K. (2008). *The bounds of cognition*. Oxford: Blackwell.

Adams,F. , & Aizawa,K. (2010). Defending the bounds of cognition. In R. Menary, (Ed.), *The extended mind* (pp. 67-80). Cambridge, MA: MIT Press.

Adams, F. , & Beighley, S. (2013). Information, meaning, and animal communication. In U. Stegmann(Ed.), *Animal communication theory: Information and influence* (pp. 399-418). Cambridge, England: Cambridge University Press.

Aglioti,S. ,DeSouza,J. E. X. , & Goodale,M. A. (1995). Size-contrast illusions deceive the eye but not the hand. *Current Biology*, *5*, 679-685.

Aizawa,K. (2010). Consciousness: Don't give up on the brain. *Royal Institute of Philosophy Supplement*, *67*, 263-284.

Alink, A. , Schwiedrzik, C. M. , Kohler, A. , Singer, W. , & Muckli, L. (2010). Stimulus predictability reduces responses in primary visual cortex. *Journal of Neuroscience*, *30* (8), 2960-2966.

Allport,A. (1987). Selection for action: Some behavioral and neurophysiological considerations of attention and action. In H. Heuer & A. F. Sanders (Eds.), *Perspectives on perception and action* (pp. 395-419), Hillsdale, NJ: Lawrence Erlbaum.

Allport,A. (1993). Attention and control: Have we been asking the wrong questions? A critical review of twenty-five years. In D. E. Meyer & S. Kornblum (Eds.), *Attention and peformance XIV* (pp. 183-218). Cambridge, MA: MIT Press.

Anderson,J. R. (1978). Arguments concerning representation for mental imagery. *Psychological*

Review, *85*, 249-277.

Anderson, M. (2007). The massive redeployment hypothesis and the functional topography of the brain. *Philosophical Psychology*, *21*, 143-174.

Anderson, M. (2010). Neural reuse: A fundamental organizational principle of the brain. *Behavioral and Brain Sciences*, *33*, 245-313.

Andrews, K. (2012). *Do apes read minds*? Cambridge, MA: MIT Press.

Ariew, A. (1996). Innateness and canalization. *Philosophy of Science*, *63*, S19-S27.

Ariew, A. (1999). Innateness is canalization: In defense of a developmental account of innateness. In V. Hardcastle(Ed.), *Biology meets psychology: Conjectures, connections, constraints*. Cambridge, MA: MIT Press.

Armstrong, D. M. (1968). *A materialist theory of the mind*. New York, NY: Routledge and Kegan Paul.

Armstrong, D. M. (1981). What is consciousness? In D. M. Armstrong, *The nature of mind and other essays*(pp. 56-67). Ithaca, NY: Cornell University Press.

Astington, J. W., & Baird, J. A. (Eds.). (2005). *Why language matters for theory of mind*. Oxford, England: Oxford University Press.

Aydede, M. (Ed.). (2006). *Pain: New essays 0n its nature and the methodology of its study*. Cambridge, MA: MIT Press.

Baars, B. J. (1988). *A cognitive theory of consciousness*. Cambridge, England: Cambridge University Press.

Baars, B. J. (1997). *In the theater of consciousness*. Oxford, England: Oxford University Press.

Baars, B. J. (2002). The conscious access hypothesis: Origins and recent evidence. *Trends in Cognitive Sciences*, *6*, 47-52.

Baars, B. I., & Franklin, S. (2003). How conscious experience and working memory interact. *Trends in Cognitive Science*, *7*, 166-172.

Bach-y-Rita, P., & Kercel, S. W. (2003). Sensory substitution and the human-machine interface. *Trends in Cognitive Science*, *7*, 541-546.

Baddeley, A. D. (2007). *Working memory, thought and action*. Oxford, England: Oxford University Press.

Baillargeon, R. (1995). Physical reasoning in infancy, In M. S. Gazzaniga (Ed.), *The cognitive neurosciences* (pp. 181-204). Cambridge, MA: MIT Press.

Balcetis, E., & Dunning, D. (2010). Wishful seeing: Desired objects are seen as closer. *Psychological Science*, *21*, 147-152.

Ballard, D. H. (1991). Animate vision. *Artificial Intelligence*, *48*, 57-86.

Baron-Cohen, S. (1995). *Mindblindness*. Cambridge, MA: MIT Press.

Barr, C. L., & Kleck, R. E. (1995). Self-other perception of the intensity of facial expressions of emotion: Do we know what we show? *Journal of Personality and Social Psychology*, *68*, 608-618.

Barsalou, L. W. (1999). Perceptual symbol systems. *Behavioral and Brain Sciences*, *22*, 577-660.

Barsalou, L. W. (2003). Abstraction in perceptual symbol systems. *Philosophical Transactions of the Royal Society of London: Biological Sciences*, *358*, 1177-1187.

Barsalou, L. W. (2008). Cognitive and neural contributions to understanding the conceptual system. *Current Directions in Psychological Science*, *17*, 91-95.

Barsalou. L. W. (2010). Grounded cognition: Past, present, and future. *Topics in Cognitive Science*, *2*, 716-724.

Bartolomeo, P. (2002). The relationship between visual perception and visuai mental imagery: A reappraisal of the neuropsychological evidence. *Cortex*, 357-378.

Bartsch, K., & Wellman, H. (1989). Young children's attribution of actions to beliefs and desires. Child Development, 60, 946-964.

Bateson, P. (1991). Are there principles of behavioural development? In P. Bateson (Ed.), *The development and integration of behaviour. Essays in honour of Robert Hinde* (pp. 19-40), Cambridge, England: Cambridge University Press.

Batty, C. (2011). Smelling lessons. *Philosophical Studies*, *153*, 161-174.

Beanland, V., & Pammer, K. (2012). Minds on the blink: The relationship between inattentional blindness and attentional blink. *Attention, Perception, &Psychophysics*, *74*, 322-333.

Bechtel. W. (2003). Modules, brain parts, and evolutionary psychology. In S. J. Scher & F. Rauscher (Eds.), *Evolutionary psychology: Alternative approaches* (pp. 211-227). Dordrecht, The Netherlands: Kluwer.

Bechtel, W. (2008). Mental mechanisms. London, England: Roufledge.

Bechtel, W., & Abrahamsen, A. (2005). Explanation: A mechanistic alternative. *Studies in History and Philosophy of the Biological and Biomedical Sciences*, *36*, 421-441.

Bechtel, W., & Mundale, J. (1999). Multipte realizability revisited: Linking cognitive and neural states. *Philosophy of Science*, *66*, 175-207.

Bechtel, W., & Richardson, R. C. (1993). *Discovering corwlextty: Decomposition and localizatation as strategies in scientific research*. Princeton, NJ: Princeton University Press.

Bedny, M., Caramazza, A., Pascual-Leone, A., & Saxe, R. (2012). *Typical neural representations of action verbs develop without vision. Cerebral Cortex*, *22*, 286-293.

Bedny, M., & Saxe, R. (2012). Insights into the origins of knowledge from the cognitive neuroscience of blindness. *Cognitive Neuropsychology*, *29*, 56-84.

Bennett. J. (1964/1989). *Rationaliy: An essay towards an analysis*. New York, NY: Hackett.

Bennett, J. (1976/1990). *Linguistic behaviour*. Cambridge, England: Cambridge University Press.

Bennett, J. (1988). Thoughtful brutes. *Proceedings and Addresses of the American Philosophical Association*, *62*, 197-210.

Bermúdez. J. L. (2003). The domain of folk psychology. In A. O'Hear (Ed.), *Minds and persons* (25-48). Cambridge, England: Cambridge University Press.

Bertsch, S. , Pesta, B. J. , Wiscott, R. , & McDaniel, M. A. (2007). The generation effect: A meta-analytic review. Memory & *Cognition*, 34, 201-210.

Bhalla, M. , & Proffitt, D. R. (1999). Visual-motor recalibration in geographical slant perception. *Journal of Experimental Psychology: Human Perception and Performance*, *25*, 1076-1096.

Bickle, J, (2003). *Philosophy and neuroscience: A ruthlessly reductive account*. Norwell, MA: Kluwer.

Bickle, J. (2006). Reducing mind to molecular pathways: Explicating the reductionism implicit in current cellular and molecular neuroscience. *Synthese*, *151*, 411-434.

Birch, S. A. J. (2005). When knowledge is a curse. *Current Directions in Psychological Science*, *14*, 25-29.

Birch, S. A. J. , & Bloom, P. (2003). The curse of knowledge in reasoning about false beliefs. *Psychological Science*, *18*, 382-386.

Block, N. (1995/1997). On a confusion about a function of consciousness. In N. Block, O. Flanagan, & G. Guzeldere (Eds.), *The nature of consciousness* (pp. 375-415). Cambridge. MA: MIT Press.

Block, N. (2007). Consciousness, accessibility, and the mesh between psychology and neuroscience. *Behavioral and Brain Sciences*, *30*, 418-499.

Block, N. (2011). Perceptual consciousness overflows cognitive access. *Trends in Cognitive Science*, *15*, 567-575.

Block, N. , & Fodor, J. A. (1972). What psychological states are not. *Philosophical Review*, *81*, 159-181.

Bloom, P. (2004). *Descartes' baby*. New York, NY: Basic Books.

Bloom, P. , & German, T. (2000). Two reasons to abandon the false belief task as a test of theory of mind. *Cognition*, *77*, B25-B31.

Boas, F. (1911). *Handbook of American Indian languages*. Washington, DC: Government Printing Office.

Boden, M. (2006). *Mind as machine: A history of cognitive science*. Oxfbrd, England: Oxford

University Press.

Bogen, J., & Woodward. J. (1988). Saving the phenomena. *Philosophical Review*, 97, 303-352.

Borg, E. (2007). If mirror neurons are the answer, what was the question? *Journal of Consciousness Studies*, 14, 5-19.

Boroditsky, L., Schmidt, L., & Phillips, W. (2003). Sex, syntax, and semantics. In D. Gentner & S. Goldin-Meadow(Eds.), (pp. 61-79). Cambridge, MA: MIT Press.

Borst, G., Kievit, R. A., Thompson, W. L., & Kosslyn, S. M. (2011). Mental rotation is not easily cognitively penetrable. *Journal of Cognitive Psychology*, 23, 60-75.

Bowerman, M. (1996). The origins of children's spatial semantic categories: Cognitive vs. linguistic determinants. In J. J. Gumperz & S. C. Levinson (Eds.), *Rethinking linguistic relativity* (pp. 145-176). Cambridge, England: Cambridge University Press.

Boysson-Bardies, B. (1999). *How language comes to children: From birth to two years*. Cambridge, MA: MIT Press.

Bransford, J. D., & Franks, J. J. (1971). The abstraction of linguistic ideas. *Cognitive Psychology*, 2, 331-350.

Bratman, M. (1987). *Intention, plans, and practical reason*. Cambridge, MA: Harvard University Press.

Broadbent, D. (1958). *Perception and communication*. London, England: Pergamon Press.

Buccino, G., Binkofski, F., Fink, G. R., Fadiga, L., Fogassi, L., Gallese, V., ... Freund, H. J. (2001). Action observation activates premotor and parietal areas in a somatotopic manner: An fMRI study. *European Journal of Neuroscience*, 13, 400-404.

Buller, D. (2005). *Adapting minds*. Cambridge, MA: MIT Press.

Bush, R. R., & Mosteller, F. (1951). A mathematical model for simple learning. *Psychological Review*, 58, 313-323.

Buss, D. (1995). Evolutionary psychology: A new paradigm for psychological science. *Psychological Inquiry*, 6, 1-30.

Buttelman, D., Carpenter, M., & Tomasello, M. f2009). Eighteen-month-old infants show false belief understanding in an active helping paradigm. *Cognition*, 112, 337-342.

Calder, A. J., Keane, J., Cole, J., Campbell, R., & Young, A. W. (2000). Facial expression recognition by people with Mobius syndrome. *Cognitive Neuropsychology*, 17, 73-87.

Call, J., & Tomasello, M. (2008). Does the chimpanzee have a theory of mind? 30 years later. *Trends in Cognitive Science*, 12, 187-192.

Calvin, W. (1996). *The cerebral code*. Cambridge, MA: MIT Press.

Camerer, C., Loewenstein, G., & Weber, M. (1989). The curse of knowledge in experimental settings: An experimental analysis. *Journal of Political Economy*, *97*, 1232-1254.

Caramazza, A., & Mahon, B. Z. (2006). The organisation of conceptual knowledge in the brain: The future's past and some future directions. *Cognitive Neuropsychology*, *23*, 13-38.

Carrasco. M. (2011). Visual attention: The past 25 years. *Vision Research*, *51*, 1484-1525.

Carruthers, P. (1986). Brute experience. *Journal of Philosophy*, *86*, 258-269.

Carruthers, P. (1996a). *Language, thought, and consciousness*. Cambridge, England: Cambridge University Press.

Carruthers, P. (1996b). Simulation and self-knowledge: A defence of theory-theory. In P. Carruthers & P. Smith (Eds.), *Theories of theories of mind* (pp. 22-38). Cambridge, England: Cambridge University Press.

Carruthers, P. (2000). *Phenomenal consciousness*. Cambridge, England: Cambridge University Press.

Carruthers, P. (2004). Practical reasoning in a modular mind. *Mind and Language*, *19*, 259-278.

Carruthers, P. (2005). *Consciousness: Essays from a higher-order perspective*. Oxford, England: Oxford University Press.

Carruthers, P, (2006). *The architecture of the mind*. Oxford, England: Oxford University Press.

Carruthers, P. (2011). *The opacity of mind*. Oxford, England: Oxford University Press.

Casasanto, D., Fotakopoulou, O., Pita, R., & Boroditsky, L. (N. d.). How deep are effects of language on thought? Time estimation in speakers of English and Greek. Unpublished manuscript.

Casasola, M. (2005). Can language do the driving? The effect of linguistic input on infants'categorization of support spatial relations. *Developmental Psychology*, *41*, 183-192.

Castiello, U., & Umiltà, C. (1990). Size of attentional focus and the efficiency of processing. *Acta Psychologica*, *73*, 195-209.

Catmur, C., Walsh, v., & Heyes, C. (2007). Sensorimotor learning configures the human mirror system. *Current Biology*, *17*, 1527-1531.

Cave, K. R., & Bichot, N. P. (1999). Visuo-spatial attention: Beyond a spotlight model. *Psychonomic Bulletin & Review*, *6*, 204-223.

Chalmers, D. (1966). The conscious mind. Oxford, England: Oxford University Press.

Chalmers, D. (2003). Consciousness and its place in nature. In S. Stich & T. Warfield (Eds.), *Blackwell guide to philosophy of mind* (pp. 102-142). Malden, MA: Blackwetl.

Chambers, J. R., Epley, N., Savitsky, K., & Windschitl, P. D. (2008). Knowing too much: Using private knowledge to predict how one is viewed by others, *Psychological Science*, *19*, 542-548.

Chartrand, T. L. , & Bargh, J. A. (1999). The chameleon effect: The perception behavior link and social interaction. *Journal of Personality and Social Psychology*, *76*. 893-910.

Cherry, E. C. (1953). Some experiments on the recognition of speech, with one and two ears. *Journal of the Acoustical Society of America*, *25*, 975-979.

Choi, S. , & Bowerman, M. (1991). Learning to express motion events in English and Korean: The infiuence of language-specific lexicalization patterns. *Cognition*, *41*, 83-121.

Choi, S. , McDonough, L. , Bowerman, M. , & Mandler, J. M. (1999). Early sensitivity to language-specific spatial categories in English and Korean. *Cognigve Development*, *14*, 241-268.

Chomsky, N. (1980). *Rules and representations*. New York, NY: Columbia University Press.

Chomsky, N. (1986). *Knowledge of language: Its nature, origins and use*. NewYork, NY: Praeger.

Churchland, P. M. (1981). Eliminative materialism and the propositional attitudes. *Journal of Philosophy*, *78*, 67-90.

Churchland, P. M. (1988). Perceptual plasticity and theoretical neutrality. *Philosophy of Science*, *55*, 167-87.

Churchland, P. S. (1986). *Neurophilosophy*. Cambridge, MA: MIT Press.

Churchland, P. s. (1996). The hornswoggle problem. *Journal of Consciousness Studies*, *3*, 402-408.

Churchland, P. S. , Ramachandran, V. S. , & Sejnowski, T. J. (1994). A critique of pure vision. In C. Koch & J. L. Davis (Eds.), *Large-scale neuronal theories of the brain* (pp. 23-60). Cambridge, MA: MIT Press.

Clark, Al. , & Lappin, S. (2011). *Linguistic nativism and the poverty of the stimulus*. London, England: Wiley-Blackwell.

Clark, An. (2001). Visual experience and motor action: Are the bonds too tight? *Philosophical Review*, *110*, 495-519.

Clark, An. (2007). What reaching teaches: Consciousness, control, and the inner zombie. *British Journal for the Philosophy of Science*, *58*, 563-594.

Clark, An. (2008). *Supersizing the mind*. Oxford, England: Oxford University Press.

Clark. An. (2013). Whatever next? Predictive brains, situated agents, and the future of cognitive science. *Behavioral and Brain Sciences*, *36*(3), 181-204.

Clark, An. , & Chalmers, D. J. (1998). The extended mind. *Analysis*, *58*; 7-19.

Clark. Au. (2000). *A theory of sentience*, Oxford, England: Oxford University Press.

Coltheart, M. (1999). Modularity and cognition. Trends in *Cognitive Science*, *3*, 115-120.

Coltheart. M. , Curtis, B. , Atkins, P. , & Haller, M. (1993). Models of reading aloud: Dual route and parallel distributed processing approaches. *Psychological Review*, *100*, 589-608.

Cosmides, L. , & Tooby, J. (1992). Cognitive adaptations for social exchange. In J. Barkow, L. Cosmides, & J. Tooby (Eds.), *The adapted mind: Evolutionary psychology and the generation of culture* (pp. 163-228). New York, NY: Oxford University Press.

Cosmides, L. , & Tooby, J. (1994). Origins of domain-specificity: The evolution of functional organization. In L. Hirschfeld & S. Gelman (Eds.), *Mapping the mind* (pp. 85-116). Cambridge, England: Cambridge University Press.

Cowey, A. , & Heywood, C. A. (1997). Cerebral achromatopsia: Color blindness despite wavelength processing. *Trends in Cognitive Science*, *1*, 133-139.

Cowie, F. (1999). *What's within? Nativism reconsidered*. Oxford, England: Oxford University Press.

Craver, C. F. (2007). *Explaining the brain: Mechanisms and the mosaic unity of neuroscience*. Oxford, England: Oxford University Press.

Csibra, G. , & Gergely, G. (2006). Social learning and social cognition: The case for pedagogy. In Y. Munakata & M. H. Johnson (Eds.), *Attention and performance XXI* (pp. 249-274). Oxford, England: Oxford University Press.

Csibra, G. , & Gergely, G. (2009). Natural pedagogy. Trends in Cognitive Science, 13, 148-153.

Cummins, R. (1975). Functional analysis. Journal of Philosophy, 72, 741-765.

Cummins, R. (1996). *Representations, targets, and attitudes*. Cambridge, MA: MIT Press.

Cummins, R. (2000). "How does it work" versus "what are the laws?": Two conceptions of psychological explanation. In F. Keil & R. A. Wilson (Eds.), *Explanation and cognition* (pp. 117-145). Cambridge, MA: MIT Press.

Currie, G. , & Ravenscroft, I. (2002). *Recreative minds: Imagination in philosophy and psychology*. Oxford, England: Oxford University Press.

Cytowic, R. (2002). *Synesthesia: A union of the senses* (2nd ed.). Cambridge, MA: MIT Press.

Damasio, A. (1994). *Descartes' error*. New York, NY: Penguin.

Davidson, D. (1975/1984). Thought and talk. In *Inquiries into truth and interpretation* (pp. 155-170). Oxford, England: Oxford University Press.

Davidson, D. (1982/2001). Rational animals. In *Subjective, intersubjective, objective* (pp. 95-105). Oxford, England: Oxford University Press.

de Vega, M. , Glenberg, A. M. , & Graesser, A. C. (Eds.). (2008). *Symbols and embodiment: Debates on meaning and cognition*. Oxford, England: Oxford University Press.

Dehaene, S. , Izard, V. , Pica, P. , & Spelke, E. (2006). Core knowledge of geometry in an Amazonian indigene group. *Science*, *311*, 381-384.

Dehaene,S. , & Naccache, L. (2001). Towards a cognitive neuroscience of consciousness: Basic evidence and a workspace framework. *Cognition*, 79, 1-37.

Denis, M. , & Kosslyn, S. M. (1999). Scanning visual mental images: A window on the mind. *Cahiers de Psychologie Cognitive*, 18, 409-465.

Dennett, D. C. (1978). Intentional systems. *In Brainstorms* (pp. 3-22). Cambridge, MA: MIT Press.

Dennett, D. C. (1989). *The intentional stance*. Cambridge, MA: MIT Press.

Dennett, D. C. (1991). *Consciousness explained*. New York, NY: Back Bay Books.

Dennett, D. C. (1996). Facing backwards on the problem of consciousness. *Journal of Consciousness Studies*, 3, 4-6.

Dennett, D. C. (1997). *Kinds of minds*. New York, NY: Basic Books.

Dennett, D. C. (2001). Are we explaining consciousness yet? *Cognition*, 79, 221-237.

Deutsch, J. A, & Deutsch, D. (1963). Attention: Some theoretical considerations. *Psychological Review*, 70, 80-90.

di Pellegrjno, G. , Fadiga, L. , Fogassi, L. , Gallese, V. , & Rizzolatti, G. (1992). Understanding motor events: A neurophysiological study. *Experimeneal Brain Research*, 91, 176-180.

Dixon, R. W. (1972). *The Dyirbal language of North Queensland*. Cambridge, England: Cambridge University Press.

Dretske, F. (1981). *Knowledge and the flow of information*. Cambridge, MA: MIT Press.

Dretske, F. (1987). *Explaining behavior*. Cambridge, MA: MIT Press.

Dretske, F. (1993). *Conscious experience. Mind*, 102, 263-283.

Dretske, F. (1995). *Naturalizing the mind*. Cambridge, MA: MIT Press.

Dretske, F. (2004). Change blindness. *Philosophical Studies*, 120, 1-18.

Dretske, F. (2007). What change blindness teaches about experiences. *Philosophical Perspectives*, 21, 21 5-220.

Drive, J. (2001). A selective review of selective attention research from me past century. *British Journal of Psychology*, 92, 53-78.

Driver, J. , & Spence, C. (2000). Multisensory perception: Beyond modularity, and convergence, *Current Biology*, 10, 731-35.

Duncan, J. (1984). Selective attention and the organization of visual information. *Journal of Experimental Psychology: General*, 113, 501-517.

Earman, J. , & RobertS, J. T. (1999). Ceteris paribus, there is no problem of provisos. *Synthese*, 118, 439-478.

Earman, J. , Roberts, J. T. , & Smith, S. (2002). Ceteris paribus lost. *Erkenntnis*, 57, 281-301.

Ebbinnghaus, H. (1964). *Memory: A contribution to experimental psychology* (H. A. Ruber & C. E. Bussenius, Trans.). New York, NY: Dover.

Edelman, G. (1987). *Neural Darwinism*. New York, IVY: Basjc Books.

Egner, T. , Monti, J. M. , & Summerfield, C. (2010). Expectation and surprise determine neural population responses in the ventral visual stream. *Journal of Neuroscience*, *30*, 16601-16608.

Elugardo, R. (2005). Fodor's inexplicitness argument. In E. Machery, G. Schurz, & M. Werning (Eds.), *The compositionality of concepts and meannings: Vol. 1. Foundational issues* (pp. 59-85). Frankfurt, Germany: Ontos Verlag.

Fadiga, L. , Fogassi, I. , Pavese, G. , & Rizzolatti, G. (1995). Motor facilitation during action observation: A magnetic stimulation study. *Journal of Neurophysiology*, *73*, 2608-2611.

Farrell, B. A. (1950). Experience. *Mind*, *59*, 170-198.

Faucher, L. , Mallon, R. , Nazer, D. Nichols, S. , Ruby, A. , Stich, S. , & Weinberg, J. (2002). The baby in the lab-coat: Why child development is not an adequate model for understanding the development of science. In P. Carruthers, S. Stich, & M. Siegal(Eds.), *The cognitive basis of science* (pp. 335-362). Cambridge, England: Cambridge University Press.

Fechner, G. T. (1860). *Elemente der Psychophysik*. Leipzig, Germany: Breitkopf und Härtel.

Fernandez-Duque, D. , & Johnson, M. L. (1999). Attention metaphors: How metaphors guide the cognitive psychology of attention. *Cognitive Science*, *23*, 83-116.

Feyerabend, P. K. (1963). Materialism and the mind-body problem. *Review of Meta physics*, *17*, 49-66.

Fiala, B. , Arico, A. , & Nichols, S. (2011). On the psychological origins of dualism: Dual-process cognition and the explanatory gap. In M. Collard & E. Slingerland (Eds.), *Creating consilience: Integrating science and the humanities* (pp. 88-110). Oxford, England: Oxford University Press.

Floridi, L. (2010). *Information: A very short introduction*. Oxford, England: Oxford University Press.

Floridi, L. (2011). *The philosophy of information*. Oxford, England: Oxford University Press.

Fodor, J. A. (1965). Explanations in psychology. In M. Black (Ed.), *Philosophy in America*. Ithaca, NY: Cornell University Press.

Fodor, J. A. (1968). *Psychological explanation*. New York, NY: Random House.

Fodor, L. A. (1975), *The language of thought*. Cambridge, MA: HarvardUniversity Press.

Fodor, J. A. (1981). The present status of the innateness controversy. In J. A. Fodor, *Representations* (pp. 265-273). Cambridge, MA: MIT Press.

Fodor, J. A. (1983). *The modularity of mind*. Cambridge, MA: MIT Press.

Fodor,J. A. (1984). Observation reconsidered. *Philosophy of Science*,51,23-43.

Fodor,J. A. (1990). *A theory of content and other essays*. Cambridge,MA:MIT Press.

Fodor,J. A. (1991). You can fool some people all of the time,everything else being equal:Hedged laws and psychological explanations. *Mind*,100,19-34.

Fodor,J. A. (1994). *The elm and the expert*. Cambridge,MA:MIT Press.

Fodor,J. A. (1998). *Concepts:Where cognitive science went wrong*. Oxford,England:Oxford University Press.

Fodor,J. A. (2000). *The mind doesn't work that way*. Cambridge,MA:MIT Press.

Fodor,J. A. (2001). Language,thought,and compositionality. *Mind and Language*,16.1-15。

Fodor, J. A. (2008). *LOT 2:The language of thought revisited*. Oxford,England:Oxford University Press.

Fodor,J. A. ,&Lepore,E. (1992). *Holism:A shopper's guide*. Cambridge,England:Blackwell.

Frank,M. C. , Everett, D. L. , Fedorenko, E. , & Gibson, E. (2008). Number as a cognitive technology:Evidence from Piraha language and cognition. *Cognition*,108,819-824.

Friston,K. J. (2005). A theory of cortical responses. *Philosophical Transactions of the Royal Society of London*,*Series B*,360,815-836.

Friston,K. J. (2009). The flee-energy principle:A rough guide to the brain? *Trends in Cognitive Sciences*,13,293-301.

Friston,K. J. (2010). The free-energy principle:A unified brain theory? *Nature Reviews. Neuroscience*,11,127-138.

Friston,K. J. ,& Stephan,K. E. (2007). Free-energy and the brain. *Synthese*,159,417-458.

Frith,U. ,& Hill,E. (2004). *Autism:Mind and brain*. Oxford,England:Oxford University Press.

Fulkerson,M. (2013). *The first sense:A philosophical study of human touch*. Cambridge,MA:MIT Press.

Funnell, E. (1983). Phonological processing in reading:New evidence from acquired dyslexia. *British Journal of Psychology*,74,159-180.

Gallese,V. ,Fadiga,L. ,Fogassi,L. ,& Rizzolatti,G. (1996). Action recognition in the premotor cortex. *Brain*,119,593-609.

Gallese, V. , & Goldman, A. I. (1998). Mirror neurons and the simulation theory of mind-reading. *Trends in Cognitive Science*,2,493-501.

Gallistel,C. R,(1990). *The organization of learning*. Cambridge,MA:MIT Press.

Garcia,S. M. (2002). Power and the illusion of transparency in negotiations. *Journal of Business and Psychology*,17,133-144.

Gauker,C,(2011). *Words and images*. Oxford,England:Oxford University Press.

Gazzaniga, M. S. (1988). The dynanmics of cerebral specialization and modular interactions. In L. Weiskrantz (Ed.), *Thought without language* (pp. 430-450). Oxford, England: Oxford University Press.

Gentner, D. (1998), Analogy. In W. Bechtel & G. Graham (Eds.), *A companion to cognitive science* (pp. 107-113). Oxford, England: Blackwell.

Gentner, D., & Markman, A. B. (1997). Structure mapping in analogy and similarity. *American Psychologist*, 52, 45-56.

Gergely, G., & Csibra, G. (2013). Natural pedagogy. In M. R. Banaji & S. A. Gelman (Eds.), *Navigating the social world: What infants, children, and other species can teach us* (pp. 127-132). Oxford, England: Oxford University Press.

Gernsbacher, M. A. (1985). Surface information loss in comprehension. *Cognitive Psychology*, 17, 324-363.

Gertler, B. (2011). Self-knowledge. New York, NY: Routledge.

Gescheider, G. A. (1988). Psychophyrsical scaling. *Annual Review of Psychology*, 39, 169-200

Gibbs, R. W. (2001). Intentions as emergent products of social interactions. In B. F. Malle, L. I. Moses, & D. A. Baldwin (Eds.), *Intentions and intentionality: Foundations of social cognition* (pp. 105-122). Cambridge, MA: MIT Press.

Gigerenzer, G. (2008). Why heuristics work. *Perspectives on Psychological Science*, 3, 20-29.

Gilovich, T., Savitsky, K., & Medvec, V. H. (1998). The illusion of Transparency: biased assessments of others' ability to read one's emotional states. *Journal of Personality and Social Psychology*, 75, 332-346.

Glenberg, A. M. (2010). Embodiment as a unifying perspective for psychology. *Wiley Interdisciplinary Reviews: Cognitive Science*, 1, 586-596.

Glenberg, A. M., Gutierrez, T., Levin, J. R., Japuntich, S., & Kaschak, M. P. (2004). Activity and imagined activity can enhance young children's reading comprehension. *Journal of Educational Psychology*, 96, 424-436.

Glenberg, A. M., & Kaschak, M. P. (2002). Grounding language in action. *Psychonomte Bulletin & Review*, 9, 558-565.

Glennan, S. (1996). Mechanisms and the nature of causation. *Erkenntnis*, 44, 49-71.

Glennan, S. (2002). Rethinking mechanistic explanation. *Philosophy of Science*, 69, S342-S353.

Glock, H-J. (2003). *Quine and Davidson on language, thought and reality*. Cambridge, England: Cambridge University Press.

Goldin-Meadow, S. (2003). Thought before language: Do we think ergative? In D. Gentner & S. Goldin-Meadow (Eds.), *Language in mind: Advances in the study of language and* thought (pp. 493-522). Cambridge, MA：MIT Press.

Goldman, A. I. (1989). Interpretation psychologized. *Mind and Language*, *4*, 161-185.

Goldman, A. I. (2006). *Simulating Minds*. Oxford, England：Oxford University Press.

Goodale, M. A. (2008). Action without perception in human vision. *Cognitive Neuropsychology*, *25*, 891-919.

Gopnik, A. (1993). How we know our minds：The illusion of first-person knowledge of intentionality. *Behavioral and Brain Sciences*, *16*, 1-15.

Gopnik, A., & Wellman, H. (1992). Why the child's theory of mind really is a theory. *Mind and Language*, *7*, 145-171.

Gordon, R. (1986)。 Folk psychology as simulation. *Mind and Language*, *1*, 1 58-171.

Griffiths, P. E. (2002). What is innateness? *The Monist*, *85*, 70-85.

Griffiths, P. E., & Machery, E. (2008). Innateness, canalization and "biologicizing the mind." *Philosophical Psychology*, *21*, 397-414.

Griffiths, P. E., Machery, E., & Lindquist, S. (2009). The vernacular concept of innateness. *Mind and Language*, *24*, 605-630.

Griffiths, P. E., & Stotz, K. (2000). How the mind grows：A developmental perspective on the biology of cognition. *Synthese*, *122*, 29-51.

Hacking, I. (1983). *Representing and intervening*. Cambridge, England：Cambridge University Press.

Hardcastle, V. G. (1999). *The myth of pain*. Cambridge, MA：MIIT Press.

Harley, K., & Reese, E. (1999). Origins of autobiographical memory. *Developmental Psychology*, *35*, 1338-1348.

Hauk, O., & Pulvermüller, F. (2004). Neurophysiological distinction of action words in the fronto-central cortex. *Human Brain Mapping*, *21*, 191-201.

Havas, D. A., Glenberg, A. M., & Rinck, M. (2007). Emotion simulation during language comprehension. *Psychonomic Bulletin & Review*, *14*, 436-441.

Hawkins, R. D. (1984). A cellular mechanism of classical conditioning in *Aplysia*. *Journal of Experimental Biology*, *112*, 113-128.

Hawkins, R. D., & Kandel, E. (1984). Is there a cell-biological alphabet for simple forms of learning? *Psychological Review*, *91*, 375-391.

Heal, J. (1 986). Replication and functionalism. In J. Butterfield (Ed.), *Language, mind, and logic* (pp. 135-150). Cambridge, England：Cambridge University Press.

Heider, F. (1958). *The psychology of interpersonal relations*. New York, NY：Wiley & Sons.

Hempel, C. (1950). Problems and changes in the empiricist criterion of meaning. *Revue*

Internationale de Philosophie, 41, 41-63.

Hempel, C. (1965). *Aspects of scientific explanation and other essays in the phflosophy of science*. New York, NY: Free Press.

Hempel, C. , & Oppenheim, P. (1948). Studies in the logic of explanation. *Philosophy of Science*, 15, 135-175.

Hespos, S. J. , & Spelke, E. (2004). Conceptual precursors to language. *Nature*, 430, 453-456.

Hickock, G. (2008). Eight problems for the mirror neuron theory of action understanding in monkeys and humans. *Journal of Cognitive Neuroscience*, 21, 1229-1243.

Hill, J. H. , & Mannheim, B. (1992). Language and world view. *Annual Review of Anthropology*, 21, 381-404.

Hoffman, D. D. (1998). *Visual intelligence*. New York, NY: W. W. Norton.

Hommel, B. (2010). Grounding attention in action control: The intentional control of selection. In B. J. Bruya(Ed.), *Effortless attention* (pp. 121-140). Cambridge, MA: MIT Press.

Hommel, B. , Musseler, J. , Aschersleben, G. , & Prinz, W. (2001). The theory of event coding (TEC): A framework for perception and action planning. *Behavioral and Brain Sciences*, 24, 849-878.

Hohwy, J. (2013). *The predictive mind*. Oxford, England: Oxford University Press.

Hohwy, J. , Roepstorff, A. , & Friston, K. J. (2008). Predictive coding explains binocular rivalry: An epistemological *review. Cognition*, 108, 687-701.

Hull, C. L. (1943). *Principles of behavior*. New York, NY: Appleton-Century-Crofts.

Hunt, E. , & Agnoli, F. (1991). The Whorfian hypothesis: A cognitive psychology perspective. *Psychological Review*, 98, 377-389.

Hurley, S. L. (1998). *Consciousness in action*. Cambridge, MA: Harvard University Press.

Hutto, D. (2007). The narrative practice hypothesis: Origins and applications of folk psychology. *Royal Institute of Philosophy Supplements*, 82, 43-68.

Hutto, D. (2008). *Folk psychological narratives*. Cambridge, MA: MIT Press.

Iacoboni, M. (2008). *Mirroring people*. New York, NY: Farrar, Straus & Giroux.

Iacoboni, M. , Molnar-Szakacs, I. , Gallese, V. , Buccino, G. , Mazziotta, J. C. , & Rizzolatti, G. f2005). Grasping the intentions of others with one's own mirror neuron system. *PLoS Biology*, 3, e79.

Iacoboni, M. , Woods, R. P. , Brass, M. , Bekkering, H. , Mazziotta, J. C. , & Rizzolatti, G. (1999). Cortical mechanisms of human imitation. *Science*, 286, 2526-2528.

Imai, M. , & Gentner, D. (1993). Linguistic relativity vs. universal ontology: Cross-linguistic studies of the object/substance distinction. *Proceedings of the Chicago Linguistic*

Society. Retrieved from http://groups.psych.northwestern.edu/gentner/newpdfpapers/ImaiGentner93.pdf

Imai, M., & Gentner, D. (1997). A crosslinguistic study of early word meaning: Universal ontology and linguistic influence. *Cognition, 62*, 169-200.

Jackendoff, R. (1987). *Consciousness and the computational mind*. Cambridge, MA: MIT Press.

Jackendoff, R. (2007). *Language, consciousness, and culture*. Cambridge, MA: MIT Press.

James, W. (1890). *The principles of psychology* (Vol. 1). New York, NY: Henry Holt.

Jamieson, D., & Bekoff, M. (1992). Carruthers on non-conscious experience, *Analysis, 52*, 23-28.

Kahneman. D. (1973). *Attention and effort*. Englewood Cliffs, NJ: Prentice-Hall.

Kahneman, D., & Treisman, A. (1984). Changing views of attention and automaticity. In R. Parasuraman, D. R. Davies, & J. Beatty (Eds.), *Variants of attention* (PP. 29-61). New York, NY: Academic Press.

Kamin, L. J. (1969). Predictability, surprise, attention, and conditioning. In B. A. Campbell & R, M. Church (Eds.), *Punishment and aversive behavior* (pp. 279-296). New York, NY: Appleton-Century-Crofts.

Kellenbach, M. L., Brett, M., & Patterson, K. (2001). Large, colorful, or noisy? Attribute-and modality-specific activations during retrieval of perceptual attribute knowledge. Cognitive, *Affective, & Behavioral Neuroscience, 1*, 207-221.

Khalidi, M. A. (2002). Nature and nurture in cognition. *British Journal for the Philosophy of Science, 53*, 251-272

Khalidi, M. A. (2007). Innate cognitive capacities. *Mind and Language, 22*, 92-115.

Kim, J. (1993). *Supervenience and mind*. Cambridge, England: Cambridge University Press.

Kim, K. H., Relkin, N. R., Lee, K. M., & Hirsch, J. (1997). Distinct cortical areas associated with native and second languages. *Nature, 388*, 171-174.

Kimball, D. R., & Holyoak, K. J. (2000). Transfer and expertise. In E. Tulving & F. I. M. Craik (Eds.), *The Oxford handbook of memory* (pp. 109-122). New York, NY: Oxford University Press.

Koerner, E. F. K. (1992). The Sapir-Whorf hypothesis: A preliminary history and a bibliographical essay. *Journal of Linguistic Anthropology, 2*, 173-198.

Kosslyn, S. M. (1980). *Image and mind*. Cambridge, MA: Harvard University Press.

Kosslyn, S. M. (1994). *Image and brain*: The resolution of the imagery debate. Cambridge, MA: MIT Press.

Kosslyn, S. M., Ball, T. M., & Reiser, B. J. (1978). Visual images preserve metric spatial information: Evidence from studies of image scanning. *Journal of Experimental Psychology*:

Human Perception & Performance, *4*, 47-60.

Kosslyn, S. M., Ganis, G., & Thompson, W. L. f2001). Neural foundations of imagery. *Nature Reviews Neuroscience*, *2*, 635-642.

Kosslyn, S. M., Thompson, W. L., & Ganis, G. (2006). *The case for mental imagery*. Oxford, England: Oxford University Press.

LaBerge, D. (1983). Spatial extent of attention to letters and words. *Journal of Experimental Psychology: Human Perception & Performance*, *9*, 371-379.

Land, M. F., & Nilsson, D. (2002). *Animal eyes*. Oxford, En(gland: Oxford University Press.

Lau, H., & Rosenthal, D. (2011). Empirical support for higher-order theories of conscious awareness. *Trends in Cognitive Sciences*, *15*, 365-373.

Laurence, S., & Margolis, E. (2001). The poverty of the stimulus argument. *British Journal for the Philosophy of Science*, *52*, 217-276.

Laurence, S., & Margolis, E. (2002). Radical concept nativism. *Cognition*, *86*, 25-55.

Lavie, N. (1 995). Perceptual load as a necessary condition for selective attention. *Journal of Experimental Psychology: Human Perception and Performance*, *21*, 451-468.

Lavie, N. (2000). Selective attention and cognitive control: Dissociating attentional functions through different types of load. In S. Monsell & J. Driver(Eds.), *Attention and performance XVIII* (pp. 175-194). Cambridge: MIT Press.

Lavie, N. (2005). Distracted and confused? Selective attention under load. *Trends in Cognitive Sciences*, *9*, 75-82.

Lavie, N., & Cox, S. (1997). On the efficiency of attentional selection: Efficient visual search results in inefficient rejection of distraction. *Psychological Science*, *8*, 395-398.

Lavie, N., & Tsal, Y. f1994). Perceptual load as a major determinant of the locus of selection in visual attention. *Perception & Psychophysics*, *56*, 183-197.

Leibniz, G. (1765/1996). *New essays on human understanding* (P. Remnant & J. Bennett, Eds.). Cambridge, England: Cambridge University Press.

Lepore, E., & Ludwig, K. (2005). *Donald Davidson: Meaning, truth, language, and reality*. Oxford, England: Oxford University Press.

Levin, D. T., Momen, N., Drivdahl, S. B., & Simons, D. J. (2000). Change blindness blindness: The metacognitive error of overestimating change-detection ability. *Visual Cognition*, *7*, 397-412.

Levin, D. T., & Simons, D. J. (1997). Failure to detect changes to attended objects in motion pictures. *Psychonomic Bulletin and Review*, *4*, 501-506.

Levine, J. (1983). Materialism and qualia: The explanatory gap. *Pacific Philosophical Quarterly*,

64,354-361.

Levine,J. (2001). *Purple haze*. Oxford,England:Oxford University Press.

Levinson, S. C. & Brown, P. f1994). hnmanuel Kant among the Tenejapans: Anthropology as empirical philosophy. *Ethos,22*,3-41.

Levinson,S. C.,Kita,S.,Haun,D. B. M.,& Rasch,B. H. f2002). Returning the tables:Language affects spatial reasoning. *Cognition,84*,155-188.

Li,P.,Abarbanell,L.,Gleitman,L.,& Papafragou, A. (2011). Spatial reasoning in Tenejapan Mayans. *Cognition. 120*,33-53.

Li,P.,& Gleitman,L. f2002). Turning the tables:Language and spatial reasoning. *Cognition,83*, 265-294.

Lowenstein,G.,& Adler,D. (1995). A bias in the prediction of tastes. *The Economic Journal*, *105*,929-937.

Lucy,J. (1992). *Grammatical categories and cognition:A case study of the linguistic relativity hypothesis*. Cambridge,England:Cambridge University Press.

Lucy,J. (1997). Linguistic relativity. *Annual Review of Anthropology,26*,291-312.

Lucy,J.,& Gaskins, S. (2001). Grammatical categories and the development of classification preferences:A comparative approach. In S. Levinson&M. Bowerman (Eds.), *Language acquisition and conceptual development* (pp. 257-283). Cambridge, England: Cambridge University Press.

Lycan,W. G,(1981). Form,function,and feel. *Journal of Philosophy,78*,24-50.

Lycan,W. G. (1987). *Consciousness*. Cambridge,MA:MIT Press.

Lycan,W. G. (1995). Consciousness as internal monitoring:I. Philosophical Perspectives,*9*,1-14.

Lycan,W. G. (2004). The superiority of HOP to HOT. In R. Gennaro (Ed.), *Higher-order theories of consciousness*(pp. 93-114). Amsterdam,The Netherlands:John Benjamins.

Machamer,P. K.,Darden,L.,& Craver,C. F. (2000). Thinking about mechanisms. *Philosophy of Sdence,67*,1-25.

Mack,A.,& Rock,I. (1998). *Inattentional blindness*. Cambridge,MlA:MIT Press.

MacLeod, C. M. (1991). Half a century of research on the Stroop effect:An integrative review. *Psychological Bulletin,109*,163-203.

Macpherson,F. (2011). Individuating the senses. In F. Macpherson(Ed.),*The senses:Classic and contemporary philosophical perspectives* (pp. 3-43). Oxford, England: Oxford University Press.

Majid,A.,Bowerman,M.,Kita,S.,Haun, D. B. M.,& Levinson, S. C. (2004). Can language restructure cognition? The case for space. *Trends in Cognitive Sciences,8*,108-114.

Malle,B. (2004). *How the mind explains behavior*. Cambridge,MA:MIT Press.

Mallon, R. , & Weiuberg, J. (2006). Innateness as closed process invariance, *Philosophy of Science*, *73*,323-344.

Malt,B. C. ,Sloman,S. A. ,Gennari,S. ,Shi,M. , & Wang,Y. (1999). Knowing versus naming: Similarity and the linguistic categorization of artifacts. *Journal of Memory and Language*, *40*,230-262.

Mameli,M. (2001). Mindreading, mindshaping, and evolution. *Biology and philosophy*, *16*, 597-628.

Margolis,E. (1998). How to acquire a concept. *Mind and Language*, *13*,347-369.

Marques,J. F. (2006). Specialization and semantic organization:Evidence for multiple semlantics linked to sensory modalities. *Memory & Cognition*, *34*,60-67.

Marr,D. (1982). *Vision*. San Francisco,CA:W. H. Freeman.

Marshall,J. C. , & Newcombe,F. (1973). Patterns of paralexia:A psychological approach. *Journal of Psycholinguistic Research*, *2*,175-199.

Martens,S. , & Wyble,B. (2010). The attentional blink:Past,present,and future of a bilnd spot in perceptual awareness. *Neuroscience Biobehavioral Review*, *34*,947-957.

McCarthy J. , & Hayes,P. (1969). Some philosophical problems from the standpoint of artificial intelligence. In B. Meltze & D. Michie (Eds.), Machine Intelligence 4 (pp. 463-502). Edinburgh,Scotland:Edinburgh University Press.

McCarthy,R. , & Warrington, E. K. (1986). Phonological reading:Phenomena and paradoxes. *Cortex*, *22*,359-380.

McConkie, G. W. , & Currie, C. B. (1996). Visual stability across saccades while viewing complex pictures. *Journal of Experimental Psychology:Human Perception & Performance*,*22*,563-581.

McConkie,G,W. , & Zola,D. (1979). Is visual information integrated aeross successive fixations in reading? *Perception & Psychophysics*, *25*,221-224.

McDonough,L,Choi, S. , & Mandler,J. M. (2003)。 Understanding spatial rclations; Flexible infants,lexical adults. *Cognitive Psychology*, *46*,229-259.

McGinn,C. (1989). Can we solve the mind-body problem? *Mind*, *98*,349-366.

McGinn,C. (1999). *The mysterious flame*. New York,NY:Basic Books.

McGurk,H. , & MacDonald,J. (1976). Hearing lips and seeing voices. *Nature*,*264*, 746-748.

McHugo,M. ,Olatunji,B. O. , & Zald,D. H. (2013). The emotional attentional blink:What we know so far. *Frontiers in Human Neuroscience*,*7*,1-9.

Menary,R. (Ed.). (2010). *The extended mind*. Cambridge,MA:MIT Press.

Merleau-Ponty,M. (1962). *Phenomenology of perception*. (C. Smith, Trans.). New York. NY:

Routledge.

Miller, R, R. , Barnet, R. C. , & Grahame, N. J. (1995). Assessment of the Rescorcla-Wagner model. *Psychological Bulletin*, *117*, 363-386.

Millikan, R. G. (1984). *Language, thought, and other biological categories*. Cambridge, MA: MIT Press.

Millikan, R. G. (2004). *Varieties of meaning*. Cambridge, MA: M1T Press.

Milner, A. D. , & Goodale, M. A. (2006). *The visual brain in action* (2nd ed.). Oxford, England: Oxford University Press.

Milner, A. D. , & Goodale, M. A. (2010). Cortical visual systems for perception and action. In N. Gangopadhyay, M. Madary, & F. Spicer (Eds.), *Perceptiom, action, Conscuiousness: Sensorlmotor dynamics and two visual systems* (PP. 7l-94). Oxford. England: Oxford University Press.

Mole, C. (2011). *Attention is cognitive unison*. Oxford, England: Oxford Universjty Press.

Mole, C. , Smithies, D. , & Wu, W. (Eds.). (2011). *Attention: Philosophical and psychological essays*. Oxford, England: Oxford University Press.

Monti, M. M. , & Osherson, D. N. (2012). Language, logic and the brain. *Brain Research*, *1428*, 33-42.

Monti, M. M. , Parsons, L. M. , & Osherson, D. N. (2012). Thought beyond language: Neural dissociation of arithmetic and natural language. *Psychologlcal Science*, *23*, 914-922.

Moray, N. (1959). Attention in dichotic listening: Affective cues and infIuence of instructions. *Quarterly Journal of Experimental Psychology*, *11*, 56-60.

Morton, A. (1980). Frames of mind. Oxford, England: Oxford University Press.

Morton, A. (2007). Folk psychology does not exist. In D. Hutto & M. Ratcliffe (Eds.), *Folk psychology re-assessed* (pp. 211-221). Dordrecht, The Netherlands: Springer.

Morton, J. , & Patterson, K. (1980). A new attempt at an interpretation, or, an attempt at a new interpretation. In M. Coltheart, K. Patterson, & J. C. Marshall (Eds.), *Deep dyslexia*. London, England: Routledge and Kegan Paul.

Most, S. B. (2010). What's "inattentional" about inattentional blindness? *Consciousness and Cognition*, *19*, 1102-1104.

Most, S. B. , Chun, M. M. , Widders, D. M. , & Zald, D. H. (2005b). Attentional rubbernecking: Cognitive control and personality in emotion-induced blindness. *Psychonomic Bulletin & Review*, *12*, 654-661.

Most, S. B. , Scholl, B. J. , Simons, D. J. , & Clifford, E. (2005a), What you see is what you get: Sustained inattentional blindness and the capture of awareness. *Psychological Review*, *112*,

217-242.

Most, S. B. , Simons, D. J. , Scholl, B. J. , Jimenez, R. , Clifford, E. , & Chabris, C. F. (2001). How not to be seen: The contribution of similarity and selective ignoring to sustained inattentional blindness. *Psychological Science*, *12*, 9-17.

Mullen, M. , & Yi, S. (1995). The cultural context of talk about the past: Implications for the development of autobiographical memory. *Cognitive Development*, *10*, 407-419.

Müller, M. M. , Malinowski, P. , Gruber, T. , & Hillyard, S. A. (2003). Sustained division of the attentional spotlight, *Nature*, *424*, 309-312.

Murata, A. , Fadiga, L. , Fogassi, L. , Gallese, V. , Raos, V. , & Rizzolatti, G. (1997). Object representation in the ventral premotor cortex (area F5) of the monkey. *Journal of Neurophysiology*, *78*, 2226-2230.

Murphy, K. J. , Racicot, C. I. , & Goodale, M. A. (1996). The use of visuomotor cues as a strategy for making perceptual judgments in a patient with visual form agnosia. *Neuropsychology*, *10*, 396-401.

Nagel, E. (1961). *The structure of science: Problems in the logic of scientific explanation*. New York, NY: Harcourt, Brace and World.

Nagel, T. (1974). What is it like to be a bat? *Philosophical Review*, *83*, 435-450.

Negri, G. A. , Rumiati, R. I. , Zadini, A. , Ukmar, M. , Mahon, B. Z. , & Caramazza, A. (2007). What is the role of motor simulation in action and object recognition? Evidence from apraxia. *Cognitive Neuropsychology*, *24*, 795-816.

Nelson, K. , & Fivush, R. (2004). The emergence of autobiographical memory: A social cultural developmental theory. *Psychological Review*, *111*, 486-511.

Neumann, O. (1987). Beyond capacity: Afunctional view of attention. In H. Heuer & A. F. Sanders (Eds.), *Perspectives on perception and action* (pp. 361-394). Hillsdale, NJ: Lawrence Erlbaum.

Newell, A. (1980). physical symbol systems. *Cognitive Science*, *4*, 135-183.

Nichols, S. , & Stich, S. (2000). A cognitive theory of pretense. *Cognition*, 115-147.

Nichols, S. , & Stich, S. (2003). *Mindreading*. Oxford, England: Oxford University Press.

Noë. A. (2001). Experience and the active mind. *Synthese*, *29*, 41-60.

Noë, A. (2009). *Out of our heads*. New York, NY: Hill and Wang.

Noë, A. , & O'Regan, J. K. (2002). On the brain-basis of visual consciousness: A sensorimotor account. In A. Noë & E. Thompson (Eds.), *Vision and mind: Selected readings in the philosophy of perception* (pp. 567-598). Cambridge, MA: MIT Press.

Noë, A. , Pessoa, L. , & Thompson, E. (2000). Beyond the grand illusion: What change blindness really teaches us about vision. *Visual Cognition*, *7*, 93-106.

Norman, D. (1968). Toward a theory of memory and attention. *Psychological Review*, *75*, 522-536.

Norman, D. (2013). *The design of everyday things* (Rev. ed.). New York, NY: Basic Books.

Norman, D., & Shallice, T. (1986). Attention to action: Willed and automatic control of behavior. In R. Davidson, R. Schwartz, & D. Shapiro (Eds.), *Consciousness and self-regulation: Advances in research and theory* Ⅳ (pp. 1-l8). New York, NY: Plenum Press.

Nudds. M. (2004). The significance of the senses. *Proceedings of the Aristotelian Society*, *104*, 31-51.

O'Callaghan, C. (2007). *Sounds: A philosophical theory. Oxford*, England: Oxford University Press.

Ochipa, C., Rothi, L. J. G., & Heilman, K. M. (1989). Ideational apraxia: A deficit in tool selection and use. *Annals of Neurology*, *25*, 190-193.

Onishi, K. H., & Baillargeon, R. (2005). Do 15-month-old infants understand false beliefs? *Science*, *308*, 255-258.

Oppenheim, P., & Putnam, H. (1958). The unity of science as a working hypothesis. In H. Feigl, M. Scriven, & G. Maxwell (Eds.), *Minnesota studies in the philosophy of science* (Vol. 2, pp. 3-36). Minneapolis: Minnesota University Press.

O'Regan, J. K. (1992). Solving the "real" mysteries of visual perception: The world as an outside memory. *Canadian Journal of Psychology*, *46*, 461-488.

O'Regan, J. K., & Noë, A. (2001a). A sensorimotor account of vision and visual consciousness. *Behavioral and Brain Sciences*, *24*, 939-1031.

O'Regan, J. K., & Noë, A. (2001b). What it is like to see: A sensorimotor theory of visual experience. *Synthese*, *129*, 79-103.

Pacherie, E. (2000). Conscious experience and concept forming abilities. *Acta Analytica*, *26*, 45-52.

Pagin, P. (2005). Compositionalily and context. In G. Preyer & G. Peter (Eds.), *Contextualism in philosophy* (pp. 303-348). Oxford, England: Oxford University Press.

Papineau. D. (2011). Wlhat exactly is the explanatory gap? *Philosophia*, *39*, 5-19.

Pashler, H. (1998). *The psychology of attention*. Cambridge, MA: MIT Press.

Pashler, H., Kang, S. H. K., & Ip, R. (2013). Does multitasking impair studying? Depends on timing. *Applied Cognitive Psychology*, *27*, 593-599.

Patterson, K., & Morton, J. (1985). From orthography to phonology: An attempt at an old interpretation. In K. Patterson, J. C. Marshall, & M. Coltheart (Eds.), *Surface dyslexia:*

Neuropsychological and cognitive studies of phonological reading (pp. 335-359). London, England: Lawrence Erlbaum.

Pavlova, M. , Staudt, M. , Sokolov, A. , Birbaumer, N. , & Krageloh-Mann, I. (2003). Perception and production of biological movement in patients with early periventricular brain lesions. *Brain*, *126*, 692-701.

Pazzaglia, M. , Smania, N. , Corato, E. , & Aglioti, S. M. (2008). Neural underpinnings of gesture discrimination in patients with limb apraxia. *Journal of Neuroscience*, *28*, 3030-3041.

Pecher, D. , Zeelenberg, R. , & Barsalou, L. W. (2003). Verifying properties from different modalities for concepts produces switching costs. *Psychological Science*, *14*, 119-124.

Pecher, D. , Zeelenberg, R. , & Barsalou, L. W. (2004). Sensorimotor simulations underlie conceptual representations: Modality-specific effects of prior activation. *Psychonomic Bulletin & Review*, *11*, 164-167.

Pederson, E. , Danziger, E. , Wilkins, D. G. , Levinson, S. C. , Kita, S. , & Senft, G. (1998). Semantic typology and spatial conceptualization. *Language*, *74*, 557-589.

Peters, R. W. (1954). Competing messages: The effect of interfering messages upon the reception of primary messages. *USN Sch. Aviat. Med. Res. Rep.*, 1954, Project No. NM 001 064. 01. 27.

Pietroski, P. , & Rey, G. (1995). When other things aren't equal: Saving ceteris paribus laws from vacuity. *British Journal for the Philosophy of Science*, *46*, 81-110.

Pinker, S. (1994). *The language instinct*. New York, NY: Harper Perennial.

Pinker, S. (2007). *The stuff of thought*. New York, NY: Viking.

Pinto-Correia, C. (1997). *The ovary of Eve*. Chicago, IL: University of Chicago Press.

Place, U. T. (1956). Is consciousness a brain process? *British Journal of Psychology*, *47*, 44-50.

Place, U. T. (1960). Materialism as a scientific hypothesis. *Philosophical Review*, *69*, 101-104.

Polk, T. A. , Drake, R. M. , Jonides, J. , Smith, M. R. , & Smith, E. E. (2008). Attention enhances the neural processing of attended features and suppresses the neural processing of unattended features in humans: An fMRI study of the Stroop task. *Journal of Neuroscience*, *28*, 13786-13792.

Polk, T. A. , & Seifert, C. M. (Eds.). (2002). *Cognitive modeling*. Cambridge, MA: MIT Press.

Posner, M. I. (1980). Orienting of attention. *Quarterly Journal of Experimental Psychology*, *32*, 3-25.

Posner, M. I. , Snyder, C. R. , & Davidson, B. J. (1980). Attention and the detection of signals. *Journal of Experimental Psychology*, *109*, 160-174.

Premack, D. , & Woodruff, G. (1978). Does the chimpanzee have a theory of mind? *Behavioral and Brain Sciences*, *1*, 515-526.

Prinz, J. J. (2007). The intermediate-level theory of consciousness. In M. Velmans & S. Schneider (Eds.), *Blackwell companion to consciousness* (pp. 247-260). Malden, MA: Blackwell.

Prinz, J. J. (2012). *The conscious brain.* Oxford, England: Oxford University Press.

Proffitt, D. R. , Bhalla, M. , Gossweiler, R. , & Midgett, J. (1995). Perceiving geographical slant. *Psychonomic Bulletin & Review*, *2*, 409-428.

Proffitt, D. R. , Stefanucci, J. , Banton, T. , & Epstein, W. (2003). The role of effort in perceiving distance. *Psychological Science*, *14*, 106-112.

Pullum, G. K. , & Scholz, B. C. (2002). Empirical assessment of stimulus poverty arguments. *The Linguistic Review*, *19*, 9-50.

Pulvermüller, F. (2008). Grounding language in the brain. In M. de Vega, A. Graesser, & A. M. Glenberg (Eds.), *Symbols, embodiment, and meaning* (pp. 85-116). Oxford, England: Oxford University Press.

Putnam, H. (1967/1975). Psychological predicates. Reprinted as "The nature of mental states" *in Mind, language and reality* (pp. 429-440). Cambridge, England: Cambridge University Press.

Putnam, H. (1975). Philosophy and our mental life. In *Mind, language, and reality* (pp. 291-303). Cambridge, England: Cambridge University Press.

Pylyshyn, Z. W. (1981). The imagery debate: Analogue media versus tacit knowledge. *Psychological Review*, *88*, 16-45.

Pylyshyn, Z. (1984). *Computation and cognition: Towards a foundation for cognitive science.* Cambridge, MA: MIT Press.

Pylyshyn, Z. (Ed.). (1987). *The robot's dilemma: The frame problem in artificial intelligence.* Norwood, NJ: Ablex.

Pylyshyn, Z. W. (2002). Mental imagery: In search of a theory. *Behavioral and Brain Sciences*, *25*, 157-237.

Pylyshyn, Z. W. (2003a). Return of the mental image: Are there really pictures in the head? *Trends in Cognitive Science*, *7*, 113-118.

Pylyshyn, Z. W. (2003b). *Seeing and visualizing: It's not what you think.* Cambridge, MA: MIT Press

Quine, W. V. O. (1953/1980). Two dogmas of empiricism. In *From a logical point of view* (Rev. ed. , pp. 20-46). Cambridge, MA: Harvard University Press.

Quine, W. V. O. (1960). *Word and object.* Cambridge, MA: MIT Press.

Ramachandran, V. S. (2000). Mirror neurons and imitation learning as the driving force behind "the great leap forward" in human evolution. Retrieved from http://www. edge. org/3rd_culture/ramachandran/ramachandran_pl. html

Ramachandran, V. S. , & Hirstein, W. (1998). The perception of phantom limbs: The D. O. Hebb lecture. *Brain*, *121*, 1603-1630.

Ramachandran, V. S. , & Rogers-Ramachandran, D. (1996). Synaesthesia m phantom limbs induced with mirrors. *Proceedings: Biological Sciences*, *263*, 377-386.

Reese, E. , Haden, C. A. , & Fivush, R. (1993). Mother-child conversations about the past: Relationships of style and memory over time. *Cognitive Development*, *8*, 403-430.

Rensink. R. A. (2000a). Seeing, sensing, and scrutinizing. *Vision Research*, *40*, 1469-1487.

Rensink, R. A. (2000b). The dynamic representation of scenes. *Visual Cognition*, *7*, 17-42.

Rensink, R. A. (2002). Change detection. *Annual Review of Psychology*, *53*, 245-277.

Rensink, R. A. , O'Regan, J. K. , & Clark, J. J. (1997). To see or not to see: The need for attention to perceive changes in scenes. *Psychological Science*, *8*, 368-373.

Rensink, R. A. , 0'Regan, J. K. , & Clark, J. J. (2000). 011 the failure to detect chhanges in scenes across brief interruptions. *Visual Cognition*, *7*, 127-145.

Rescorla. R. A. (1988). Pavlovian conditioning: It's not what you think it is. *American Psychologist*, *43*, 151-160.

Rescorla, R. A. , & Wagner, A. R. (1972). A theory of Pavlovian conditioning: Variations in the effectiveness of reinforcement and nonreinforcement, In A. H. Black & W. F. Prokasy (Eds.), *Classical conditioning* Ⅱ (pp. 64-99). New York, NY: Appleton-Century-Crofts.

Rizzolatti, G. , Fadiga, L. , Gallese, V. , & Fogassi, L. (1996). Premotor cortex and the recognition of motor actions. *Brain Research / Cognitive Brain Research*, *3*, 131-141.

Rizzolatti, G. , & Gentilucci, M. (1988). Motor and visual-motor functions of the premotor cortex. In P. Rakic & W. Singer(Eds.), *Neurobiology of neocortex* (pp. 269-284). New York, NY: Wiley.

Rizzolatti, G. , & Sinigaglia, C. (2008). *Mirrors in the brain*. Oxford, England: Oxford University Press.

Robbins, P. , & Jack, A. I. (2006). The phenomenal stance. *Philosophical Studies*, *127*, 59-85.

Roediger, H. L. (1985). Remembering Ebbinghaus. *Contemporary Psychology*, *30*, 519-523.

Rorty. R, (1965). Mind-body identity, privacy, and categories. *Review of Metaphytsics*, *19*, 24-54.

Rosenthal. D. M. (1997). A theory of consciousness. In N. Block, O. Flanagan, & G. Güzuldere (Eds.), *The nature of consciousness* (pp. 729-754). Cambridge, MA: MIT Press.

Rosenthal, D. M. (2005). *Consciousness and mind*. Oxford, England: Oxford University Press.

Rowlands, M. (1999). *The body in mind*. Cambridge, England: Cambridge University Press.

Rupert, R. (2004). Challenges to the hypothesis of extended cognition. *Journal of Philosophy*,

101,389-428.

Rymer,R. (1994). *Genie.* New York,NY:Harper.

Salmon,W. (1989). *Four decades of scientific explanation.* Minneapolis:University of Minnesota Press.

Sampson,G. (2005). *The 'language instinct' debate.* London,England:Continuum.

Samuels. R, (1998). Evolutionary psychology and the massive modularity hypothesis. *British Journal for the Philosophy of Science*,*49*,575-602.

Samuels,R. (2002). Nativism in cognitive science. *Mind and Language*,*17*,233-265.

Sapir, E. (1921). *Language:An introduction to the study of speech.* New York, NY: Harcourt Brace.

Sapir,E. (1924,February). The grammarian and his language. *The American Mercury*,149-155.

Savitsky,K. , & Gilovich,T. (2003). The illusion of transparency and the alleviation of speech anxiety. *Journal of Experimental Social Psychology*,*39*,618-625.

Schenk, T. , & Milner, A. D. (2006). Concurrent visuomotor behaviour improves form discrimination in a patient with visual form agnosia. *EuropeanJournal of Neuroscience*,*24*, 1495-1503.

Schiffer,S. (1991). Ceteris paribus laws. *Mind*,*100*,1-17.

Schmidt, M. , & Lipson, H. (2009). Distilling flee-form natural laws from experlmental data. *Science*,324,81-85.

Scholz,B. C. , & Pullum,G. K. (2002). Searching for arguments to support linguistic nativism. *The Linguistic Review*,*19*,185-224.

Schwartz,B. L. , & Metcalfe, J. (2011). Tip-of-the-tongue(TOT) states: Retrieval, behavior, and experience. *Memory G Cognition*,*39*,737-749.

Schwitzgebel,E. (2011). *Perplexities of consciousness.* Cambridge,MA:MIT Press.

Segal,G. (1996). The modularity of theory of mind. In P. Carruthers & P. K. Smith(Eds.), *Theories of theories of mind* (pp. 141-158). Cambridge, England: Cambridge University Press.

Seidenberg,M. S. , & McClelland, J. L. (1989). A distributed developmental model of word recognition and naming. *Psychological Review*,*96*,523-568.

Sekuler,R. , Sekuler, A. B. , & Lau, R. (1997). Sound alters visual motion perception. *Nature*, *385*,308.

Sellars,W. (1956). Empiricism and the philosophy of mind. In H. Feigl & M. Scriven(Eds.), *Minnesota studies in the philosophy of science* (Vol. 1,pp. 253-329). Minneapolis:University of Minnesota Press.

Semendeferi, K. , Armstrong, E. , Schleicher, A. , Zilles, K. , & Van Hoesen, G. W. (2001). Prefrontal cortex in humans and apes: A comparative study of area 10. *American Journal of Physical Anthropology*, *114*, 223-241.

Semin, G. R. , & Smith, E. R, (Eds.). (2008). *Embodied grounding: Social, cognitive, affective, and neuroscientific approaches*. Cambridge, England: Cambridge University Press.

Sera, M. D. , Berge, C. , & del Castillo Pintado, J. (1994). Grammatical and conceptual forces in the attribution of gender by English and Spanish speakers. *Cognitive Development*, *6*, 119-142.

Sera, M. D. , Elieif, C. , Forbes, J. , Burch, M. C. , Rodriguez, W. , & Dubois, D. P. (2002). When language affects cognition and when it does not: An analysis of grammatical gender and classification. *Journal of Experimental Psychology: General*, *131*, 377-397.

Seyfarth, R. M. , Cheney, D. L. , & Marler, P. (1980), Monkey responses to three different alarm calls: Evidence for predator classification and semantic communication. *Science*, *210*, 801-803.

Shallice, T. (1972). Dual functions of consciousness. *Psychological Review*, *79*, 383-393.

Shallice, T. (1988). *From neuropsychology to mental structure*. Cambridge, England: Cambridge University Press.

Shams, L. , & Kim, R. (2010). Crossmodal influences on visual perception. *Physics of Life Reviews*, *7*, 269-284.

Shannon, C. E. , & Weaver, W. (1949). *The mathematical theory of communication*. Urbana: The University of Illinois Press.

Shapiro, L. (2000). Multiple realizations. *Journal of Philosophy*, *97*, 635-664.

Shapiro, L. (2004). *The mind incarnate*. Cambridge, MA: MIT Press.

Shapiro, L. (2010). *Embodied cognition*. New York, NY: Routledge.

Shepard, R. N. (1975). Form, formation and transformation of internal representations. In R. L. SolSo(Ed.), *Information processing and cognition: The Loyola Symposium* (pp. 87-122). Hillsdale, NJ: Lawrence Erlbaum.

Shepard, R. N. (1978). On the status of "direct" psychophysical measurement. In C. W. Savage (Ed.), *Minnesota studies in the philosophy of science* (Vol. IX, pp. 441-490). Minneapolis: University of Minnesota Press.

Shepard, R. N. , & Metzler, J. (1971). Mental rotation of three-dimensional objects. *Science*, *171*, 701-703.

Shimojo, S. , & Shams, L. (2001). Sensory modalities are not separate modalities: Plasticity and interactions. *Current Opinion in Neurobiology*, *11*, 505-509.

Siegal, M. , Varley, R. , & Want, S. C. (2001). Mind over grammar: Reasoning in aphasia and development. *Trends in Cognitive Sciences*, *5*, 296-301.

Silva, A. J. (2003). Molecular and cellular cognitive studies of the role of synaptic plasticity in memory. *Journal of Neurobiology*, *54*, 224-237.

Silverman, M. E., & Mack, A. (2001). Change blindness and priming: When it does and does not occur. *Consciousness and Cognition*, *15*, 409-422.

Simons, D. J. (2000). Current approaches to change blindness. *Visual Cognition*, *7*, 1-15.

Simons, D. J., & Chabris, C. F. (1999). Gorillas in our midst: Sustained inattentional blindness for dynamic events. *Perception*, *28*, 1059-1074.

Simons, D. J., & Levin, D. T. (1997). Change blindness. *Trends in Cognitive Science*, *1*, 261-267.

Simons, D. J., & Levin, D. T. (1998). Failure to detect changes to people during a real-world interaction. *Psychonomic Bulletin & Review*, *5*, 644-649.

Simons, D. J., & Levin, D. T. (2003). What makes change blindness interesting? In D. E. Irwin & B. H. Ross (Eds.), *Cognitive vision* (pp. 295-322). San Diego, CA: Academic Press.

Simons, D. J., & Rensink, R. A. (2005). Change blindness: Past, present, and future. *Trends in Cognitive Science*, *9*, 16-20.

Skinner, B. F. (1965). *Science and human behavior*. New York, NY: The Free Press.

Slobin, D. (1996). From "thought and language" to "thinking for speaking." In J. J. Gumperz & S. C. Levinson (Eds.), *Rethinking linguistic relativity* (pp. 70-96). Cambridge, England: Cambridge University Press.

Smart, J. J. C. (1963). Materialism. *Journal of Philosophy*, *60*, 651-662.

Smart, J. J. C. (1959). Sensations and brain processes. *Philosophical Review*, *68*, 141-156.

Smith, S., Most, S., Newsome, L., & Zald, D. (2006). An emotion-induced attentional blink elicited by aversively conditioned stimuli. *Emotion*, *6*, 523-527.

Sober, E. (1999a). The multiple realizability argument against reductionisrn. *Philosophy of Science*, *66*, 542-564.

Sober, E. (1999b). hmate knowledge. In E. Craig (Ed.), *Roufledge encyclopedia of philosophy* (Vol. 4, pp. 794-797). New York, NY: Routledge.

Soja, N., Carey, s., & Spelke, E. f1991). Ontological categories guide young children's inductions of word meaning: Object terms and substance terms. *Cognition*, *38*, 179-211.

Spaulding, S. (2012). Mirror neurons are not evidence for the simulation theory. *Synthese*, *189*, 515-534.

Spelke, E. (1990). Principles of object perception. *Cognitive Science*, *14*, 29-56.

Spelke, E. (1991). Physical knowledge in infancy: Reflections on Piaget's theory. In S. Carey & R. Gelman (Eds.), *Epigenesis of mind: Studies in biology and cognition* (pp. 133-169), Hillsdale, NJ: Lawrence Erlbaum.

Sperling, G. (1960). The information available in brief visual presentations. *Psychological Monographs: General and Applied*, *74*, 1-29.

Sperry. R. W., Zaidel, E., & Zaidel, D. (1979). Self-recognition and social awareness in the disconnected minor hemisphere. *Neuropsychologia*, *17*, 153-166.

Sprevak, M. (2009). Extended cognition and functionalism. *Journal of Philosophy*, *106*, 503-527.

Squire, L. R. (2004). Memory systems of the brain: A brief history and current perspective. *Neurobiology of Learning & Memory*, *82*, 171-177.

Stainton, R. J. (2005). In defense of non-sentential assertion. In Z. Szabó (Ed.), *Semantics versus pragmatics* (pp. 383-457). Oxford, England: Oxford University Press.

Stainton, R. J. (2006). *Words and thoughts: Subsentences, ellipsis, and the philosophy of language*. Oxford, England: Oxford University Press.

Stefanucci, J. K., & Proffitt, D. R. (2009). The roles of altitude and fear in the perception of heights. *Journal of Experimental Psychology: Human Perception & Performance*, 35, 424-438.

Stefanucci, J. K., Proffitt, D. R., Clore, G., & Parekh, N. (2008). Skating down a steeper slope: Fear influences the perception of geographical slant. *Perception*, *37*, 321-323.

Stevens, S. S. (1957). On the psychophysical law. *Psychological Review*, *64*, 153-181.

Stevens, S. S. (1975). *Psychophysics*. New York, NY: Wiley.

Stich, S. (Ed.). (1975). *Innate Ideas*. Berkeley: University of California Press.

Stone, T., & Davies, M. (1996). The mental simulation debate: A progress report. In P. Carruthers & P. K. Smith (Eds.), *Theories of theories of mind* (pp. 119-137). Cambridge, England: Cambridge University Press.

Stroop, J. R. (1935). Studies of interference in serial verbal reactions. *Journal of Experimental Psychology*, *18*, 643-662.

Szabo, Z. (2010). The determination of content. *Philosophical Studies*, *148*, 253-272

Tessari, A., Canessa, N., Ukmar, M., & Rumiati, R. I. (2007). Neuropsychological evidence for a strategic control of multiple routes in imitation. *Brain*, *130*, 1111-1126.

Tipper, S. P. (1992). Selection for action: The role of inhibitory mechanisms. *Current Directions in Psychological Science*, *1*, 105-109.

Tipper, S. P., Howard. L. A., & Houghton, G. (1998). Action-based mechanisms of attention. *Philosophical Transactions of the Royal Society of London*, *Series B*, *353*, 1385-1393.

Tomasello, M. (2014). *A natural history of human thinking*. Cambridge, MA: Harvard University Press.

Topulos, G. P. , Lansing, R. W. , & Banzett, R. B. （1993）. The experience of complete neuromuscular blockade in awake humans. *Journal of Clinical Anesthesia*, 5 ,369-374.

Treisman, A. (1960). Contextual cues in selective listening. *Quarterly Journal of Experimental Pyschology*, 12 ,242-248.

Treisman, A. (1988). Features and objects：The fourteenth Bartlett Memorial Lec ture. *Quargerly Journal of Expegmental Psychology*, 40 A ,201-236.

Tsal, Y. , & Lavie, N. （1988）. Attending to color and shape：The special role of location in selective visual processing. *Perception & Psychophysics*, 44 ,15-21.

Tye, M. (1995). *Ten problems of consciousness.* Cambridge, MA：MIT Press。

Umilta, M. A. , Kohler, E. , Gallese, V. , Fogassi, L. , Fadiga, L. , Keysers, C. , & Rizzolatti, G. （2001）. I know what you are doing：A neurophysiological study. *Neuron*, 31 ,155-165.

Van Boven, L, Dunning, D. , & Loewenstein, G. (2000). Egocentric empathy gaps between owners and buyers：Misperceptions of the endowment effect. *Journal of Personality and Social Psychology*, 79 ,66-76.

Van Boven, L. , & Loewenstein, G. （2003）. Projection of transient drive states. *Personality and Social Psychology Bulletin*, 29 ,1159-1168.

Van Essen, D, C. , & DeYoe, E. A. （1994）. Concurrent processing in the primate visual cortex. In M. S. Gazzaniga（Ed. ）, *The cognitive neurosciences*（pp. 383-400）. Cambridge, MA：MIT Press.

van Gelder, T. , & Port, R. （1995）. It's about time：Overview of the dynamical approach to cognition. In R. Port and T. van Gelder（Eds. ）, *Mind as motion：Explorations in the dynamics of cognition*（pp. 1-43）. Cambridge, MA：MIT Press.

VanRullen, R. , Carlson, T. , & Cavanagh, P. （2007）. The blinking spotlight of attention. *Proceedings of the National Academy of Sciences*, 104 ,19204-19209.

van Ulzen, N. R. , Semin, G. R. , Oudejans, R. R. D. , & Beek, P. J. （2008）. Affective stimulus properties influence size perception and the Ebbinghaus illusion. *Psychological Research*, 72 , 304-310.

Varela, J. , Thompson, E. , & Rosch, E. (1991). *The embodied mind：Cognitive science and human experience.* Cambridge, MA：MIT Press.

Varley, R. A. (2010). *Language and thinking：The evidence from severe aphasia*（Full Research Report ESRC End of Award Report, RES-051-27-0189）. Swindon, England：ESRC.

Varley, R. A. , Klessinger, N. J. , Romanowski, C. A. , & Siegal, M. （2005）. Agrammatic but numerate. *Proceedings of the National Academy of Sciences*, 102 ,3519-3524.

Vogel, E. K. , & Luck, S. J. (2002). Delayed working memory consolidation during the attentional blink. *Psychonomic Bulletin & Review*,4,739-743.

von Humboldt,W. (1836/1988). *On language: The diversity of human language-structure and its influence on the mental development of mankind*. Cambridge, England: Cambridge University Press.

Von Melchner,L. ,Pallas,S. L. ,& Sur,M. (2000). Visual behavior induced by retinal projections directed to the auditory pathway. *Nature*,404,871-875.

Watson,J. (1913). Psychology as the behaviorist views it. *Psychological Review*,20,158-177.

Weber, E. H. (1834) . De pulsu, resorptione, auditu et tactu. *Annotationes anatomicae et physiologicae*. Leipzig,Germany:Koehler.

Weiskopf,D. A. (2005). Mental mirroring as the origin of attributions. *Mind and Language*,20, 495-520.

Weiskopf,D. A. (2008a). The origins of concepts. *Philosophical Studies*,140,359-384.

Weiskopf,D. A. (2008b). Patrolling the bounds of cognition. *Erkenntnis*,68,265-276.

Weiskopf,D. A. (2010a). Concepts and the modularity of thought. *Dialectica*,64,107-130.

Weiskopf,D. A. (2010b). Embodied cognition and linguistic comprehension. *Studies in History and Philosophy of Science*,41,294-304.

Weiskopf,D. A. (2010c). Understanding is not simulating:A reply to Gibbs and Perlman. *Studies in History and Philosophy of Science*,41,309-312.

Weiskopf,D. A. (2010d). The Goldilocks problem and extended cognition. *Cognitive Systems Research*,11,313-323.

Weiskrantz,L. (1997). *Consciousness lost and found*. Oxford,England:Oxford University Press.

Weiskrantz,L. (Ed.). (1988). *Thought without language*. Oxford,England:Clarendon Press.

Wellman, H. (1990). *The child's theory of mind*. Cambridge,MA:MIT Press.

Wellman,H. ,& Bartsch,K. (1988). Young children's reasoning about beliefs. *Cognition*,30,239-277.

Wellman, H. , & Woolley, J. D. (1992) . From simple desires to ordinary beliefs: The early development of everyday psychology. *Cognition*,35,245-275.

Wellman, H. M. ,Cross,D. , & Watson,J. (2001). Meta-analysis of theory-of-mind development: The truth about false belief. *Child Development*,72,655-684.

Wettz,A. E. ,& German,T. C. (2007). Belief-desire reasoning in the explanation of behavior:Do actions speak louder than words? *Cognition*,105,184-194.

Whorf,B. L. (1940). Science and linguistics. *MIT Technology Review*,42,229-231.

Willems,R. M. , Benn, Y. , Hagoort, I. , Toni, I. , & Varley, R. A. (2011) . Communicating without a functioning language system:Implications for the role of language in mentalizing. *Neuropsychologia*,

49,3130-3135.

Wilson, D. , & Sperber, D. (2012). *Meaning and relevance*. Cambridge, England: Cambridge University Press.

Wilson, T. (2002). *Strangers to ourselves*. New York, NY: Belknap Press.

Wimmer, H. , & Perner, I. (1983). Beliefs about beliefs: Representation and constraining function of wrong beliefs in young children's understanding of deception. *Cognition*, *13*, 103-128.

Witt, J. K. , Linkenauger, S. A. , Bakdash, J. Z. , & Proffitt, D. R. (2008). Putting to a bigger hole: Golf performance relates to perceived size. *Psychonomtc Bulletin & Review*, *15*, 581-585.

Wolfe, . J. (1999). Inattentional amnesia. In V. Coltheart (Ed.), *Fleeting memories* (pp. 71-94). Cambridge, MA: MIT Press.

Woodward, J. (2002a). What is a mechanism? A counterfactual account. Philosophy of Science, *69*, S366-S377.

Woodward, J. (2002b). There is no such thing as a ceteris paribus law. *Erkennmis*, *57*, 303-328.

Wright, R, D. , & Ward, L. M. (1998). The control of visual attention. In R. D. Wright (Ed.), *Visual attention* (pp. 132-186). Oxford, England: Oxford University Press.

Wu, W. (2011a). Confronting many-maw problems: Attention and agentive control. *Nous*, *45*, 50-76.

Wu. W. (2011b). Attention as selection for action. in C. Mole, D. Smithies, & W. Wu (Eds.), *Attention: Philosophical and psychological essays* (pp. 97-116). Oxford, England: Oxford University Press.

Wu, W. (2014). *Attention*. New York, NY: Routledge.

Yantis, S. (1988). On analog movements of visual attention. *Perception & Psychophysics*, *43*, 203-206.

Young, L. . Dodell-Eeder, D. , & Saxe, R. What gets the attention of the temporoparietal junction? An fMRI investigation of attention and theory of mind. *Neuropsychologia*, *48*, 2658-2664.

Zawidzki, T. (2013). *Mindshaping*. Cambridge, MA: MIT Press.

Zeki, S. (1990). A century of cerebral achromatopsia. *Brain*, *113*, 1721-1777.

/索引/[①]

[①]　本索引的每个条目后所附数码为原文页码,即中文版边码。

图书在版编目(CIP)数据

心理学哲学导论/(美)丹尼尔·韦斯科鲁夫,(美)弗雷德·亚
当斯 著;张建新译 .—北京:北京师范大学出版社,2018.10
(2018.11)
ISBN 978-7-303-22744-0

Ⅰ.①心… Ⅱ.①丹… ②弗… ③张… Ⅲ.①心理学一哲
学 Ⅳ.①B84-05

中国版本图书馆 CIP 数据核字(2017)第 214297 号

北京市版权局著作权合同登记 图字:01-2016-5771 号

营销中心电话 010-58802181 58805532
北师大出版社高等教育与学术著作分社 http://xueda.bnup.com

XINLIXUE ZHEXUE DAOLUN
出版发行:北京师范大学出版社 www.bnup.com
        北京市海淀区新街口外大街 19 号
        邮政编码:100875
印   刷:北京京师印务有限公司
经   销:全国新华书店
开   本:787 mm×1092 mm 1/16
印   张:21
字   数:34 万千字
版   次:2018 年 10 月第 1 版
印   次:2018 年 11 月第 2 次印刷
定   价:87.00 元

策划编辑:周益群   责任编辑:王星星
美术编辑:李向昕   装帧设计:李向昕
责任校对:韩兆涛 李云虎   责任印制:马 洁